国家出版基金项目
NATIONAL PUBLICATION FOUNDATION

"十二五"国家重点出版物出版规划项目

走向世界丛书

主编　钟叔河　曾德明　杨云辉

FROM EAST TO WEST

康有为 德意志等国游记

刘无羡　蔡志斌　校点

岳麓書社·长沙

本册总目

康有为德意志等国游记

丛书新序

钟叔河

二〇一三年十月

“走向世界丛书”一百种，只收晚清时期 from east to west（从东方到西方）的记述，这并不等于说，只有十九世纪末二十世纪初的中国人，才需要面对走向世界的问题。

纵观人类历史，走向世界决不是什么地区性和阶段性的活动，而是不断出现在全人类发展进步过程中并与之同步的历史现象。一百万年前，人类开始从非洲进入亚洲和欧洲，一万年前，又从亚洲进入北美洲和大洋洲，就是在不断地走向世界。

从有史以来的文献、文物看，三千多年前的《奥德赛》和《出埃及记》，说的是古希腊人和以色列人走向世界——走向地中海和巴勒斯坦。两千多年前的《史记》和《汉书》，写了张骞和后来汉朝“益发使”走向世界——曾走到罗马在西亚的边陲。一千三百年前的《大秦景教流行中国碑》、七百年前的《马可·波罗游记》和四百年前的《利玛窦中国札记》，记下了阿罗本、马可·波罗、利玛窦的 from west to east，这和 from east to west 一样，都是在走向世界。

人类曾因地理、种族、制度、意识形态等原因而互相分离，甚至隔绝。夜郎国的君长初见汉使时问：“汉孰与我大?”当是时，夜郎的世界僻处黔西，其“大”可知；连夜郎都未入版图，则汉之“大”亦远不如今之中国。但人为万物之灵，为了求生存谋发展，总不能老守着自己的一亩三分地，总会要想方设法走向世界——走向更广阔的外部世界。于是，汉要“通西南夷”，要前往原来“道险终不能有”的夜郎；夜郎要问“汉孰与我大”，要想改变原来“不知汉广大”的状况。由互相隔绝变而互相接近，互求了解，这就是走向世界。

走向世界，无论是自己走出去还是让别人走进来（总比让别人杀进来好），无论是主动的还是被动的，从总的历史进程看，用大的历史眼光看，都有利于发展，都是一种进步。对汉朝来说是如此，对夜郎来说亦是如此。两千年前是如此，两千年后亦是如此。上世纪七十年代末开始编辑出版“走向世界丛书”时是如此，如今来继续编辑出版这部丛书时亦是如此。

今天的中国已不再是七十年代的中国，虽然仍称发展中国家，经济总量却早已“超英”，正在“赶美”，但走向世界的路还“漫漫其修远”。时至现代，走向世界当然是要走向现代化的世界，也就是要高度现代化，全盘现代化。“四个现代化”的“四个”——工业、农业、科技和国防，已经“化”出了很大的成绩，而我们的管理现代化，我们的服务现代化，我们的制度现代化……要走的路的确还很长。

现代人走向世界，首先要使自己成为能接受全球文明，有世界知识，有世界眼光，有世界理想的人。“走向世界丛书”杰出的作者，如郭嵩焘、黄遵宪……又如邹代钧、金绍城……他们看到的新技术还是德律风（送话器和最早的手摇电话机）、火轮车（蒸汽机车）……我们如今却已经用上了智能手机、坐上了波音飞机……但在思想层面上，我（不敢称我们）反省自己的世界眼光和世界理想，甚至在世界知识的某些方面，比起一个多世纪以前的郭、黄他们来，差距实在还不小。在这方面，也就是人的现代化这方面，要走的路就更“漫漫其修远”了。

五年前北京奥运会的成功举世公认，它已经成为中国走向世界的一大标志。它的口号：

ONE WORLD，ONE DREAM

“同一个世界，同一个梦想”，这也应该是现代人走向世界的志向和目的，是我们继续编辑出版“走向世界丛书”的志向和目的。

丛书原序□

钟叔河

一九八〇年七月

人们常说，今日之世界，乃是一个“迅速缩小的世界”（rapidly shrinking world）。在电视卫星、激光通信和喷气式客机的时代，地球之上各地之间的距离，确实好像越来越短，人们相互间的接触和交流，也越来越方便和密切了。

可是，仅仅在几代人以前，异国还显得那样的离奇和遥远。古代欧洲人说，中国人用小米和青芦喂一种类似蜘蛛的昆虫，喂到第五年虫肚子胀裂开，就从里面取出丝来（Pausanias《希腊纪事》）。古代中国人则曾经相信，西方有种羊羔是从泥土里生长出来的，脐带还连着大地（《旧唐书·西戎传》、《渊鉴类函·边塞部九》）。这类海外奇谈，今天听起来简直不可思议，而在过去上千年中，却一直被当作可信的资料，记载在欧洲和中国的史书上。由此可见，人类文明的发展，经历了一条何等漫长曲折的道路。

为了探索和开辟外部世界，丰富自己的物质和精神生活，各国人民都作过许多贡献。人类文明史像叙说伟大的发明家和著作家一样，将永远铭记着张骞、玄奘、马可·波罗、哥伦布等不朽的名字。我们甚至可以这样说：一个民族从中世纪到现代的历史，也就是它打开眼界和走向世界的历史。

历史的发展从来是不平衡的。当黄河、长江已经哺育出精美辉煌的古代文化时，泰晤士、莱茵和密西西比河上的居民，还在阴暗的原始森林里徘徊。而自从地理大发现和产业革命以来，中国却相对地落后了。在西方实现资本主义的现代化以后，中国还是一个基本上同外界隔绝的古老国家。是鸦片战争打开了中国的大门，也打开了中国人的眼睛。人们称林则徐和魏源为清代最早"开眼看世界"的人，因为西方的坚船利炮打到中国来时，他们首当其冲，亲身感到这个世界在缩小，距离和壁垒再也不能将异国隔离开了。

过去时代的中国读书人，在"严夷夏之大防"

的社会里度过了上千年。封闭的外壳被打破后怎么办？守旧派的办法是把脑袋钻进沙子里学鸵鸟，像慈禧太后的大学士徐桐，见到洋人就以扇遮面。就是这个徐桐，在庚子年间焚香叩请骊山老母下凡来“杀尽洋人”，结果骊山老母没有下凡，他自己的老命却白白送掉了。而林则徐和魏源则不同，提出要“师夷长技以制夷”，主张学习外国的长处，以对付外国的侵略。要学习，先得了解，于是林则徐编了《四洲志》，魏源编了《海国图志》。虽然他们未能亲身出国去考察，书的材料靠间接采辑而来，难免有许多谬误，但无论如何，地里长羊羔之类的神话毕竟不得不逐步让位给常识了。

林、魏之后，中国才开始有读书人走出国门，到欧美日本去学习、访问和工作。容闳、王韬、郭嵩焘、黄遵宪和严复等人，要算是最早的。接着出国的人渐渐多了起来，尽管其中不少是奉派而去的政府官员，但既然去了，就不会不接触近代—现代的科学文化和政治思想，也就不可能不在中国发生影响。

“走向世界丛书”专收一九一一年前国人亲历欧美和日本的记述。自从一八四〇年鸦片战争失败那时起，先进的中国人，经过千辛万苦，向西方国家寻找真理。应该说康有为和在他之前的郭嵩焘、王韬、容闳等人，的确代表了近代中国向西方寻找真理的一派人物。当然，丛书所收的，也并不全属先进的人物的作品；但总而言之这些都是中国人从东方走向西方的实录，自有其文化的意义和历史的价值。

必须指出的是：从鸦片战争到五四运动这一历史时期中，西方国家虽在许多方面比中国先进，值得中国人学习，但国家利己主义的本质，却总是要压迫剥削比他们落后的民族的。中国人走向世界、接触西方，既有一个学习外国长处的问题，又有一个抵抗外国侵略的问题，盲目排外和盲目崇外都是错误的。对于某些作品中不免流露的这类观点，我们将在为各书撰写的叙论中，适当地作些分析，供读者参考。

“洋为中用”是我们今天的主张，也是十九世纪先进的中国人的主张。“师夷长技以制夷”，不就是“洋为中用”吗？当然，随着接触和认识的逐步深入，人们慢慢地看出：仅仅学一点“长技”，搞一点坚船利炮，还是不行的；要救国，只有维新，维新行不通，就只有革命。伟大的革命先行者孙中山，用他自己的话来说，也是在一八七八年出国以后，“始见轮舟之奇、沧海之阔，自是有慕西学之心，穷天地之想”，才树立了推翻清朝建立民国的大志和信心。历史无情亦有情，后人的思想和事业肯定要超越前人，但前人的足迹总可以留作后人借鉴，先行者总是值得纪念的。

今天的世界已不是十九世纪的世界，今天的中国更不是清朝末年的中国。今日之中国，已经逐渐以现代的面貌，出现在世界的东方。但是，世界的进步越来越快，中国的经济和文化等许多方面还需要不断地发展和提高；这就必需继续打开眼界、走向世界。打开眼界以后，还要学会分析，分清好的和坏的。一切好的东西，要拿来为我所用；一切有害的东西，要实行抵制和预防。在这方面，前人的经验和教训，有一些也仍然值得我们注意。

谨将这套丛书奉献给爱好历史和文化、关心中国和世界的读者，希望它能在中国现代化的过程中，起到一点微薄的作用，是为序。

丛书凡例□

一、“走向世界丛书”一九八六年前已刊三十五种，二〇一五年起仍按原定一百种的计划继续刊行，仍然专收现代以前用文言写作的国人考察西方（含开国后的日本）的记述，仍以亲身经历、直接闻见者为限。

二、丛书按作者出国年月排列次序，尽量单行，即以一种为一册；字数过少无法单行者，才以两种或数种合订成册。合订本尽可能以类相从，按第一种出国年月排序；其各种均在封面列出书名，书脊则只列出第一种书名，并在其下注明“等几种”（另有附录者则注明“附几种”）。

三、每种（册）书前，均由编校者撰写导言（叙论），介绍作者有关背景和书中重要内容，酌加评论分析，以供读者参考。

四、丛书均经编校者校订，标点分段，并加边批。边批的内容主要包括三个方面，兹以《随使德国记》为例，举示如下：

1. 标题、提要和说明，如“星使由苏州来”、“普鲁士分一十二省”、“演八十日环游地球的故事”、“如夫人即赛金花”、“‘人工’今皆称工人”。

2. 书中较重要的译名（加括弧注出原文或今译），如“德璀琳（Detring）”、“毕驷马（俾斯麦）”、“布莱门（不来梅）”、“德利风（电话）”。

3. 原文的订正和存疑，如“‘公司船’原无船字”、“‘骁勇’原作‘骑勇’”、“‘薛福成’成字原作辰”、“奥京立斯本应是维也纳”。

五、每种书后，均附人名索引，人名依首字笔画和一丨丿丶乚排列，按年、月、日三节数字查检（正文单页码下均有年、月、日三节数字备查）。如德璀琳之“德”字为十五画，于索引“十五画”内检得其名下首列“13，8，17”，查正文“13，8，17”在 P. 3 下，即可在 P. 3 上找到

（光绪十三年八月）十七日“乘肩舆往拜税务司德璀琳”的记载。

六、每种书后，一般附有译名简释（今昔译名对照，必要时并加说明），亦依首字笔画和一丨丿丶乚排列。如“卜兰墩浦 Brandenburg，勃兰登堡”，又如“勺勾腊 chocolate，巧克力”。

七、人名索引和译名简释的条目，并不限于边批中所举者；边批中所举者，则必皆收入索引和简释。

八、人名索引按年、月、日三节数字查检，其原书不著年、月、日者，则按篇章序号或页码查检。

九、原文因排印（抄写）而出现的明显的文字错误径予改正，不在边批中注出。

十、原文中同一外国地名而译文不一，如缪祐孙《俄游汇编》中“彼得堡”就有“比得堡”“彼德堡”等异文，因其无碍阅读，故一仍其旧，不予统一。

十一、原文中之统计数字亦一仍其旧。有的表格中之中文或汉码数字，为方便阅读，改为阿拉伯数字。个别已经失去时效、并无参考价值的统计表格，则在说明情况后删去。

十二、丛书以简体汉字印行。除总序、凡例外，编校者所作导言（叙论）、边批、索引中涉及的数字均按现行规定采用阿拉伯数字。

叙论：康有为德意志等国游记□

刘无美

康有为游踪

光绪二十四年八月初六（1898年9月21日），大清王朝真正的当家人慈禧太后发动政变，囚禁光绪皇帝，重掌大权。同时，京师军士四出，捕杀维新党人。康有为、梁启超成功逃脱，不愿逃、来不及逃的谭嗣同、杨锐等“戊戌六君子”，于几天后，未经审理，直接被斩首于菜市口，维新派官员尽数罢黜，维新运动几乎彻底失败。

根据康有为游记、《康南海自编年谱》以及康氏次女康同璧（字文佩）所撰《南海康先生年谱续编》等史料，不难勾勒出康有为逃生后流亡海外的路线图。（以下称引此二书分别省称《年谱》及《年谱续编》）

政变前一天，康有为乘火车到天津，次日乘英国太古公司轮船“重庆号”前往上海，经九死一生，在英国人的保护和接应下，于十四日到达香港。维新派另一领袖梁启超则在政变当天躲入日本使馆，后乘日舰逃亡日本。康有为亦于九月五日东渡日本，从此，师徒二人开启了十馀年的流亡生涯。

康有为先是在日本旅居数月，但清廷向日本政府施加压力，迫使康有为离日。康有为于是渡太平洋到达加拿大维多利亚港，赴温哥华。光绪二十五年（1899）四月，渡大西洋至伦敦，试图寻求英国政府支持他营救光绪帝，推翻慈禧太后政权，实行立宪。未果，于次月返回加拿大。这是康有为第一次到欧洲。九月，他假道日本归香港探视病母。

二十六年（1900）正月，康有为旅居新加坡，后迁居槟榔屿，于十月底往游印度，居大吉岭三年。光绪二十九年（1903）四月，出印度，漫游缅甸、爪哇。于三十年（1904）正月，还香港省母。二月，再游海外，过安南、游暹罗，至锡兰，入红海，于四月底五月初到苏伊士运河，赴意大利。然后游览法国、瑞士、德国、奥地利、匈牙利，然后返回巴黎，赴英国小住，游丹麦。七月，赴挪威、瑞典，八月还丹麦，游柏林，往比利时，赴荷兰。二十日，返回英国。这是康有为第二次到欧洲。九月底，乘船赴加拿大。

三十一年（1905）正月，赴美国，“一年以来，巡览美国殆遍”。十一月，离美往游墨西哥。

三十二年（1906）六月，渡大西洋，第三次游欧洲。“无一日不在游中，自谓鸿飞冥冥，扶摇九万，直入于寥天矣”。(《年谱续编》，第60页。）七月，游意大利、德国、瑞典、瑞士，“自是即以瑞典为固定地”，“漫游欧土”。十一月，再游德国（《年谱续编》，第68页。)。十二月，游荷兰、比利时、法国、摩纳哥等国。三十三年（1907）正月，游西班牙、葡萄牙，经法国到英国。二月，渡大西洋至纽约。十月，再游巴黎，赴土耳其，第三次游瑞士，再游奥地利。三十四年（1908）二月，往游埃及。四月，再游德国、奥地利。五月，游挪威。六月，游览东欧匈牙利、塞尔维亚、罗马尼亚等国。月底抵土耳其，七月初往雅典，游希腊。然后“再穿瑞士山，假道地中海泛大西洋，还槟榔屿”。九月，到达槟榔屿。

宣统元年（1909）正月，自槟榔屿启程，第四次赴欧洲。经红海，游埃及、巴勒斯坦。三月至瑞士，四月至英国，五月赴加拿大。六月，再一次返回欧洲，过苏伊士运河到锡兰。七月，重返槟榔屿。九月，再游印度。冬，仍居槟榔屿。这一年，康有为五十二岁。

常年的流亡令人疲惫，加之年事渐高，康有为“寄梁启超诗，有‘大地辙环吾倦矣，扶桑日出汝凄其’之句”。“从此心怀故国，不复再作远游矣”。(《年谱续编》，第87页。）此后这半年，除了偶尔回香港探视老母外，康有为在南洋居住。

宣统二年（1910）五月，康有为去日本，生活了三年，直到民国二年（1913）十月归香港奔母丧。十一月扶榇归葬广州南海故里，从此结束了奔波海外十六年的漫长生涯。

康有为游记概况

康有为在流亡过程中心怀故国，往往对所到国家的地理、政治、风俗、历史等详加考察，撰写游记，攻他山之石，探索救国之道。康同璧在《年谱续编·序》中写道：

> 自戊戌以后，足迹所至，则三周大地，游遍四洲，历三十馀国，行六十万里，其考察着重于各国政治风俗，及其历史变迁得失，其次则文物古迹，凡关乎掌故者，无不考核研究，摩挲殆遍。

康氏出游十六载，“游遍四洲，历三十馀国，行六十万里”，皆有笔录。光绪三十年（1904）九月底结束第二次欧游，抵达加拿大后，康有为便撰写《欧洲十一国游记》。他在《序言》中把自己比喻成厨师，以游记供国人“坐食”；又比喻成画工，请同胞们在他的游记中游览。

康氏当时编定十一国游记：意大利、瑞士、奥地利、法兰西、匈牙利、德意志、丹麦、瑞典、比利时、荷兰、英吉利，印行者仅意大利、法兰西，分别出版于光绪三十一年（1905）、三十三年（1907）。后来《不忍》杂志刊登了突厥游记、欧东阿连五国游记、补德国游记、满的加罗游记。

1979 年，康氏弟子蒋贵麟将上述已刊游记连同《印度游记》合编为《康南海先生游记汇编》，由台湾文史哲出版社出版。1986 年，岳麓书社《走向世界丛书》收入了《法兰西游记》《意大利游记》的点校本。

1961 年，康有为家属康同凝、康宝庄、康保娥将家藏康有为遗稿、函札、图书等件捐赠给上海市文物保管委员会，其中有不少康氏未刊手稿。1995 年，上海市文物保管委员会将缅甸、巫来由、暹罗、丹麦、英国、补英国、瑞士、荷兰、德国、奥地利、比利时、补比利时、瑞典、西班牙、葡萄牙、挪威、补法国、匈牙利、罗马尼亚等康氏未刊游记手稿，连同印度、法国、满的加罗、塞尔维亚、突厥、补德国游记诸种已刊游记，裒为一编，名为《康有为遗稿·列国游记》，交上海人民出版社出版。

2004 年，北京图书馆出版社出版了《康有为牛津剑桥大学游记手稿》。2007 年，中国人民大学出版社出版《康有为全集》，除将上述游记悉数纳入外，还收入若干康有为会见英国学者、访问英国中小学的会见记和参观记。

以上便是康有为游记的出版简况。本次《走向世界丛书续编》收录康有为英国游记、德意志等国游记、西班牙等国游记三种，充分利用了前人的劳动成果。正是因为一代代学人、出版人的工作在前，才使我们今天的工作变得相对容易。

本次出版康氏三种游记，仍然把光绪三十年（1904）

康有为写的《欧洲十一国游记序》放在每书前面，虽然当时康有为的游览足迹还未到达土耳其、西班牙、葡萄牙以及中美洲等地，但该序言可以说是康氏所有游记的一个纲领性文献。他写道：

> 夫中国之圆首方足，以四五万万计。才哲如林，而闭处内地，不能穷天地之大观。若我之游踪者，殆未有焉。……天其或哀中国之病，而思有以药而寿之耶？……则必择一耐苦不死之神农，使之便尝百草，而后神方大药可成，而沉疴乃可起耶？

无论是变法时期还是失败后逃亡时期，康有为自视甚高，有儒家的担当精神和舍我其谁的气概。他以神农自许，其漫游四海的过程，是为治中国积贫积弱之病而寻医找药的过程。当然，他找的药是不是对症，则另当别论了。

德意志等国游记

在英主威廉一世的和铁血宰相俾斯麦的领导下，德国完成统一，工商业迅猛发展，国力日益强盛。康有为叹服道：

> 今欧洲骤强之国，武备、文学、政治、工艺、农商并冠大地者，莫如德矣。(《德国游记》)

康有为对这个“骤盛之国”兴趣极大，光绪三十年夏秋之季，他往返德国四趟，久居柏林，还嫌没有走遍德国各个联邦，不够熟悉。到三十三年冬天，他写《补德国游记》的时候，已经“九至柏林，四极其联邦，频贯穿其数十都邑，接其都人士，游其工厂、官府……”对德国进行详尽、全面的考察。考察的结果是：德国什么都是第一。他毫不吝惜溢美之辞：

> 吾游遍万国矣。英国虽为欧土先驱，而以今论之，则一切以德为冠。德政治第一，武备第一，文学第一，警察第一，工商第一，道路、都邑、宫室第一，乃至相好第一，音乐第一，乃至全国山水之秀绿亦第一。(《德国游记》)

康有为一直醉心于君主立宪制政体。他分析德国强盛的原因，首先在于政体。虽然名义上也是君主立宪制，但与英国不同，德君的权力极大，实际上是君主专制。不过因为德君是贤明君主，能最大程度上避免政党执权的弊端，而议院仍然运作，保障“大经大法”不乱，因而德国坐收专制与议会的双重优势，被康有为盛赞为“政治之美，实甲百国”。

通过对德法的比较，康有为认为“民权自由亦非最美之药”，因为倡导自由的法国治教不振，被以专制著称的德国打败并赶超。此外，中国历史上不缺英主，但因为没有议院、地方自治等“新器”，导致政治不昌明。且因为君权毫无限制，容易产生暴君。康有为的结论是，中国应该师法德国，以德国为榜样。

康有为认为中国的国民性与风俗与德国人极其相似，都具有坚忍折节、忍辱精进、服从法律、勤勉谨信、爱国合群等优良品质。如果能够教化国民，假以时日，则中国或可与德国、美国并驾齐驱，分别成为亚、欧、美洲的大国。他花较大篇幅讨论了教育问题：

> 德国所以强，以人民皆任兵、人民皆入学故也。……吾之叹美德国，又不在其虚理学，而在其实业学业。盖凡有一政艺即立一学，故事事物物见诸实效。(《德国游记》)

德国极重教育，实行强迫教育之法，儿童七岁必须入学。其教育学理与实用并重，理论与实际结合，职业教育体系尤其完善。反观中国，学者好驾虚蹈空之论，喜谈哲学文章，轻视工商业，导致工学不昌，国家不强。因为“汽机未开，电化未学”，虽然中国地广人多，却被欧洲工业化小国放肆意欺凌。

康有为把强国梦寄托于工学发达、工业繁荣、“物质大盛”。他还特地写了篇《物质救国论》的长文，系统阐发其思想。

本书还收录了康氏《丹麦游记》《挪威游记》《瑞典游记》《比利时游记》《补比利时游记》以及《荷兰游记》。作为泱泱大国的子民，康有为游览这些欧洲小国家时，抱着十分好奇的心态。见国小如丹麦，却因产牛油、鸡蛋、熏肉、啤酒，销往外国，丹麦因此而富裕。游荷兰时，见其道路整洁，博物馆馆藏丰富，叹其小而能治。欧洲的国王都不甚尊贵，亲民重民，令康氏刮目相看。加之政治开明，制度合理，撮尔小邦亦能自立。反思我老大中国，则差得太远，真令中国人羞愧。

康有为周游列国，看遍天下美景，最让他流连忘返的是瑞典。他对瑞典首都斯德哥尔摩赞不绝口，伦敦、巴黎、纽约与之相比简直就是地狱。他惊叹道：

> 天下山水之美，瑞典第一；瑞典山水之美，以稍士巴顿为第一，而吾得之。苟非中国忧亡，黄种危绝，则此间乐不思蜀，吾何求哉？可老于是矣。(《瑞典游记》)

康有为后来“以瑞典为固定地”，多次“漫游欧土”。可以说，他是最早的为瑞典旅游代言的中国人。

康有为心怀故国，每到一地，有所见闻，都写入游记中，希望自己的祖国将来可以借鉴，可谓用心良苦。他游记中留下的对所到国家的详细记载，从所在国的角度来看，也是一份有价值的历史文献。

康有为德意志等国游记□

光绪三十年五月十六日	自瑞士入德
光绪三十二年十一月二十日	自瑞典入德
光绪三十年六月廿七日	自德国入丹麦
光绪三十年七月六日	由丹麦至挪威
光绪三十年七月八日	由挪威至瑞典
(光绪三十二年十二月五日	由德国再游比利时)
光绪三十年八月十八日	自比利时往荷兰

□ 底稿详见各篇

□ 刘无羡　蔡志斌编校

康有为德意志等国游记目录

欧洲十一国游记序

此篇作于1904年12月22日，据《欧洲十一国游记》第一编，上海广智书局1905年排印本。

将尽大地万国之山川、国土、政教、艺俗、文物，而尽揽掬之，采别之，掇吸之，岂非凡人之所同愿哉？于大地之中，其尤文明之国土十数，凡其政教、艺俗、文物之都丽郁美，尽揽掬而采别、掇吸之，又淘其粗恶而荐其英华焉，岂非人之尤所同愿耶？然史弼之征爪哇也，误以为二十五万里。元卓术太子之入钦察也，马行三年，乃至。博望凿空。玄奘西游。当道路未通、汽机未出之世，山海阻深，岁月澶漫。以大地之无涯而人力之短薄也。虽哥仑布、墨志领、岌顿曲之远志毅力，而足迹所探游者，亦有限矣。然则欲揽掬大地也，孰从而揽之？故夫人之生也，视其遇也。芸芸众生，阅亿万年，遇野蛮种族部落交争之世，居僻乡穷山之地，足迹不出百数十里者，盖皆是矣。进而生万里文明之大国，而舟车不通，亦无由睹大九洲而游瀛海。吾华诸先哲，盖皆遗恨于是，则虽聪明卓绝，亦

尽万国之政教艺俗文物而揽掬采吸之

为区域所限。

康有为所生的时代

英帝印度之岁，南海康有为以生，在意王统一之前三年，德、法战之前十二年也，所遇何时哉？汽船也，汽车也，电线也，之三者，缩大地、促交通之神具也。汽船成于我生之前五十年，汽车成于我生之前三十年，电线成于我生之前十年，而万物变化之祖为瓦特之机器，亦不过先我生八十年。凡欧美之新文明具，皆发于我生百年内外耳。萃大地百年之英灵，竭哲巧万亿之心精，奔走荟萃，发扬飞鸣，滂礴浩瀚，积极光晶，汇百千万亿之泉流而成江河湖海，以注于康有为之生世，大陈设以供养之，俾康有为肆其雄心，纵其足迹，穷其目力，供其广长之舌，大饕餮而吸饮焉！

七年以来汗漫四海

自四十年前，既揽掬华夏数千年之所有，七年以来，汗漫四海，东自日本、美洲，南自安南、暹罗、柔佛、吉德、霹雳、吉冷、爪哇、缅甸、哲孟雄、印度、锡兰，西自阿剌伯、埃及、意大利、瑞士、澳地利、匈牙利、丹麦、瑞典、荷兰、比利时、德意志、法兰西、英吉利，环周而复至美。嗟乎！康有为虽爱博好奇，探赜研精，而何能穷极大地之奇珍绝胜，置之眼底足下，揽之怀抱若此哉！缩地之神具，文明之新制，不自我先，不自我后，特制竭作以效劳贡媚于我。我幸不贵不贱，无所不入，无所不睹，俾我之耳目闻见，有以远轶于古之圣哲人，天之厚我乎，何其至也！

夫中国之圆首方足，以五万万计，才哲如林，而闭处内地，不能穷天地之大观。若我之游踪者，殆未有焉。而独生康有为于不先不后之时，不贵不贱之地，巧纵其足迹、目力、心思，使遍大地，岂有所私而得天幸哉？天其或哀中国之病，而思有以药而寿之耶？其将令其揽万国之华实，考其性质色味，别其良楛，察其宜否，制以为方，采以为药，使中国服食之而不误于医耶？则必择一耐苦不死之神农，使之遍尝百草，而后神方大药可成，而沉疴乃可起耶？则是天纵之远游者，乃天责之大任，则又既惶既恐，以忧以惧，虑其弱而不胜也。虽然，天既强使之为先觉以任斯民矣，虽不能胜，亦二十年来昼夜负而戴之矣。万木森森，百果具繁，左捋右撷，大嚼横吞，其安能不别良楛，察宜否，审方制药，以馈于我四万万同胞哉！方病之殷，当群医杂沓之时，我国民分甘而同味焉，其可以起死回生，补精益气，以延年增寿乎？吾之谓然，人其不然耶？其果然耶？ 哀中国之病思有以药而寿之

吾于欧也，尚有俄罗斯、突厥、波斯、西班牙、葡萄牙未至也；于美也，则中南美洲未窥；而非洲未入焉；其大岛，若澳洲、古巴、檀香山、小吕宋、苏禄、文莱未过。则吾于大地之药草尚未尽尝，而制方岂能谓其不谬耶？抑或恶劣之医书可以不读，或不龟手之药可以治宋国，而犹有待于遍游耶？康有为曰：吾犹待于后遍游以毕吾医业。今欧洲十一国游既毕，不敢自私，先疏记其略，以请同胞分尝一脔焉。吾为厨人而同胞坐食之，吾为画工而同胞游览焉，其亦不弃诸？ 以请同胞分尝一脔

孔子生二千四百五十六年，即光绪三十年冬至，康有为记于美洲北太平洋域多利之文岛故居寥天室。

德国游记 此篇作于1904年，据上海博物馆手稿。

德游记（上）

今欧洲骤盛之国，武备、文学、政治、工艺、农商并冠大地者，莫如德矣。吾于德国前后凡四来往，自夏五六月至秋七八月，每月一度，风景亦殊，于柏林久居，尚稍熟悉。而德国本联二十五邦而为一，各有风俗、政艺、土宜，吾游迹率多未至，恨未能尽搜讨之也，他日必当再窥之。 欧洲骤盛莫如德国

第一次入德也，以光绪三十年五月十六日十二时，自瑞士入罗曼疏埠即德境，烟户繁密，楼阁弥望，滨铺颠诗湖楼船甚多。至干士丹士下汽车，登舟渡铺颠诗湖，百馀里顾望德境，山川铺翠，楼宇鲜新，慨然想霸国之盛。汽

车由澳境灵多穿入巴威邦，七时至巴威王京猫匿停车，至十时乃行，是地高度在五十四。至九时，天乃暗，因以马车纵游其全京焉。道广数丈，多夹以树，净洁无纤尘。屋多以白石为之，楼层壮丽，王宫、议院、学校、博物院皆备极壮丽，雕镂甚精采。多于楼半作石盘，上耸塔。公园临河，冈陵极绿，白石为桥，极目秀净，都人五十万，可谓多矣。而道少行人，净洁绝伦，则以道广故也。士女丰秀，一种整洁新丽广大之气挹人眉宇。尤不可解者，道上万千楼阁，皆若新筑，此惟汉堡、瑞典及美之华盛顿有之，次则匈牙利京之标德卑士亦有半新者。若新柏林故有广洁者，旧柏林则污旧太闹，逊之远矣。何况伦敦、巴黎、奈波里之污旧不堪乎？甚怪巴威立国千馀年，何能新整若是。且吾所经德国之境，市镇如乡，楼阁、道路无不广洁新丽者，计皆筑于此二十年中，计皆在德胜法、大兴工商之后。虽其王宫、议院、学校颇有古物，若其民居、道路则冠绝全欧。嗟乎！何以得此哉？入欧以来无所惊，至入德境，则惊德人之治国严肃整齐冠绝欧土。彼俾士麦何人哉？真令人思之不置也。入蜀而怀葛亮，过秦而思王猛，一相之功，翻易其国土若此。

德人治国严肃整齐冠绝欧土

巴威久为王国，在德之联邦中土地至大。二百年来，与普鲁士并以公侯立国，并驱争先，而巴威早为七选侯之列，资望远在普先，与奥地利及波嬉眠、萨逊并世执日耳曼之权。然日耳曼全境在未合一之先，工艺不兴，民困殊甚，日为俄、法所凌暴。困弊之状，二十年前犹然。今乃

俾士麦统一德国之功绩

新丽乃尔，非俾士麦合联邦，立关税，奖工艺，兴商务，以兵舰护之，骎骎乎占英之先，而巴威同享其利，则巴威内治虽自立而能致此乎？非俾士麦不致此也。今无俾士麦，则德各小邦蕞尔分土而治，拿破仑第三之大鸟啄之于南，俄尼古拉、亚力山大之狞狮吞之于北，诸小邦即不尽亡而困弊甚矣，宁得如今日之繁富耶？甚矣！合一之为功而分立之致祸也。俾士麦之功伟矣哉！今吾国人昧昧于时势，览欧土之诸雄以竞争致富强，乃欲将中国之一统而亦思分之，以自促其瓜分之惨。不师强德而法印度，其愚何可及也！自意大利登岸至此，神为之爽，学者何不览观德国之致治矣。

猫匿啤酒名天下
猫匿即慕尼黑

猫匿之啤酒名天下。吾遍饮欧美各国之啤酒矣，皆略有苦味，不宜于喉胃，惟猫匿之啤酒入喉如甘露，沁人心脾，别有趣味。德国人人无有不饮啤者，其饮啤之玻杯奇大如碗，圆径三四寸，有高八寸而圆径二寸，初视骇人，全欧美所无也。入德国之食馆，若不饮酒则多取一马克，故无人不饮酒。吾生平不饮酒，至德而日饮，吾惟饮猫匿啤酒。经半月后游比、荷而还英，不复见此大玻杯，犹日觅猫匿啤酒。每至食厅，辄思猫匿啤酒，不一饮之则喉格格索然。罗昌曰，先生此番破酒戒矣。为大笑。故猫匿啤酒真为天下第一。凡美国遍地啤酒厂，皆延猫匿人作工也。德人面常红壮端丰，身肥伟，市多醉人，行步倚倾。英人笑德人为酒累，然英人之饮喂士竭，其醉祸烈于德人多矣。吾国人面黄瘦枯槁，而德人颜如渥丹，仪表壮伟冠

喂士竭（威士忌）

天下，则啤酒之功之赐也。适足为吾国人医黄瘦枯槁之病，则啤酒最宜于吾国人者也。凡他酒皆醉人甚剧，而生祸患甚烈，惟啤酒凉如冰雪，醉人醺醺而不烈，于养颜致肥伟最宜。然则吾国人不可不饮啤酒而自制之，制啤酒不可不师猫匿，不可不延猫匿人。

猫匿之壮丽因大讲农商工艺

猫匿京之壮丽，自西一千八百二十五年巴威王路易第一即位为之也。路易第一为巴威中兴英主，当日耳曼之分裂衰微之时，乃大讲农、商、工艺之业，全德之工艺名家皆归焉，移大学于猫匿。国既富盛，乃大修京都，令华丽甲于各国。普鲁士忌之，联合诸小邦亦振作商务焉。

日耳曼统一行封建郡县制与我国同

巴威种族虽同本于西过兹，而日耳曼创立之时已自成部落，于西三纪之世，当魏、晋时已与佛兰克、佛勒兴、萨逊三盟并峙。及西五世纪后，佛兰克强盛，统一日耳曼，行封建之制。画地为县，县有伯，如吾令长；合诸县为小国，国有公，如吾国郡守。然既名为国，则各为自治，异于郡县矣。又分封食邑，而公伯私之。有授位于王者，巴威则举于民，其后权力日大，则请于王而世袭焉。沙立曼为帝，恶封建之专擅也，废公爵，而哲西罗为巴威公。被擒废后，巴威复封侯，且为七选侯之一，地大民富，与萨逊、波嬉眠并为古国，盛名传至今千馀年。虽奥地利亚犹为后起，况普鲁士也？其国境之大，亦自普鲁士外无其比。

自匈牙利往柏林

十九日，自匈牙利往柏林。汽车晚六时行，越日十一时午到柏林，车行凡二十时。头等位九十二马克，二等位六十八马克。

驱车柏林，道路广大严洁，皆夹列树，宫室崇整。公馆、宫观之宏伟壮丽者皆聚于嗹嗹，为德第一大道，妙胜甲天下，直通梯丫大公囿。囿广十六启罗迈当，东西三十七启罗迈当，南北七迈当，比中国三十馀里，林木蓊郁，池塔掩映。汽车直穿半时许而过新柏林。新柏林者，开辟七十年，宫室、道路尤洁丽，宫室外皆有林园，盖皆富贵第宅也。嗹嗹道中为花木置几，听游人行游，旁为马行路，左右车路。又左右近市廛处亦种树，为人行路，铺以小石，砌成花样。道广几二十丈，明净如镜，夜则电灯照耀。柏林以树胜，别有清肃之意态。入柏林中，但见整齐、新洁、严肃之气象，乃叹强霸之有由也。视伦敦、巴黎不免拖沓矣，视美国又嫌散漫，吾取柏林焉。柏林演戏剧至十时后止，冬则十一时止。跳舞至十一时止，一切歌舞至十二时止。十二时后道罕游人，惟食饮馆间有一二者。全京禁妓，男女皆谋合于茶馆，目挑心招，逡遁诡秘，而畏巡警之知，见而心悸，无敢明目张胆接袂挨肩如法、英、美者。行遍欧土，惟柏林耳，严肃之象，布于四境。乃叹俾士麦之治法也，如见我子产焉。问其土人，颇以为苦，盖有法、比、奥、匈相比之故，而令行政肃焉。

柏林整齐新洁严肃之气象

俾士麦治国如子产

《诗》曰："大车槛槛，毳衣如菼。岂不尔思？畏子不敢！"柏林有焉。惟十时禁剧未免太煞风景，于人道为乐之意，似未至也。然其文学、技艺至为明盛，各物质制作皆有专院大学，游士几及万人，种种皆过于欧美。游柏林者，自感其清肃广明之气，物价、饮食、用度皆贱于英、法。派学生乎，以德为最宜矣。日本学生在此尚有千人也。

派留学生以德为最宜

抵柏林，初出游，大道中即见路德像，手执书，貌丰晬而有英气。路德创开新教，今四百年间行遍大地，已逾万万人，实为日耳曼第一人才。以儒教之朱子、佛教之慧能比之，拨弃旧教而一统则过之，若法力气势之披猖，似尚未能逮彼也。盖立教本自不同，彼抗旧教，至相杀百万，吾国争教惟事纸笔，且初始压力亦无其大也。耶教同佛，本无妻，路德以五十馀岁之老僧，公然娶一老尼为妻，不忌众议，本大怪事。此与日本亲鸾之开本愿宗，西藏莲花生之开红教，皆娶妻示淫，以使行道，同一手法。与印度湿拏教之事女神教，大变婆罗门之法，盖有绝大智慧以审人情，有绝大魄力以破旧法，此所以成教主也。

路德开创新教

夫道之行也，有二焉。一则清节高行，人难能也。人难能，则人尊之敬之，而其教得行。自婆罗门及佛教之高僧，耶教与夫各教僧皆然。盖人不婚宦则情欲减半，既谢情欲，则学术易精深，而惟以宣布其教为事。凡人世所争竞、情欲、声色之物，彼皆弃之。彼之所争，独在人所不暇为、不专为之教权，则自拱手以让之矣。彼无欲无为，既专且精，既悍且鸷，彼又重魂而不重身命，故又能拼万死以争之，此僧权之所以独大也。即儒教有妻，而儒生讲学能聚大众、有盛名者，必尚高行，愈鞭辟而愈甚，故末流必以清苦卓绝为贵。故其馀波也，中国工艺之不兴，宫

清洁高行人难能也

室、器物之败窳，皆因之，而教之尊，化之美，亦系是焉。一则适人之情，纵人之欲。人所同愿同好者，则人乐奉之从之。人皆乐从，故其教行之至速且大也。凡老氏之阴谋，杨朱之为我，及今世自由之说，皆一出而大行。若湿拏、莲花生、亲鸾、路德之教，亦得其意也。苦行之教严而易尊，适情之教顺而可大。及其弊也，以苦行为教而人难守之，于是僧多败行，而教即因是而败。路德之起，即起于教皇之贪而行赦罪纸，僧之淫而行认罪亭，有以激而成之也。中国佛寺之毁，亦多毁于僧之先行也。适情纵欲之教，必至如公孙朝之纵酒，如高洋、杨广之淫昏，此岂复恤其教旨？故西藏红教卒为黄教所胜，而印度湿拏教亦卒为新教所败也。故适情之教亦不能尊，亦不能强，亦不能久也。

适人之情纵人之欲

苦行之教严而易尊适情之教顺而可大

然男女之欲，天所生也，谁能绝之？必强绝之，必将旁决，如彼塞川，然必不可行，故莫若因势利导之。今耶教挟妻而行遍大地，教亦遍大地，败行不多著，则路德立法之善也。然路德刚健之力，有万象不移之概焉。当路德时，教皇实同一统之王者，而路德尚为维丁堡学校之学生，首抗之，以教王使者行赦罪纸而数其罪，大书帛于袄祠之门，于是日以攻旧教之腐败为事。适是时，累代教王皆贪鄙而大僧骄纵，为人所公恶，故说得大行。当西一千五百十八年，教皇尼第十召而责之，抗论愈厉，人心愈归。逾二年，教皇数路德罪五十一条，限六十日改过。路德于维丁堡会大众，焚其诏命而面数其使。教皇无如何，

路德刚健有力万象不移

下诏欲定路德罪，而议员多持未可。于是日耳曼帝恰儿斯奉教皇诏，大会人民于俄民斯，而未敢徇之，乃特赐护照召来见，所过迎者如云。会中议员愈诘难而愈直，恰儿斯纵之。后虽诏责之，而萨逊公爵迎居于华特堡，著《新约全书》。后以同志不妥，复还维丁堡，改译经文，其说大行，日耳曼诸侯皆尊信之。而瑟克生选员及赫生侯先黜天主教，禁尼庵，没教会之地为公产，皆听路德而行，买诸最博学者辅之，于是务更天主教旧章，尽改变旧观念。天主教人大恐，日耳曼帝乃开大会于斯伯亚，令奥公斐迭南主之公议，主旧者多，乃诏改新教，首设牧师以约束之。路德之党及诸侯信奉路德者不从，乃联合新教，自称新教徒，以别于旧。时西千五百二十九年，为新教立成创名之始。

著《新约全书》其说大行

逾年，恰儿斯胜法，归称帝号，大会诸侯于阿革斯鲍，以定教旨；诏责路德之谬妄，令民不得从之；归还旧教之权，重建尼庵；违者以抗旨论罪。而选侯驾因、诸侯斐力伯不从，先自归国。旧教徒以诸侯之归心于路德也，逾年乃贿众议员立斐迭南为罗马王。诸侯惧旧教之盛，又开大会结盟以自保。西千五百三十二年，索立曼大兴师伐日耳曼，诸侯要恰儿斯废禁新教之诏，乃为兴师以拒敌。恰儿斯以非合诸侯之力则不能抗索立曼，不得已罢废原诏，诸侯兵乃出。于是北日耳曼巴连登堡选侯及萨逊公爵、威登堡公爵、大牧师、侯民等皆大发扬新教。恰儿斯于事平，恶其要挟，乃约教皇波儿第二开大会，欲以兵力

新教旧教之争

压新教，且诱散诸侯。路德等不应命，而诸侯皆备兵选将不受命，时为西一千五百四十六年也。路德往与民斯耳特伯议事，道卒，而诸侯遂以争教与恰儿斯战而败。然西一千五百四十八年，恰儿斯虽袒旧教，而大会于阿革斯堡，调和二教，听新教自由。逾年，又胜恰儿斯，要立新约，与旧教同闻，裁判事各不相摄，听民信教之自由，而诸侯统掌两教。于是路德教权与数千年之天主教平等矣。然以两教不同之故，帝王与诸侯人民好尚皆各异，不能无争，而诸侯又有借教自擅者，种种缘因，遂主无量之兵祸及非常之变辙焉。因新教特兴之故，于是欧洲及日耳曼之旧制旧俗遂大变焉。

新教特兴旧制旧俗大变

一、新教既立，旧教之力遂弱，而教皇之威灵遂失。即于一千五百四十八年斐迭南自立为德帝，不请命于教皇，不请教皇加冕，其后世遂为故事。于是教皇一统之威力日削，而驯致近年意大利入都罗马，尽夺教皇权之事，皆于新教酿之。昔之历代帝王即位，非教皇加冕，几若不为即真者，故跋涉数千里而往罗马求加一冕，此如晋武田利及韩、赵、魏之为侯请命于周同。岂曰无衣，不如子之衣安且吉也。唐藩镇之自立，亦必请命于王朝，以镇抚其下，亦所谓不如子之衣安且吉也。盖有教皇加冕，则人心许之安且吉也。至于东周君后六国自王不须请命，此为一大变矣。

尽夺教皇权力

一、两教既立，不能相下，而各有好尚，又有假以自利其私图者，于是酿三十年之大争久乱。始则内争，而旧

两教相争为祸酷烈

教假力于法、班，继则新教假力于英、瑞。外人既干预，终至分割数城，偿巨款于法、瑞，而瑞典得波罗的海、北海之险要，法毁来因河之炮台，得以直入日耳曼而制其死命。德民经此久战，死亡过半，城邑荒芜，工商凋落，国敝民困。垂至于俾士麦未统一以前，德民之困苦凡三百馀年，役属于法，不能自振。争教之为祸酷烈一至于此，与十字军之为教争，皆古今未有之祸也。夫立教以济世安民，安有以同教之故，而相杀百万至于若此哉？始则酿成教皇之尊，则必至有无道之事，继则必至攻伐无道，而起新旧之争。观此乃叹孔子之粹美也。即佛、梵尚不至酿大争乱焉，胜于耶、回矣。盖立教太强，强则必争，种祸之因在此。孔子之道宽柔以教，故失之弱，然因乎人情，而又为三统三世以待其变。其兹可久乎？佛不与人世争，而厌世之观人所难免，占其一半，虽不能极强而不能灭者也，亦无祸患矣。回最坚强，其教争最酷，他日其最先殒落者乎？老子所谓刚强者死之徒也。

诸侯外借争教内削王权

一、诸侯外借争教以内削王权，王权既削，各谋自立。巴威及巴登堡选侯并吞邻邦而先自立，各侯国应之，遂分裂为无数小国，而城市自保，亦各成自立之势。德帝徒拥虚名，而立法、出师、命将之权付于选侯之公议院，渐且议院亦无权，而一切尽归于侯国矣。小国角立，战役无已，民生憔悴甚矣。于是瑞士乘此时别自立国，而别为今日之桃源焉。

一、侯国竞立，内争日繁，强者并吞，弱者无恃。以国数既多，于是互立和约，积成公法，珠槃玉敦之盟，张旃拭玉之文，以均势为理本，而弱者亦借以保全。渐推广之，遂成今日之万国公法，而大地从之。

万国公法之肇始

一、天主教以压力愚民，故中世黑暗经历千年，惟僧司教学之权，民人乃至寡读书识字者。新教既以攻旧教为事，务反其所为，而以兴学讲工艺导民。故自彼十五纪以后，教之压力渐解，人士渐言复古学，而新学亦日以萌芽启发，渐即光大，则新教拨翻旧教而启其光明也。

兴学讲工艺导民

凡此数事，皆路德为之。路德既创定一教，排翻旧教之害而开导文学，弱教皇，生封建，引公法，导瑞士。龙象蹴踏，全欧人豪，关系之大，实无其比。盖欧土古今未产教主，而路德乃欧人之为教主者也。虽以亚力山大、恺撒、拿破仑诸大王关系之大，远不能比路德。希腊之七贤、近世新学诸哲及夫哥白尼之知地绕日、科仑布之寻美洲、华忒之创汽机、佛罗令士之创电、达尔文之创生理学，皆不能比路德之力之大也。倍根之拨弃数十年旧说，其功虽大，然不如路德倒旧教开新教之力之猛也。故合欧古今人论之，应以路德为人豪第一矣。游德国，出游先见其像，与游意大利先见嘉富洱像同，实获我心也。

尝论德近世人才，以路德、康德、俾士麦为三杰。路德创新教而拨旧教，为欧土教门之杰第一；康德兼综心、物二理，集欧土哲理之大成，为哲理之杰第一；俾士麦合日耳曼数十邦为一统，文治武功俱冠欧土，为功业之杰第一。三杰俱生于德，教宗、哲理、功业三者俱占第一，亦

近世人才德国三杰

足见日耳曼人才之盛矣。

游武库

德以武功成霸，光赫于天下，以弱普破霸法，因以合二十五邦，功尤奇，故特建此武库以旌武功，筑武观之义也。吾于五月、八月凡三巡数之。环楼阁为院，高二层，院中为敞地，上覆玻穹。正面分左右阶，盘石级数十而登楼，广宇九间，红文石为柱，体势端壮，玻璃圆穹。下遍悬德所破各国之旗，吾国旗在此者甚多，盖胶州及庚子联军也。敞地中亦陈胜掳各国之炮，法国及我为多。正楼金碧辉煌，地铺“摩色”，环立威廉第一、俾士麦及诸功臣像，以金石为之。壁绘二十五邦尊威廉即帝位图及破法战功图，极瑰丽之巨观。馀三面楼备置各国刀枪及古今兵服、甲、胄、步、骑、冠、衣、带、履各式，皆以蜡作士马像为之，可考进化之序，而德国尤多。德古兵皆有辫刀，以手握处有铜护为美。吾遍审各国之兵冠，以德国为美，以薄铜为质，光可鉴，如金梁，加崇饰，至威矣。英尚侧小帽，最不美。其兵衣皆极窄，有密钮数十者，有胸前左右斜行者，今定以中行五钮，可谓得宜。兵衣之色亦无所不备，而黑红尤多。吾取与天地同色者，大概近沙漠地兵衣宜灰黄，近林木地兵衣宜绿，通而言之，灰黄为宜也。马鞍、马衣亦无不备。若夫由剑、戟、矛、戈、弓、矢渐进为枪炮，其枪亦渐渐进化，由火绳燃火前膛入码而至今后膛螺线弹码，经百千变乃能致之。德今所通用枪六

德以武功成霸故建武库以旌武功

十七响，每分时打十二响，远击至一千迈当，自彼一千八百九十六年定制也。每枪值马克三十七，士班打厂所作。

楼下层置古今各国炮及军用器仗，及德与各国战缩型炮，诸式皆备，其进化变易皆见于下。游克虏伯炮厂，说今不著。惟院中敞地陈吾国同治年间炮甚多，以为愧耳。我国元时出红衣大炮，在崇祯、康熙年精铜所铸，已有长丈馀者，吾摩挲甚多。康熙、乾隆朝所铸诸大将军炮式，尚存《会典图》中，以一统无所与竞，故无少进，甚至铸厂亦无之也。吾见美之华盛顿自立时，炮仅二三尺许，即四十年前南北美战，炮长仅七尺。其在欧土，当吾崇祯、康熙时炮始萌芽，远不如吾国之精而巨。彼所进化全在此数十年间，不知者徒以其今日之强而震之，亦太愚矣。然以万里大国而十五年前乃无一制铁厂，天津制造局只造枪弹之铜帽，上海制造局每日只制枪七枝，即今汉阳立制铁厂乃始萌芽，何论其他。当万国竞争之世而昧昧至此，虽欲不割且亡，得乎？马江拒法之役，张佩纶视师闽中，巡行炮垒，仅得克虏伯炮十七具，乌得不败？况所谓炮者，尚购自德国。夫以兵舰专言一炮，两时未有不破，然则既失之后，从何增置乎？同治中兴诸公，久更兵事，观其章奏，未尝不以军兵炮械为言，后人方嗤其变法之无本，岂知所谓军兵炮械者，乃尤无其本耶！诸公徒知购炮，而不求自制，又不求其本于制铁，又不求其本于化学、矿学，此真不可解者也。

中国曾以精铜铸炮

南北美战之炮远不如吾国之精而巨

既览德武库，返思己国，为之叹息。炮有八枝自转

览德武库思中国能自制炮

者，吾甚喜之，及观美国又有十六枝自转者矣。炮不求自制，而踵他人之后购之，今日惊为新式而购之，明白人即为旧而弃之，日月如此。然则不自求制炮之本，而欲求存于竞争之世，庸有幸乎？吾闻美之破吕宋也，美国人告我曰，吕宋之自立军阿坤雅度，强悍不畏死甚矣，终以无炮而败亡。墨西哥昔极文明，制作多有过于欧人者，西班牙以炮十三攻之，墨人仅挟刀矛弓矢，无以为御，遂以三万精军为班五百炮队所败而亡。班人尽戮其文学之士，悉焚其书，而墨数千年之文明遂尽。今墨人至举国为班之语言文字，无复识其文明之旧者。劫灰已尽，念之哀痛，岂料子孙无炮之惨祸及数千年文明之国人如此耶！吾国人何不鉴焉？《诗》以卫武之贤，尚称"诘尔戎兵"。《书》以伯禽之仁，尚称"敿乃戈矛"。忘战必危，有备无患。狡焉思启，何国蔑有。冰雪凌冬，无衣无褐，何以卒岁乎！

军仗缩型诸式

巡观军仗缩型咸备。有车载桥板缩型，以铁链束板置大车上运之。有渡河型数式：一以三舟置横木铺板其上而渡之；一以铜筒破半如舟，内分三槅，每槅长三尺，以坐人而渡之；其一两头皆尖，上铺板为桥而渡之；其一为方箱形而无面，空其中，坐人而渡之。有装药箱之缩型，用长箱、方箱不一。有载行李之缩型，以四轮长车载之；有装坏轮者，有预备坏轮之新轮者。有载食品、装水车缩型。有全拱式、半拱式，可开合，载茶、架非，下有炉，可常熟，以备饮啖。有吊炮之高架缩型数式。有自前以轮齿转上者，式如下［图略］。有自中间转轮上者，式如下

[图略]。每轮齿无数，以限之。有称重机缩型数式。有上梯机缩型数式。有转炮机缩型数式。有称炮及弹之架缩型数式，一式如下［图略］。有车载炮及药桶缩型，以二车串合为一，后车置炮向后，药桶向前，曳以八马，每二马为一列。木栅缩型二式。帐篷缩型尤多。有四门而中突为亭形者，有四门在四角者，有前后三门左右二门者，有三重帐者，有如城开前后门而四角有亭者，有长方者，式如下［图略］。有兵舰露台炮缩型数式。

其馀各种军仗缩型式甚多。此皆吾国武库及武学校所宜各置一具，以备观摩而考得失，以求进化而知选用者也。盖今欧美人之于用具，皆有领专利凭照，又有院以备藏诸式缩型，而国人各因其职而思致其精备，日出不穷。何况战事为国命所系者乎！其竭思研精以日求，准备简速而无憾，乃势之自然也。惟吾国乃鼾睡于群盗之中而高枕酣卧，一切不顾耳。此群盗所熟睨而窃笑，乃相与破关而入，胠箧而行也，则吾慢藏无备诲之也。 吾国武库及武校宜各置缩型

德人甚炫武功，其破法之师丹蔑士及深布厘滑诸战，及围巴黎与沙林舞，皆有缩型。破奥之刊匿卡拉士之战亦有缩型，略长丈许，山川、城郭、人家、草树皆具，旌旗、士马如豆，相击、相伏、死伤、卧倒、立马、追兵、焚屋，如见当日战形，以感动其民不忘，意至远也。 德破法破奥之战役皆有缩型

德之恪慎伯炮台同叻士达炮台皆有缩型，筑炮台者所宜考也。下层置炮，其枪炮式甚多。有方排枪，每方八枝，共六十四枝为一；有三角式，合廿一枪为一；有一排 炮台皆有缩型

五枪者，有三排者；有如六口廉式而十响者；皆一机动而迸发。有一炮而出弹之口四十九，亦有三十口者。有日本源赖氏之炮六十四，写乾坤等卦画，亦中国之文明也。

游议院德之联邦议院也

天下议院唯德壮丽

天下议院，无如德之壮丽矣。英、法皆旧，美及加拿大壮而不丽，奥丽矣而不崇，比、匈极丽而小，荷、丹皆小，瑞典新营崇丽者，费千万而未成，然亦不壮。吾未至班、葡，然度必不能比美新霸者矣。德此议院，营于西一千八百七十一年破法之后。合北日耳曼二十五邦为一统，盛夸功德，故极意铺张，并院前胜法塔，共费二千六百万马克，可谓巨工矣。院凭对数十里之大梯丫公囿，敞场广袤，云树蓊匝，气象宏大，亦各国所无。院正方形，四角有崇楼，正中方穹，顶有全金亭，亭上全金顶，目光照耀，晃丽极矣。院前为喷水池，周以花木，池前独立俾士麦像，以旌合日耳曼成霸之功也。俾公像前一人负地球，此君有囊括世界之思，于是见之。吾遍游欧各国，见政治之清肃，道路之精洁，文学、武学之修明，人性勤俭，近者工艺商务蒸蒸日上，侵英轶美，无有如德国者。异日必与英争殖民地而为欧土霸，吞并波罗的海诸小国必矣。大地新国之盛，无有如德者。今言语渐合并，虽有四种，而殆无不通普语者，此国之兴真不可量。英保守之精神不能敌方兴未艾之新法，政出多党，人太自由。奥十馀种语尤难致强，益不能振。霸乎，霸乎！他日德与绝海之美必将

俾士麦像（俾斯麦）

他日德国与美国必取英国而代之

各执牛耳于东西大地上，以与英代兴矣。则俾士麦之有功于普，岂可量哉？

俾士麦生当法国革命之世，全欧披靡，而德人尤感动之。革命之说烈于风火，不谈者几不容于世。而俾士麦不少畏众咻，独持尊君权之说于举世不为之日，且俾是时亦未得君也，而能百折不挠，尤可异哉！卒与威廉一德一心以成非常之业，而建此二十五联邦之议院也。向使俾士麦少惑时论，或不惑而怵之，则法、俄之分日耳曼诸小久矣，奚能合成强霸，而今兹国民皆受其休乎？破奥、法后，声威既盛，休兵不战，专意抚绥，则公非虐用其民者也，不得已也。仰瞻魁垒，愿拜下风，九原可作，舍俾公谁与归？吾游欧美，各国人士多谓，君他日当为东方俾士麦，则吾岂敢。然政略之美，平生所慕。既特购其大像归，且为诗咏焉。院前胜法塔巍峨，高耸一百八十尺，凡作三层，费四百万马克。下层尽以文石，顶立天女像，有翼，丈许，涂以金，其阑周以金枪，以旌武功。登可俯望全柏林之胜。

俾士麦建二十五联邦议院成非常之业

购俾士麦大像归且为诗咏

柏林议院前瞻俾斯麦像

巍巍明堂立，金塔抗中正。林园三十里，石像夹道并。摩天立铜人，仗剑意气竞。其下负地球，一足踏狮狞。云是俾士麦，仰观耸万姓。廿五国君民，俯首听号令。破法震大功，惠民滋德政。工商兴实业，海军握魁柄。至今略非洲，殖民地日并。商场溢海外，强英不得骋。虽苦民兵制，期使弱普劲。合德既

咏俾士麦像诗

定霸，干戈终身靖。乃知保国仁，迥异黩武病。我来游柏林，道路广以净。植树列四行，行人想以咏。汉堡与猫匿，周道如砥镜。万国治道路，无如德光莹。士女畏游徼，子夜百戏静。政治既严肃，文学复明盛。国侨好武烈，乐毅不治定。夷吾藉国大，葛亮因乱圣。我仪吾华才，景略庶几称。岂惟贤相才，实资英主听。君臣既一德，功名乃相应。当时与法邻，革命鼓大兴。惟公审时势，君权救国命。众哗等小儿，万谤仍坚定。用以明良遇，得成强霸胜。假使从众咻，弱普为人并。我久绣平原，模范卿云庆。今来拜下风，九原吾归敬。

王宫

柏林王宫

柏林德王正宫，临敞地，体势稍庄严，创始六百年矣，新修者亦二百年。卫兵数百，列队于院中。乐兵二十五人，适当操期，乐发，步伐森森然，各国亦略同矣。正殿门有铜圆穹高耸，以梯作东西阶，三转而上，高数十级。墙镶文石，柱必用二或四作一簇，上作人像拄之，甚庄严。入门候坐处置铜花格，中空置炭，备冬令足冷也。各殿上盖多镶金花，地板以木砌方形花，室各异样。门刻花涂金，镜架、烛台、桌多用银涂，其光照人，亦自新异。近正中殿室多深大，然不过三四丈。惟柱皆文石。正殿之室门、柱、墙皆金花饰，宝盖金银为之，乐人在盖上坐。有铸成金架高丈馀，上下重重置金盘、金瓶数十具，皆甚大，放金光照人，此为俄后所赠，值六兆云。其炉上所陈皆金盒、银盒。

赏功殿

入赏功殿，大红文石柱十馀，墙周饰宝星千百，宝座有宝盖，上作圆穹，各殿穹顶盖多画云气。此殿如天形，宝座皆在正中，与中国同，惟德国耳。三殿横长二十馀丈，各殿皆悬画像，惟此悬威廉第一即位及开议院图，从官千百，俾士麦旁立，威廉第一冕服登宝座，甚庄严矣。舞殿尤壮丽高耸，长数十丈，纯白文石作墙柱，每两楹间必立一先王及功臣白石像，上盖藻井，皆金花木砌，地砖皆刻人物，极精。各殿皆中国磁，惟一室全用德国磁，所以重本国工艺，惟土物爱也。桌多用文石，以金鸟为翼，向上承之，或以人像承之。有普之始祖第一王诃拉士（khurfurst）像，绿衣裤，假发，白肩，其三百年前女妃亦赤足，可想见朴陋之状与土酋无异。是时已当我明末矣，而普犹如此，何文明乎？真新兴家也。其约翰王、后手用黄带缠，墨衣；其后与王并坐像，后亦少低焉。一殿以金叶承电灯，楣上多用突质小儿花树，饰以金，故佳。柱皆紫色文石。一殿以银绚，柱、墙及楣、台皆银色，甚晃异。八月八日，偕同璧再游焉。

与女儿同璧再游

王宫前威廉第一像

宫前威廉第一像有拱廊环之，两头廊上有人驾六马车像，像下座四方雕石为兽马形，甚壮丽。威廉骑马，兴王神采，万国具瞻。威廉以耄耋兴邦，俾士麦、毛奇栾郡王诸豪佐成功，有同周公、太公之左右武王克成周室，令我想像于大武酌桓赉般之盛业。古今人岂远耶？

八月五日，游威廉第一故宫

平列大道中，与民居同，规模不大。平地上地板稍高，陈设威廉故物，窗间花木幽幽。入大门，多灵石之器，阑干铜质镀金，其钟下柄宝石三尺，有铜人持球转表，有六尺大玉盘，纯白玉为之。其一室地砖皆用地球形，一桌上有架，用纽柱斜十字，架上有文，顶一中华象棋盘，每子刻中国人物，古衣冠，疑明世物也。其大绿玉瓶亦吾国先帝所赠。一殿桌、瓶、灯、盘皆绿玉，斑斓甚矣。舞殿圆式，圆穹别作一层，上作天色，甚迫肖，呼声能应二十九响，如山洞然。偏殿作书室，皆用白晶，陈小金几，有玉鹰，刻画如生，馀皆文石为之。又入一书室，左、右、后三面书橱以小圆柱为之，百宝陈列不足，又于橱前陈横桌于室中，而陈杂器焉。后有小圆铁梯以登楼取物，此式极似吾国士大夫书斋。外为敞轩，植花木。轩外疏阑缠藤，即临大道矣。此宫陈设威廉故物宝玩极多，屋室幽曲，有花木，乃人间第宅之艳丽者，各国殿廷临大道，皆无此式。

中华象棋盘、绿玉瓶

游□□□□王宫

二百年矣。拿破仑伐俄曾宿此二日。三面两层，不高，前环铁阑，阑内大院落，花草结成文字。各殿室皆文木砌地，光滑可鉴。后为园，遍植花木。各殿室玻窗相映，惟其不高，乃益佳。后面正对园，一圆殿柱、墙全用白云石，凡十馀柱。一镜殿间用镜，一殿用窄镜，与墙广同，皆甚新异。漆器皆日本物，穿殿上下皆满。一室以架累丈许，凡磁万千，碟挂壁，并中国物。壁皆挂其先王及后妃像，并织山水人物画，盖彼十六纪之画也。一绿石桌极华异，盖俄主所赠。

中国磁器挂壁

威廉第一之陵

出殿后，园中林木森森，行数百步，为威廉第一与其后及其子弟三人，皆夫妇合葬，石椁面白石，卧像雕镂甚精。陵殿甚小，仅一间四柱，惟柱用碧蓝石，甚精。棺陈堂上。欧土王陵率不大，然工作皆精，乃欧人之俗也。威廉以九十老翁，知人善任，遂以普统日耳曼二十五邦。其盛德丰功虽不能比周武王之一统，而甚似之。古人不可作，见此英雄，亦庶几矣。吾以五月、八月两度瞻谒，俯仰流连。

威廉第一及子弟三人陵墓

游藏历代帝王服物之故宫

此宫器物灿烂华异，皆普先王之遗物，真如顾命。东西序之所陈，而日月常设原庙衣冠纵民观览，一以开民之知识，一以系民之怀思，意旨深远矣。入门悬我醇王谢罪图，德主威廉端坐，百官左右侍，醇王鞠躬呈递国书，从官从后。德国宫中多悬此图，示威远也。又有德主威廉第二谒耶苏墓图，盛陈仪卫，突厥主盛接之。欧洲君主之不得谒耶苏墓久矣，威廉以谒教主墓为名，借以抚收突厥，

清醇亲王谢罪图

雄心远图哉！

有一小锡亭，作威廉第一坐而诸功臣环立像，别有大将军毛奇之桌，像亦存焉。法主拿破仑第三下战书之桌亦存焉。威廉第一之遗冠服甚多。俾士麦及诸功臣像咸悬于壁。有一银衣甚华贵。其玉册、宝盒无数，凡一切册面皆用杂宝石镶之，极丽。有钟四晶柱捧日出。有高武冠上插雉羽，高七寸，似中国。其一室分内外，垂绿帐，一切皆用绿，极幽诡。有一桌间格甚多，中有十馀画精绝。自此出一横穿殿，长三十馀丈，上下皆庋中国磁，以万数计，新异无数，过于各国博物院远甚。吾遍游欧洲王宫，固得以极考中国磁式，所藏皆蓝花为多。穿殿中高数尺，两旁低，正对园池，花木甚繁盛。游德王诸宫，乃知宫室万不可太高，一过三层以上，便不收花木之幽胜。纽约虽有三十层之入云，然只可为闹市之商店，于养生行乐未见益也。吾中国宫室既极拙劣，难与欧美、印度争胜，而吾国花木最盛，除闹市商店及公馆外，其馀但以三层为度，专取雅洁清华者足矣，不必与欧美竞崇高焉。

帝王像及遗物

中国磁以万数计

一室陈非特立大王母疏非亚后物，凡几皆饰银，杂宝盒之丽美者无数。一室圆周以镜，镜镜皆有灯，饰以杂宝，上列诸像，中立德第一王哥话士像，上饰蓝玻窗。其一室以一镜一绣相间。其一室专陈古器，有中国物雕牙床甚精。此院每先王服物各一室，金剑、金鞭无数，欧洲王者仪物，可尽于是见之。既与民共，而又能永守勿失，旨哉！吾国先帝服物深藏宫禁，虽臣僚不得一见，徒作天上

疏非亚（索菲亚）王后遗物陈列室

人间之叹，何况庶民？岂若以此开民智耶？此不可不师之矣。

游德主马厩

柏林与旧京波士淡各一厩，波士淡之厩一百五十，此厩二百五十，覆以白楼，隔以紫板，席以秆荐，饰扫甚洁。马多出匈牙利，黑色者多，颇多雄峻，然终不如阿剌伯马。吾自见阿剌伯以后，所见欧洲各国马皆不骏。思我国古人所称，若杜工部所咏、李龙眠所画，亦未必骏妙能如阿剌伯耳！或大宛之天马渡沙漠者有可取乎？产马必限于地，南洋之马与吾粤之马皆极小，真摈而不足与会者矣。虽索林马有名，然必不能比阿剌伯。美国特买阿剌伯马与交种，故亦颇佳。吾国必当用此法。厩外有大圆堂，甚壮丽，备冬时雨雪马卧者。外有泥圈，为马所游。诵《鲁颂·駉》诗“有骅有骆”，盖国君自古富于马，问大夫之富，数马以对，若陈文子有马十乘，齐景公有马千驷。而唐时太仆张景顺养马至四十万匹，杜甫诗所谓：“当时四十万匹马，张公叹其才尽下。”则大朝一统天子，尤非德主区区所能比。然在欧土诸君主，德颇有帝王气象矣。

阿剌伯（阿拉伯）马最为雄峻

马车一百五十，饰酱红者数十，皆在厩上，用时以一机放之立下。冬舆十馀，有明舆，上有圆盖，一黄舆，百馀年矣。舆有鹿、狮形而坐其中者。有走雪车，前为人形或鸟形。皆饰金。有大车如汽车，出军以载药者。游车载

各式马车

小舟，黄木车载厨食。顶楼贮鞍辔鞯垫，皆饰金银，极华洁。有全黄金鞍辔，为他国所赠，各国体制略同。

五月十九日游博物院

博物院壮丽绝伦

此院经营七十年矣，与王宫相对，壮丽绝伦。中隔敞墀，花木周疏，院门列柱崇阶墙皆古画，上有铜人走马十馀。院楼上下皆白文石柱阑，铺地亦然，极华严矣。有邦俾胎中之儿及新生之儿，生不逢辰，即蒙大难，然长留人间，以供玩览，亦幸矣哉！画甚多，有玛利罗画，值五十万；有法人伯多画无数小儿极精，罗连疏以白灰画人物山水楼阁。二门极精，有作画于石者，着色甚佳，古物也。中国珍异物尤多，而内府玉器之精美尤为难得见者。碧玉瓶二，大尺许；一碧玉牛六尺许，雕镂精绝；七八寸白玉屏一；其六寸白玉瓶一；八寸大晶人一；红玉瓶一；白玉茶碗一对，有纯庙刻文极精；碧玉笔筒八，大者八寸许，刻山水人物甚精妙；玉玺二，大皆三寸；二寸玉杯三；玉如意七，一有纯庙刻字；玉器凡数十，皆精异品，一黄玉杂佩尤精英。其宋世之刻漆、堆漆、鎏金、雕牙，为屏为盒，或大或小，以数十计。刻漆山水屏有三四尺者，方圆盒有二尺者，皆人间难见之品，而此间充栋，皆庚子之祸移来者也。伤心故国精华耗矣，哀哉！

中国珍异物尤多

希腊扒拉迦问文物

有一院专藏希腊之扒拉迦问古物。扒拉迦问邑沉于地者二千馀年，在西历前二百年，当吾秦汉之交也，尚在邦俾之先三百年。近乃考出，掘之十五年，至六年前，为西一千八百九十八年乃全发现，德人取而珍藏于博物馆。石壁皆人物像，精绝。柱础刻画皆佳，有屋角刻花、刻人及以小石砌成花鸟，比罗马尤精绝。其文与今所传希腊文同，以方笔行之，类吾吴《天发神谶碑》。希腊此地宫室人物伟大庄严，与今罗马同，未见今之大能进化也。德人掘此移来，费十六兆马克，好事以赠国人，可谓至矣。吾所见意大利、匈牙利新梳剔发掘古物甚多，虽墨西哥之野僻小国，亦复搜剔古物，皆赀千百万为之，以考进化之据。吾国不乏历阳之湖，若齐、秦、晋、豫之郊，发掘古迹，必有无数，以证吾国之文明。所望吾国好事者为之，所关于文野之声名，以资世人之新识，岂浅鲜哉？

希腊吾尝见雅典城拓影，后山磅礴而入城，中为高石峰，如闽之乌石山、桂林之独秀山、京师之煤山，左右各有小石峰翼之。城墙雉堞皆用石，如中国，高四丈许，横列于前，如江南一城中分数城，如唐之长安、奉天。盖防守之具出于公理，自然暗合也。其中石峰巅有大寺，大会同群行礼焉。山原秀耸如此，宜其制作之盛也。其室屋横列巨柱数十，广大崇庄，最宜于明堂广厦。吾藏希腊宫室图百数皆然。今欧美变化多则有之，若广大崇庄，只有仿希腊之式，不能出其外也。以吾所行，大地各国略尽，印度宫室最为伟大，希腊似焉。希腊宫室之制，出自埃及、巴比伦而去其粗恶，略采印度之整美者也。盖自亚力山大破印度后，摹仿其式而为之，盖可谓集埃及、巴比伦、印度、波斯之长者耶！

雅典城墙雉堞类中国

希腊宫室广大崇庄

欧洲宫室之美

欧洲宫室之美，盖有自来，以其罗马开国峙于欧亚，即兼收埃及、巴比伦、希腊宫室之长也。其能传于后者，皆以石筑。而日益增美者，一在迷信神权。当欧洲中世黑暗之时，全欧无学，日事干戈，而教皇最有权，全欧之民皆尊信之。故欧土所在袄祠，虽僻壤荒岛，皆极瑰伟壮丽，崇高广大数十丈，刻花精绝。即英伦威廉第一未开以前，当唐世尚为海贼，而今睹其庙，已备极庄严，为吾国所寡有矣。一在封建世国。日耳曼中世纷争，王侯角立，皆虐用其民，厚取其税，以营宫室。且备战攻，故多用石筑垒。垒高下、大小、方圆不一，体制诡奇，而时采用庙式，刻镂精绝，并皆崇高四五层，广大百数十丈。似此壮伟诡丽之制，非封建世及之王侯，实无此大力以兴筑。而欧土各国皆有封公，公下封侯，侯下封伯，伯下封大地主，真所谓王臣公、公臣卿、卿臣大夫者。故裂地甚小，有以十数里为一国者。然重收其税，亦可以大营宫庙，而非匹夫庶士之所能举。故故宫旧垒欧土相望，体制瑰奇，斗新竞异，虽以今日美国之富盛，而除一二公馆稍华丽外，终无欧土千数百年庙垒之瑰诡巨观，何况人家？则虽今之迦利忌、落基花路富数万万，屋亦卑小，比欧土封建之宫垒不及万一。盖以富力虽可为之，而既非国主，臣卫乏人，无所用此丰屋也。故庙、垒二者，实为欧土宫室之传种，而神、侯二大怪物为之翼而飞，故今欧美宫室之美，若垂天之云焉，望之惊人。

吾国既用板屋，难传久远。自孔子削去百祀，不语神怪，而神权不昌。孔子既恶封建之专横，尚卑宫而讥建筑，又立一统之义。汉后封建永废，梁王之兔园吹台既荒既芜，后无嗣音。滕王高阁临江，已为罕见。将相皆起自凡庶，侯封仅列为虚爵，卿士皆无有世禄，贫困不能大举。至唐慧能说佛，直指本心而罢弃祸福，朱子则几为无鬼论矣。寺庙皆市里小人妇女为之，少有士夫出力为之经营。神、侯两怪扫除久矣，故宫、庙皆无。惟一天子宫阙规模广大，实冠大地。然以无与竞争，故绝不精丽。而天子之宫阙又非卿士、凡庶所敢摹拟，而卑宫尚俭之经说又复为人所尊，不敢因时宜而易之。故中国虽极文明而宫室卑陋，乃至下侪于爪哇之亚来由人、墨西哥之土番丫士惕卖夜人。故欧人楼阁参天，吾国则闾阎扑地。宫室为游客至易见者，彼视吾国宫室既与亚来由及美洲之红皮土番同矣，其见轻视亦乌得不以诸野蛮相等乎？故宫室乃国体一大事，民族之见敬与见轻，所关亦大矣，岂可忽哉？吾国为第一文明大国，与日本不同，故维新之后，新政当宏奖宫室以广大崇严妙丽，壮万国之观。其各公馆当大经营，即民间有能兴筑大工，有能跨欧轶美者，必加褒典。若屋当用石筑，邻家不得骈列同式，有者罚之，务令竞丽美，斗新奇，以此导民，庶几一洗卑宫之陋，而国体民族乃增光华焉。孔子之为宫室三统也：有卑污方之一统以戒暴君；又有高大圆侈之一统以崇国体；因时制宜，观会通以行典礼，此亦今日所当留意也。

中国极文明而宫室卑陋

宫室乃国体一大事

游妙艺院

妙艺院

此院二百年矣，门外古画亦二百年。院极华严，地以“摩色”杂宝石为之，柱皆饰金，壁及上盖皆画古人物山水并罗马物，圆穹红而饰金。游此乎，令人流连不已。普之重艺若此，宜其今日工艺之盛而统日耳曼而为霸哉！盖欧美今日之盛，不在道德而在工艺。若吾国空谈名理，妙解文学，多在形而上者，而不屑形而下者，国弱民贫皆在于此。人之体壳皆血肉之躯，本一物质，不能高言玄妙。工艺乃物质之实用利物，前民最切者，得之宜强也。入门见希腊古贤索格底、亚理士多图像及摩星依士像，诗人贺梅尔及曲家疏阔卑士与邀猎必的士像，罗马奥古士都像，及烟的猫疏像与女杰丫玛疏像亦在焉。其馀名人像无数，不可胜数矣。

欧美之盛在于工艺

欧人以精于雕石制像，遂令数千年之才贤英杰相好永存，令后人观感兴起。吾国铸金以像范蠡，《楚词》称像设君室，汉昭帝时写像凌烟之阁，文翁祀仲尼七十弟子像于石室，非不崇像设也。况古者礼尸尤是像义，而以一木主之，故不供遗像而英迹遂荒，此亦吾国一大憾事哉！杜诗称“褒公鄂公毛发动”。宋艺祖睹王朴像而下舆，从来英杰之神采最能动人。吾国古人于此若有若无，今必当讲求之矣。若令春秋战国诸子及屈原、宋玉，以及董、贾、曹、刘、陶、谢诸先辈与秦皇、汉武、张骞、班超、曹大家、木兰之像并列于吾国博物院，而各国亦相与写真，俾

欧人精于雕塑

我人游览摩挲，感激以兴起焉，岂不大有补哉？

其邦俾尸十一具，乃假作者，聊以广人见闻。吾国他日开博物院，苟不能大购欧美各物，亦当各摹一具，以广国民之新识焉。

游制玻厂

五色玻乃欧土珍异之物也，吾国必当仿制之，吾特游焉。五色玻仿于彼十二纪，专为祆庙以写神像者。今旧玻犹存，德人最为宝之，故其坏者必珍而重修之，而新作亦甚珍贵。

其制五色玻法，先写画于纸，糊于玻面上，加白石粉涂之，而入局炉中烧之，至四五六小时即成画玻矣。新作画玻方二尺者，索价五百马克，价亦昂矣。其修旧玻之法颇繁难，预界碎玻片，以锡熔其缝烧之，至新旧不分，则精美矣。观其补一块一千二百三十年之玻画，人物花卉如生。有一西十五纪之玻，修之不类，今重补之。有全碎者，以锡熔合，完好可观。 制五色玻法

游画院

院甚新诡，圆式，藏画极多。别有一论画之室，恣人观览。院外花石幽幽，布置甚佳。旧画且不及论，择其新异者记之。 画院藏画极多

有德联邦霸斐利话人创水粉画，淡逸清妙，似吾国初三王画，王麓台尤神似，乃二三年间新创者。油画虽迫

肖，然不可近观，久亦生厌，故又出新奇而还吾国之旧。南宋院体之后遂出文、董，盖文质循环，理之自然。惜尚未能考得创者之姓名，他日补查之。

一种粉水画而有影，似中国，惟中国不善调色，德人善调色，故胜。一种黝然黑深，似荷兰画，亦德人新创作者。一以文木各种合成画，极淡逸，此亦惟德国有之，将来必大行于各国。一种椽笔画，浅深分色，有印成者。印成有朱墨二种，此则各国通行矣。

各国宫室图样制亦附焉。意大利有一宫，柱皆以人像为之。回廊内为池，山下一殿，上圆下方，外有长廊，临水架桥，以渡对山。画色亦极佳胜。

其木画作俄国小儿卧林下，树枝垂垂，地皆大雪，佳绝。藏古画莫如意，藏多画莫如法，而此院结构之新，藏画之新奇，亦有独出意、法外者，可见德人之日新而自立也。

一室藏德王新式几桌器用，木皆作黝素色，器用皆蓝色，朴极不文，岂非所谓质文递嬗，既雕既斫，复归于朴者耶？

游要拉尼新器院

显微镜 见阅微生物镜，有自一而可拓大至百万倍者，昔人矜视虱如轮，今则赤蚁不止若象矣。物之大小无定可于是推之，盖知至大之无尽，至小之无常。吾昔于显微镜得大道焉，他日更增精微，则可由百万倍而加倍，则新理益日出矣。视肺中各微生物，有如菌者，有如线者，有如柴者，有如藻者，有如蝶者，有能动能游者，长圆如轮。有测月者，山河显然。有视血者，有视全体者。盖显微镜之为用至大，变化万物技也，而进于道者矣。

有电灯能照百倍，他日之照及千万亿音以代日，可照推矣。

有作各色光影者，层叠三镜，其前置三角镜，以纸吸影，即可任作诸色。

有光灯乐。玻筒凡五，皆有盖，内有火，各有线牵其盖，即大作音声，宫商迭奏。从来声色难兼，佛说三十三天，有一光音天，将来光灯乐大行于世，家置一具以为娱乐，可谓入光音天矣。吾欲名此为“光音天乐”也。 光灯乐

有月影。上下二铜釜，上釜悬灯黑之，下釜即见圆月，上黑稍缺，下月圆亦稍缺。

有照海底电，海底石物尽见，皆成红紫碧色，盖植物也。此电出后，海底之珍奇皆出现于陆上矣。

有变热机。一触机线即现红色，而热生矣。 变热机

有隔木照影者，在各国亦多见之。吾昔游日本大学，能照指骨及数匣中之钱。今此制大行，而德实创之。

有缠机。一触机，铜线即绕缠其柱。

有发电机。铜线螺垂，下有小铜盎，触之电即发。

有触电机。圆玻盈尺转之，有铜线擦之，则二铜相隔寸许，而电火相触。

有新制街电灯，不用燃，但上下铁相触，光即爆燃。

其馀激重机、权轻重机、起水机、定油水轻重机、指度针、震人机、有上浮下坠玻器之机，甚多，不胜录。德国近古研精工艺，电尤致精，实冠全欧，英人犹就学焉，可谓后来居上矣。美精制作，德精论理，盖与美并驱争先。今为物质之世界，精于物质者强。电尤物质之至精新者，精于电者尤强。吾国人尤不可不专意与竞争矣。吾观德国真无物无事不居各国上。可畏哉！德国也。海王英，陆霸法，皆逊一筹矣。其藏异物尚多，有大卵如大西瓜，长八寸，亦难得者。

精于物质者强，精于电者尤强

游邮递博物院

圆楼三层，顶罩大玻，中圆，皆以文石为之。其庭立士爹份像，盖办普之邮馆三十年最有力者，今死五年矣。此院聚各国邮政馆缩型，与各国邮信印花及古今邮递人之式，及衣服与脚行、马车送之次第。其进化之序可考，而各国之精粗得失皆可一览而得之。夫人之为血，滞塞则败弱，通流则壮强。邮政乃一国之血脉也，于其通滞迟速之得失，可卜其国之强弱智愚焉。各国皆无此馆，但于博物院附见一二，惟德则特立此院以博考之。其他每一事皆然，此德之所以独过于他国也。虽英、法、美犹无之，遑论其馀。

史蒂芬像

邮馆制式纷如，佳处不可胜纪。璺郎之馆方三层，最大，而懋理问之邮馆四层，两旁有溪，尤壮。

古者吹角以收信，二百年前之信车犹存焉。

携信之袋有绒，有皮，有筒，方圆异式。

其各国之邮印花纸收列数室，初起于英，为一千八百四十七年，檀香山先继之，在一千八百五十一年，至古矣。凡存九枚，每枚值三万马克。故印花之制不过创于我生前十年，此已为初起至古之物矣。今英、法此税数倍于地税，地球大行之，为不刊之典，而不过在此数十年间。凡欧美新制之佳者，率在此百数十年内，吾后之亦不过数十年耳。不知者一切震惊之，是太不考其创时也。其办事之室皆有缩型，甚精详，有分时日之室槅，有秤信之权衡，有打印之机，投信于中即印而出。邮政既为至要，吾国若照立此馆，各购一缩型，则讲求可精，而推行无弊，一举手间可超轶于欧美百馀年之缔构焉，后来居上，岂非用力省而成功大耶？

邮票收藏

中国当照立邮馆后来居上

游农学院

院三层，中阶覆以玻罩，聚天下古今之农器而陈之，以备其短长而参其得失焉。教习三十六人，学生四百人。入门当阶遍陈新式犁具，皆附图说，吾每式取其一册焉。周廊列陶瓦之器，各式砖瓦筒管板并备，五色灿陈，卫生筑室引水之具毕在。新式之墙作多管之砖，以通湿气，诚美法也。楼上陈畜牧耕织之具，全地牛羊犬马各种皆备缩型。羊有并首双身者，有一身而四足如双足者。各国耕牛皆有缩型，览之，某处某种之美恶皆见，可借以知不足而改良焉。其出鱼鸟兽之剖形甚多，借知生化之理也。

聚天下古今农器而陈之

矿石各质皆备，各国大矿皆有缩型。有马车及犬车、鹿车运物缩型。马车六架六式，犬车以七犬驾之，盖冷带使犬使鹿之部所用也。

其德及各国之地层、地质、土宜、雨泽，皆有缩型及图色以别之，此则各国之所同。其花草、果薯、菜瓜、百卉，万品皆蜡为本型，各地所出，大小悉如其种。热带之花果奇大亦如之，样色如生。闻此为德国人所特创，今其术亦不传，后人尚未能仿之，仿之亦不能迫真云。

蜡为本型悉如其种

各种木形悉锯分，以现出其内文。无其木则影之，各种叶形悉取而为镜屏，令人得识别之。此亦各国所同矣。有《日本木形编号》一书。吾国草木种类至繁，欲明农阜用哉，不可不师此为之。

各国牧厂缩型甚多，而荷兰为佳。

有筑屋内透污秽物缩型。污秽物最害卫生，中国人尤不讲，故人种日坏，今不可不亟亟改良。录型如下。

德之农学、农器特设一院，精备如此，亦英、法、美之所无，而他国勿论。德之农业骤进，宜哉！中国以农立国，尤不可不讲。若能设立此院，皆照德国写立缩型，俾人士得所考求，别其得失，以从事农业。以吾土地至大，自东三省至新疆新地尤多，若能以新农学开辟，必以农业跨于万国。夫万业必起于农，即今欧美亦然。不此之务，而但司农仰屋，罗掘无方，但刮取于民而不阜民财，从何取之？此尤有国者之要政矣。

中国以农立国尤不可不讲求农学

游营筑院

院四层，极壮丽，门外崇阶，花木森幽。盖营自西一千八百六十九年，文石精美，藻井尤丽，此院即为营筑学矣。有教习百五十，学生三千，专教营建土木，工艺居第二层，此德国营筑之所以精也。吾国古有匠人营室之官，今乃付之粗匠，宜其恶陋一至于是也。日本列工艺入大学，欧人无之。窃谓不如取法于德，特立营筑院，设师徒，尤为专而易精也。院中陈设古今各国宫庙室屋，皆备缩型，或作彩画，凡千百万，诚可谓瑰伟大观矣。入门左大室陈仪器，右大室人物灰型，宫室皆神庙为多。尖峰棱棱，千态万状，备极庄严，不可胜数，盖日耳曼祆祠最盛也。

此院专教营建土木

古今各国宫庙室屋缩型

巴比伦亭，白柱黄楣，红瓦苍穹，颇瑰丽。惟突厥、波斯、埃及、印度及我国宫室皆未备，未为至极也。其缩型宫室有磁泥，有灰，有瓦，有木。游其讲堂及教习室，遍悬前名教习像，泵部最有名者在焉。入学生舍，则皆持笔尺画纸作图，凡数十人。呜呼！不知吾国何时见此学也。日耳曼以崇天神分侯封之故，故相传营室法甚精，虽出自希腊、罗马而别创新式。尖塔圆长窄拱门，即日耳曼式也，今行于全球矣。吾自美入墨，望其室庐敝陋，而轻视鄙夷之。吾国宫室卑陋，乃正与墨西哥、爪哇等，真与野蛮侪矣。吾念之伤心惭耻，不独无以壮万国之观，且为人轻笑。吾国文明，百事不后于人，惟卑宫陋室最为近

日耳曼营室法甚精

营筑之学不可不讲

蛮，且卫生不宜，无一是处。故营筑学不可不讲，必当遣人入此学，且尽购制此院缩型以归，而自开学。增吾东方各国室型，印度尤精美甲大地者，即波斯、突厥亦自可采。荟萃折衷，取其文美华严而淘其粗恶，集其大成而自出新裁。但立定制，令一城市间公馆、私室各各不得有同式，则新制日出，以吾国力之厚，渐可跨欧轶美，游吾国者，观瞻自壮，而轻视鄙夷之心无自而生矣。

昔者一统，无与比较。今者国争之世，岂可使数千年文明第一之国，而以区区宫室不美为人轻鄙耶？爪哇、墨国之土番，尚有千馀年旧宫庙，室屋门墙皆宏规广大，吾国乃无之，真可耻也。墨国千年前，丫士惕番之王及百官皆穴山而居，而吾山西至今犹尚陶复陶穴，真可耻也。盖人道之始，穴居于地下，中世进化，以木为堂构，居于地面，渐进，则去木构而制砖石之崇楼矣。近美国复讲堂构以铁为之筑，累至三十层，侵云摩霄，侵寻若居天上矣。又美国木石之屋多可迁移，室制日精新，而吾国尚若守峻宇雕墙之戒，卑宫陋室之遗，窗户寡小无以通风气，地不隔板无以去湿毒，溷厕不引水以去秽，臭气熏蒸，于卫生大损，传种有害。岂犹不知戒，岂犹不知鉴耶？

美国室制日精新

吾国卑宫陋室之遗无可少存

吾于吾国文明旧物，无不珍重爱惜，其可留者皆留之，不欲多事更张。惟宫室一义无可少存，亟当扫荡廓清，比于武事，令吾旧制汛扫一空。惟旧室庙有关兴起，可备观感考查者，则当公共保存之，以示后人而见进化耳。

十一日游古室器院

此院陈设古今室器极繁博，尚过于法矣。院周二层，雕文精绝，中阶陈各国几式，中国御床亦在焉。各国数百年来宫室什器皆陈焉，以考进化也。每国一厅。德三百年前，尚吾明末，古屋甚卑矮，窗玻甚小，然其藻井墙板廊画精美，陈设长木几。瑞士四百年前屋略同，而墙多文绣，每幅尺许，上层刻楼阁形，甚文。每柱顶皆立一人，近窗处对置几，中置活茶几，如汽车中者。然其炉用磁，橱柜刻文并精美，若意大利三百年前。室藻井铺设高壮华美，与今同矣。有穿堂两边门屏作牙形，中顶处悬一人持灯，新意亦极矣。其柜用纽丝大柱，置磁者中隔一槅，刻宫室人物，其壁挂像至今犹然。其小柜盒丽白描画，如丝如发，备极精妙。盖意之雕刻至美，各国皆仿之。其木画尤精妙。

此院陈设古今室器极繁博

各国雕刻

荷兰刻贝器至精，盖近海故也。

西十五世纪时，欧土复古学兴。德木刻人物山水颇精细，楣上皆刻木为人物，其藻井长短方圆交错，刻突人物山水，极变化。其他雕刻率粗恶，不如意远矣。其画尤劣。其十七纪时，琥珀器极多，刻画亦精，刻牙尤精绝，人物草树如生。有橱以铜条包之，条上皆镂人物。其南德各国宫室皆有缩型，橱、榻、床、几、炉与今略同矣。然三百年前大都木器，素朴异常。有其十七纪之缩型庙，以牙为底，龙为脚，纽柱用画晶及绿玉，凡四层，刻人物皆精妙。至是时，德陈设精丽几与今同。有一桌面及一窗板，刻花甚精，则百年物，有画师对而临之。有一杂室，石圆柱每尺一色。有二尺许银柜，以银镂人物，极精采。其屏有用文石者，有用文瓦者，有用杂贝者，有用杂玉为人物山水者，刻画尤精，则中国物也。醇王所赠宋刻漆盒亦在焉。又有刻漆船二尺许，有架，极精美。玉玺三，大皆二三寸，一龙纽，一象纽。珐琅大鼎、大瓶各二。刻磁烟壶数十，此则庚子联军入京所得者耶！睹之神伤。有玩具尺许，以五色杂宝石为之，上刻牙人五，极精，费值数万。有尺许玩器晶柱数四。其金刚钻石数十种，波斯者大寸许。其瑞士金带类中国，其带杂宝者甚多。中国通银翠金之带在焉，盖吾国明以前品官多用玉带、金银带也，故制相类。有一室置玻橱，深三尺许，陈器物，法百年前物也。文木之器皆然，文木皆作画涂漆，在彼百年前甚文美，盖欧人之好古至矣。惟其开新愈甚，故好古愈甚，盖必明乎因革损益而后能进化生新。若无怀旧之念，思古之情，但从人言新，扫弃一切，是不知旧者，亦安能知新乎？

瑞士金带类中国

不知旧者安能知新

突厥绣花甚新。德主黄舆似中国。马辔罩马脊如伞。其棋式数十，皆以杂宝为之。中国棋具在，然率皆象棋，无围棋者。围棋用子之繁多，棋法之精深变化，实为全球所无。今日人尤盛行之，将来必行于大地，此亦中国绝特之一事也。

围棋乃中国绝特事

其各国磁瓦皆别为一院，其藏磁数大院，上盖亦用磁花为之，可为称矣。德累年所出之磁，皆置一器于此院以备考。刀、叉柄亦用刻磁，甚雅。其五色文瓦波斯最丽，皆在西五百年前矣，次则法、荷。吾国以磁名，若能于磁瓦、磁砖用意，必当精绝过各国也。

吾国以磁名

此院专考宫室什器之进化，切于人用，文野最易见焉。欧人室器刻镂之精，皆在侯封之讲求，惟其奢富，故器物能精。吾国久无世爵，人士皆贫，用器难精。然宋明精器，若制磁、刻漆、鎏金、戗金、珐琅、刻竹皆足竞美。国朝士夫尤贫，故器尤窳败。虽以康乾之盛，江南之富，室器尚无新异，何况今日？嗟夫！道兼阴阳，事难遍胜，虽以去世爵之良法，人民平等，而器之敝陋又从此生。欧洲中世，封建并争，人民涂炭，而室器之文美又从之产出，得失互见如此。甚矣！道之难言也。

什器进化切于人用

游德联邦异服院

德合二十五邦为一。昔者异制殊俗，冠服各异，今既一统，渐归于同，故创立此院，以存旧制，以考进化，以资观感。奥诸邦亦在焉。甚矣！德人之能知新而不忘故也。吾国欲考古冠服，盖自前明亦已几难，舍杂剧外，几无可验。皮之不存，毛将焉附？何以为进化之地乎！今野蛮人之同化于欧也，尽弃其旧俗而仿欧人之冠履，则并其旧俗若何而皆忘之。吾观墨西哥古昔之文明，可为感伤。吾国而不知保存古物也，不几何而不与墨西哥及诸蛮同也。

德人知新而不忘故

古屋模型甚多茅屋甚夥极似中国

古屋缩型甚多，茅屋甚夥。有一千八百九十五年民间茅屋，极似中国。鸡樑牛阑亦然，然则德之进化亦仅仅于百数十年间哉！波嬉眠古屋类瑞典。详《瑞典游记》。女冠有类吾国凤冠者。各邦冠多绣金银，然则今之言冠由文复归于质者，盖亦文质递嬗，他日亦必复文。威人带鸡毛冠，有女以白布蔽首面，如吾国女丧服，袜亦白色。推此考之，彼当时男女必甚别异，而女俗极尚蔽藏，如吾国及印度、突厥、波斯耶？太罗人甚高，与嘻时国皆最文，女服尤丽，似中国，亦为今欧女服之先驱也。有其一千六百五十五年荷兰室，灰沙作地，巷曲而窄，床在柜中，小室数尺坐人，屋暗不光，惟墙用磁瓦甚文。惟汉堡当其一千五百十年之室，以文木为橱，遍嵌墙中，屋角有小房，置食物。汉那话室挂一白布，以备浣濯，如日本然，其柜刻文则甚精美。有茅屋甚朴。瑞士二百年前之屋甚矮，然藻井、炉磁颇雅，木床有盖，山亭甚朴。游此院也，如数百年前游于欧土、居于欧室也。今欧美富人雅斋学宫，尚多仿古室形，偶居游之，亦甚新异。

冠服

瑞士古屋

陈列之物分为三界

吾遍观欧土各国图器、宫室、服物多矣，精华妙美亦至矣。然上下陈列率皆彼十二纪以后之物，大概分为三界。自彼十二纪至十四纪为质界，盖自十字军输入阿剌伯之文化，草昧始开，文明渐启，于朴略中稍知雕饰而已。时则为吾宋末元终，中国文明发极将扫地之时矣。自彼十五纪至十八纪为中界，当明中叶及我朝中叶时。复古学，兴天主教，压力渐去。而于时新地骤启，新识日增，新法渐出，释、回增美，渐见佳处。其室庐、器物甚有类吾国者，文质兼合之界也。自彼十八纪末至今为文界，则汽机大出，新理日明，新器日生。于是全欧宫室、器服皆大变而一日千里，合同统一，精妙华严冠绝大地，化行万国，皆此百馀年间为之。然合而考之，全欧文明之开，三统渐进，皆在此八百年内。若彼十一纪前，则彼博物院亦不甚侈陈之，其图书书册时时散见者，则皆若在野番时期。英之僻在海岛，尚为海盗，无论也。乃至日耳曼、法国，亦复全未开化，有同匈奴。虽意大利承罗马之馀，而兵燹久经，文明尽没于地。诸国惟日寻干戈，以人血涂地而已，时则吾汉、晋、六朝、唐、宋极文明之世宙也。

全欧文明之开皆在八百年内

中国自汉至宋极文明之世宙

吾今于欧人新制作虽爱赏之，亦无与让，惟最惊其二事。吾诗所谓："地中有海生人白，二者天骄我不如。"其海道之易于转输，白色之近于明秀，似当制作早启，文明早盛。乃八百年前，其白色人之愚昧于知识、困苦于兵戈若此，岂地中海、生人白，亦不足为天骄耶？今者地球之辟，诚白色人之开先，我方感之，然蒙二三千年之困难，而仅得二三百年之荣侈，所得不逮所失十一焉。后此我人既兴，一切与之分利竞美，则白色人不得专美于前。我之视之，亦犹欧人之视斐尼士人而已，进而如欧人之视班、葡人而已。我今与欧人有界，以计得失，及十年之后化齐艺等，则岂非若德、法人之视班、葡、英人哉？然则合计之，欧人亦何得焉？其受中世千年黑暗之苦狱，亦云至矣，何能比吾国数千年之文化安乐哉？夫以彼白色人之

白种人不得专美于前

明慧，而八百年前黑暗苦难，远不如吾国，何哉？一则教之压力太甚也，一则封建之分争太惨也。然吾战国纷争而文学益盛，回教压力亦大而文化亦光，则其原因似不尽系于此，得无以土地太冷，谋生惟艰，生民竭力经营，终岁勤动而仰事俯畜，衣食之不给，又复倾家以事鬼神、供兵役，故无日以增丁口、发智识，以事进化欤！

吾战国纷争而文学益盛

吾观加拿大、美国之土人皆奇愚极苦，文化无自而开，而墨西哥、秘鲁之人犹是种也，则文明特出。即以墨国论，在今美境者亦无文化；在墨极南者，若腰架丹，若巴灵忌，若蔑鳙，乃有文明。即在吾国，江南文化盛于河北。若吾粤间，顺德有蚕桑之富，香山有沙田之利，其文化过于他府、县。然则富暖之地易生文化，不独埃及、印度之早启文明足为证验也，即论欧土之文明，希腊、罗马、西班牙、葡萄牙亦当温带，而北欧无预焉。然罗马仅以武略显，但以劫掠他国而自供，不得预制作之列。今者欧土之盛，乃皆由班、葡之寻得新地，以美洲、南洋热带之产供其国民。民既富实，乃讲学业。夫班者，上得阿剌伯文化之传，下收新地知识之博，而传之欧人，以开其新识，生其新法，则亦赖热地为之，而北欧无预焉。

富暖之地易生文化

罗马仅以武略显

及知识大启，北欧之条顿种乃以其数千年耐冷所蓄养坚忍强鸷之力，而舒发其金眸玉爪，以攫取温热之土地人民而尽吸收之。彼又有地中海、波罗的海之槎枒，故适成诸国竞争，以激其改良。国竞则地小君卑，于是有国民竞争以起其平等，而以产成今日之治化。原因复杂，变化万端。寒带之人若收最后之战胜，而热带之人皆为奴属而供其饮啖役服焉。盖寒带之人坚忍沉鸷，故虽匈奴之支流馀裔，尚得为匈牙利、突厥之强国分食欧土；及印度、鲜卑馀枝，亦流为墨、秘之文明。惟温带人兼有冷热带人之短长，故能自发文明，而能力智慧亦可与冷带人相搏。今日本既已骤强，而突厥、波斯智勇亦不让欧人，但为教力所压耳。若我国人数千年之文明早盛而不萎，尤为奇绝，其过于埃、印，以地兼三带故也。若能愤发，真与欧美并驱争先，此又温带之竞争，而未知鹿死谁手也。他日必至于易种联盟，渐至大同而后已耶！

易种联盟渐至大同

游属国博物院

院圆，中作圆穹，为山洞形，洞四面多门。德自西一千八百八十九年，当光绪十五年后，国力既实，工商日兴，乃慕英、法属地之富，俾士麦乃大倡殖民之策，始启非洲，垂涎及于吾胶。乃夸炫武功，为此院以示荣。然英属地遍全球，乃无属国院；德仅寥寥数地，乃为此院，足以见德人之骄夸矣。一非洲沙林黑人茅屋，圆穹，高仅数尺。一平顶泥屋，一作海边茅屋，一作欧人初至非洲之木屋形，以记凿空之功也。茅蓬内缩型屋无数，并弓矢器物壁画。地形有以棕干为柱，各黑人茅屋亦有以土垫高为阶者，有以草席为圆庐者。惟吾胶州亦置在黑人之列焉，筑一亭，置一枷人首，海关道旗仗在焉，辱吾国体极矣。德人以恐吓取吾胶，已非正义，且疆场之间一彼一此，谁无

俾士麦大倡殖民之策

视中国人如同黑人

强弱之时？彼夺法之奥斯、鹿林而不敢辱法，而轻贱我同于非洲之黑人。假我国而见分灭，岂可言哉？志士不可不愤兴矣！

游蜡人院

德蜡人院陈设有序

德、英、法、美四国蜡人相若，皆数十室，未多也，今始萌芽耳。德之陈设较有序，院柱顶用铜人，入门有千馀年前之日耳曼人，尚在深林之世，如吾东三省之老林窝集也。其人赤体白色，跣足露膝，衣皮戴角，在深林中执角而饮。一人左执勺右执斧，亦赤体，下衣皮，在吾六朝至文时矣，而土番未开化若此。再进有造啤酒者，其人绿衣裲裆，男女无袜履，皆穿皮鞋，此数百年前俗化也。再进有俾士麦执法主拿破仑第三像并坐焉，拿面色黄，神气甚衰。有威廉第一死像，其遗服、绒冠、鞭皆真。有毛奇像，无须，目圆，甚狠厉。普先世为一室，其始君马加衣烟红色，长垂膝如裳，有襞积，有肩搭；其第三世君主衣长大套，七纽，内袖从外袖出；其第一王歒诃话士金钮长大套。同时各国君主为一座。今德王威廉第二及后，与俄、英、奥、突、日本各主与法总统、两教皇像皆在，萨逊王、恪慎伯王、觅近布公亦有像。俄前王拿破仑子亦在焉。南非之波国居汝牙、郝罗贱与地滑为一座。地滑乃最有功者，其像目阴而上视。波虽败亡，而三杰犹见敬于德，重其种人也。有六美人赤体白足浴像，极精美。院内二小戏以囿客，一木人戏，一舞台，男四女六，并红衣，女上衣红白间，下裙黄绿间，红冠平顶，肩挂后垂，此则惟德国有之。

游画会院

此画会之院，专存时人有名者之画，以鼓励画学者，有欲学画者入会学焉。街前树甚苍翠，深院铺毡，文石作柱，极壮丽。楼上有演说堂、舞厅。画室寥寥，悬画又鲜佳者，而入游者人须一金。盖德国游观皆如此，不如英、美之纵人观览，盖德固甚贫，藉收小费以资津贴也。

画院收费以资津贴

游水族馆

以石洞为之，甚曲折，处处相通，门亦肖洞。洞贮水，以玻隔之，皆有沸泉如烟腾上，以适鱼虾之性。伦敦、荷兰、纽约皆然，不如德之纯用石洞尤为异趣耳。鱼种固无不备，择其瑰异者记之。大西洋海菌，其爪能舒伸，此兼植物之性者，凡将变之物必兼两性，此亦自然之化，不足异也。如螺如菌之类甚多，色皆红白，有红如壶者长寸许，有淡红珊瑚，此皆界动植之间物也。海草种亦甚繁，别贮玻橱中，其形有如动物，有四足者如下［图略］。推此可知生物蕃变交关之由，而人与物之交如猩猴之类，尤不足异矣。

水族馆多瑰异鱼种

游动物院

欧美各国皆有动物园，而巴黎大下；最华妙奇诡者，

柏林动物院华妙奇诡

莫若德之柏林矣。本为富人私有，今公之众而收其游赀焉。其最奇丽者，畜鸟、兽各室无一同者，大搜各国之室制而兼营之。畜象处以印度庙制，五色之砖斑驳穹窿；畜蛇处以埃及庙制，大楹画人物象。其他波斯之尖塔、突厥之金顶殿、中国之黄龙亭，盖无不备。其畜鸟以铁栅，种花缠藤为室，并列数十。其畜海象、海马、海狗皆为池，而以石为桥洞，上荫嘉木，极幽阴焉。此外酒馆、茶室、戏场皆穷妍极丽，依湖傍山，长廊交通，曲道相接。花木扶疏于径畔，凫鸭唼喋于湖溪，丘阜连绵，芦苇丰绿，沿山得径，架水成桥，芳草蔓藤，杂花生树。亦复有板屋沙地，木几不饰，摹仿古时乡落村夫饮酒状。夕时游人如蚁，树下列几，树上燃电灯，士女接裳，占座饮酒，品茗听戏，至夜十时乃散。光景至佳，可谓极乐矣。吾五月、八月两游之。当五月时，九时乃黑，入夜已冻，八月则可衣厚绒矣。警署甚伟大而洁，列柱为希腊式。警部甚多，行人无哗。德人貌丰伟，故警部立道上者貌尤可观。

警署大而洁警部貌可观

游物理院

此院藏矿，不及鸟兽之骨甚多。各国皆附于博物院，德又特设一院，其讲求物理尤可见。有大狸一，长八尺。有黑猿而白尾者。

专设此院讲求物理

游藏书楼

门外花草幽秘，铁阑之，崇阶石筑二重，甚壮丽。藏书甚富，阅者甚多。是日已夕，将闭院，匆匆不能详，欲再到，竟不能也。

游制磁厂

德磁厂颇大，工房亦洁，然远不及法之赊华矣。磁泥购于荷兰、挪威也。其制法：

第一、投泥于水，分五槽滤之，至于极清。槽皆用机。 制磁之法

第二、以机研泥为粉，其旧烂磁亦收存而同研粉碎之。

第三、置泥如饼于上铁范中，下有电机足摇之，而上以手转其范，方圆、长短、高下随手抚之即成。其花样亦在范中，乃以海藻横之。其为杯、盘、盂，皆藉范先为一粗范，方圆如意。其杯碟底之洼者，电机一转即成，再经两人滑之美之，凡经三机而成，然后浴以白泥浆则白矣。如作人物则稍费力，凡分四范，以泥成首、身、手、足、衣服印花数段，乃粘合之。其作疏花者，于未烧时泥软以刀剔之。其作花，以橡笔作稿而加色，故画花者数人，加色者数人。其室中桌前陈悬画稿，皆极粗，其颜色变化甚少，皆作蓝花为多，不如赊华远矣。又无博物院以资工人之学习也。工所木盖板、木几、木桌、木橱，皆粗朴无花无色，如中国，此则各国皆然。 磁画远不如我中华

游书店

购书在楼上，亦略如中国。问古今各国服制、宫室制

图，无之，问英文书亦少。购德英会话一册，则书亦不甚盛。盖异书皆在藏书楼，人间不甚须此故也。其楼下设广坐，为借读处，欲饮食便旋惟所欲。此德人之特别以便寒士，则王仲任之流易以成学，旨哉！吾国郡邑间既未设藏书楼，况论乡落穷僻之地得书为难，家贫又难于购求，且去都会远，即力能购书，亦难遍购，故成学极难。若令各郡邑书店皆设借读处，近者或许借携还家，远者或就店借读，薄设茶饮，听其所安，少收其费，则寒士得以广见闻，而聪敏之子即可以成学。美之富人迦利忌，赖藏书楼书而得知识，故捐创藏书楼千馀所，成就人才无算，此亦吾国所宜采法者也。

美国富人捐藏书楼千馀所

柏林祆祠有两所，皆极壮丽。一法庙四百年矣，三塔顶皆铜，下数层用石砖为之；一德庙三百年矣，圆穹侵云，相望于道。然以比罗马乎，则不足数矣。德音乐为欧土冠，其戏剧演故事，宫室、山川、风云、雷电皆迫真，虽与各国同，而沉雄悲楚之气，如怨如慕，如泣如诉，绕云之响，则德为独绝。其乐手用至百馀人，次者亦七十人。惟戏院高六层而不甚大，远逊巴黎及纽约也，吾尝就听两夕。有湾打嘉顿陈杂戏之场也，长深数十丈，两面柱数十，纽金为之。上盖用天蓝色，电灯数万，按天星方位缀之，仰望如星，光景怪伟。可见欧人之好事，无所不用其心，以求精新也。其下电灯用蓝玻，有花，亦复新妙。

德音乐为欧洲之冠

观剧，有弄狮者，女儿衣绿衣，年十三，入狮槛执鞭与狮戏，能骑狮、抚狮、抱狮而眠，以首入狮口，与狮亲嘴，无畏无忤，亦神技矣。口占诗：

弄狮女儿亦神全，绿衣入槛抱狮眠。起执长鞭骑狮走，不畏狮吼如普贤。 观剧诗

柏林小戏场及舞院甚多，至十二时乃散。茶馆有至一时乃散者。柏林禁女闾，然暗为妓者四十万，闻皆以舞馆、茶馆为媒，然甚畏警部，足见俾士麦为政之严。然为政者在因人情而导之，男女之事乃天生，是非人所能禁也，明堤防之，则暗溃之而逆行而已，如彼便旋，岂能绝矣。观德、英之禁，尚不如法、美之纵之也。 禁女闾妓女

德道路之洁为天下冠，日扫三次，夜另计，宜其过于各国也。雇马车皆领牌，事讫，车夫缴还，以防失物，其良法亦各国所无。道路为国大政，养生所关，观游所属。吾国道路不洁，车马无管理者，重为外人笑，不可不仿德人之法焉。德人甚贫，柏林雇男女仆馆十馀所，或晨或夕为期，求工而来者千数，然衣服甚整洁。吾尝觅仆于是，状貌皆粗丑红黑，盖皆自穷乡来。工价就地月三十马克可得，远出加四五十马克则甚喜。惟不论男女仆，警官皆不欲外国人雇之，恐民之流于外也。然德人贫甚，所有英、法、丹、瑞、荷、比之仆皆德人，乃至美国亦然，美芝加高德文报至六家。德人之耐艰苦而能赴远外者，亦以所至有其邦人为之，如吾国人然。南洋关雇工多中国人者，我亦如德耳。适一见国民之多，国力之大耳。若丹、瑞、比人极畏外游，即奥人亦然，盖百无二人，故知识不增而商 道路之洁为天下冠 雇男女仆馆十馀所求职者千数

力不大。若推其由，亦以无邦人之党故。然德人甚桀黠，难驾驭，吾累用德人，皆不久生事去。用奥人能久远，故用强国之民，不如用弱国者也。

百物廉贱 机器精美

德百物皆廉贱，机器又精美，欲购机器及欧物莫如德矣。其贱于英也三之一，贱于美也不啻半。故美虽重其入口之税，而美学校尚多购德物。英人妒之，乃造为言，非笑德物之恶，以期自保货物之权利。故英伦之人以买英货为贵而贱德货，此英人不得已之苦心，不足怪也。若在吾国，则惟价是择，一切购德货最宜。国家及大商，皆宜驻人于柏林，以购机器，可省大半之费。且今德工商业驰骋亚、欧、非、美之国，大夺英商之业，无在不胜，实以其美而廉也。其学校用品，凡百机器用品，皆有专肆售之，可觅其价目而随时购之。其织画及绒尤精而廉，吾尝购其绒极厚者，每迈当不过数十钱耳。然德民间谋生甚艰，贫者长贫，工资仅供家用，甚难致富者也。其日入至少须二马克，日用约须一马克三十钱。贫人房租月须二十五马克，牛肉每磅六十五钱，羊肉五十一钱，鸡每尾一马克零二十钱，面每人食一顿二钱，无肉食者亦须日一马克，靴年须十六马克。虽无人税，而有所得税。马车税二十元，犬每头税二钱，啤酒税五钱，红酒税三十六钱，三边税一马克半。

民间谋生 甚艰，工资 仅供家用

游波士顿

德旧京曰波士淡，距柏林三十启罗迈当，自西一千七百年始迁柏林，今二百年耳。在朔山之胜，风景至佳，王宫五所在焉，德主多居于是。今居人九万，亲卫屯兵三万六千，每兵日给五十四钱，故兵房盈道。夹道有老树阴阴，武官亦多居于是。惟道狭室卑，盖旧俗未尽改，故远不如柏林之华丽。然冈阜斜迤，林木幽郁。湖名诃厘，波澜澄碧浸十馀里，王宫殿阁环湖，中有帆船，饶山林烟波之逸趣，游其地者忘其为王都也。吾以五月杪、八月初两游之。乘汽车一时许至纽可兰施，停汽车而游。吾再游诃厘湖，口占一绝句：

碧波十里浸林峦，绝无人影见帆船。指点离宫三十六，诃厘湖畔再来缘。 游波士顿诗

游非特力大王陵，体制甚小，同威兼陵殿。上为圆穹，作金“摩色画”，二石椁上刻王及后像。傍陵有方塔，高十层，甚古矣。 游非特力大王陵

先至卡士宫

于深林夹道中现奇闳楼阁，皆作垒形。高垒二，六角一，圆一，甚窄小。中垒三，方一，六角一，圆一。平垒三，皆方。又下垒一，突亭三，院前有阑，院中两隔墙，院后两垒，有飞桥通之。殿外敞地种碧草，异花间之，杂置中国瓷磴、铁床，老树垂阴，缠藤满壁，幽芳艳妙。其殿后左右各二圆室，以次渐退，横围阑千百步。旁殿临喷水池，甚高，左右二狮高丈许，喷水下，如入洞府之清凉奇丽也。其殿内铺陈多德先王物，并斑驳瑰异。以欲游他宫，恐日力不及，不及细录，而吾赏心在此，他日或能仿筑别墅耶？ 游卡士宫

游生苏诗宫

游生苏诗宫

此宫盖非列大王第一至第四所居也，于今二百年矣。大门有铁阑崇柱，门内有埃及华表、喷水池、石像，林木浓郁。宫据冈颠，五成而上，每成二十级，崇阶百级，每成深二丈，广数十丈。繁花甚盛，近墙皆以藤缠，内作花窖，窗镶玻。至宫前敞地，用圆环形喷水甚多，皆从兽出。宫柱皆作双柱，顶刻人像以托楣，凡三十五人。正殿环廊作半壁形，宫无楼，横列十馀殿，上作平榭，然甚壮丽。内殿之墙作突花鸟，甚奇丽。昔非列大王尝延法名士福禄特尔为师，即居此室。馆孟子于雪宫，惟贤者而后有此乐，犹想吾春秋战国礼贤之俗焉。非列王寝室极朴，木榻，绿布帐，墙衣淡红花布，惟中墙皆作龛，垂帐。其后妃寝粉蓝墙，木屏、遗冠、梳盒、手袜犹存，盖创业之英主葛拂绳床乃自故尔。出一圆殿，文石作柱，地板用杂色花镶白石填之。过一穿殿，壁衣几搭皆坏，仍存其旧，敬祖重旧，示不忘也。穿七间，地板皆杂色，榄形，为非列第一王寝殿，遗榻在焉。供其石坐像，下座绿玉饰花。自此出一小圆殿，四壁陈书，门亦同形，中龛置几，皆以文木镶金花。自此出花廊，以铁架缠藤，幽荫数丈，宫左右同式。后廊柱及地板并用文石，柱础峥嵘，其光可鉴，挂古画甚多。前对旧宫抗冈巅，遥望天文台，林木郁然，至幽胜矣。宫外屈树成廊，其下屈苹果成篱，园门及篱亭皆用藤缠，绿阴森森，车过凡里许，尤极幽胜。

非列王寝室极朴

非列第一王寝殿坐像

游巴边士宫

门外翼以两拱长廊，弯圆如意之彼得庙，上作平榭可行，每柱皆双，柱上榭面皆立人像。宫据冈颠，远望全京冈阜芊绵，湖波淡荡，甚佳胜也。宫后左右四室皆作平台圆形，弥引弥后，亦自诡异。宫中陈设多其先王物，斑驳古异不胜录。

巴边士宫

近阿朗赊理宫有风车塔，三百年。有巨兽喷水池，宫室园林甚多，瑰丽森翠，风景至佳，不可胜记。

游阿朗赊理宫

游阿朗赊理宫

宫长方形，后有横楼，两边高方塔，左右长廊数十丈，廊尽又为高方塔。宫前花木楚楚，宫中文石为地，四壁皆古画。长方顶透光，朝东室待客，有龛可置榻，有孔雀尾器，金镶之，甚丽。后廊地铺五色砖，有琥珀桌，值数万。朝北有小室，铺设甚丽，廊外杂植花木，甚幽。惟宫前花间陈设瑰异之物，望之可为痛心。涕泗滂沱，急以巾掩面而不能止也。宫前所陈，皆吾京师观象台诸仪也。浑天仪一。赤道仪一。黄道仪二。象限仪一。诸仪皆有铜架。其黄道仪一架以四山盘五龙为之，此元初郭太史守敬所制物也。盖集中国古今历而制授时历者，为中国天文家第一人，于今五百馀年矣。雕刻精丽，德人亦诧之。光绪壬午年吾游京师，尝登观象台而摩娑焉，不意二十馀年乃来德国而重摩故物。大吕移于斋台，郜鼎陈于鲁庙；畴人

见中国瑰异之物为之痛心

郭守敬为中国天文家第一人

何在，天官谁依？遇铜驼于棘中，见金人于灞上；感怀桑海，扪认劫灰。身世死生，中国存亡，一一事会，乃至薄物细故，皆与吾相因依。白发逋臣，两度摩抚，十馀年之国故，数万里之馀生，交集于怀。哀从中来，不觉涕之从来也。

盖吾自法败马江之后计及，时国家闲暇，首请变法。既格不得达，归而讲学著书，奔走各省以开议会、伸民权，于是强学会、保国会及各省会数十会起焉。戊戌变法拼一死为之，冀救中国，遂遭大祸，走海外而开保皇会。及己亥之腊，溥隽立而上将危弑，吾于是率海内外电救之。诸贼不得逞，乃通拳而仇外，戮及行人，遂召联军；京邑丘墟，人民涂炭，而中国数千年之宝器尽矣。有英人以《永乐大典》示我。而浑天仪尤为传国重器，几等周鼎，乃唐乐迁于契丹，中国之雅乐遂绝，岂非所谓文武之道今夜尽矣者哉！五月、八月两次来游，两度徘徊，感慨悲歔，乃为长歌以记之。

五八月两次来游感慨悲歔

游普鲁士旧京波士淡之阿朗赊理宫，睹宫前陈元郭太史所制浑天仪、黄、赤道及象限仪五器。诸仪器前摩挲于京师观象台者也，二十馀年重逢异域，感怀身世。悲从中来，不觉涕之被面也。

游阿朗赊理长歌

陂陀葱郁普旧京，诃厘湖波一碧平。离宫别馆三十六，掩映林麓见飞惊。苹果屈篱兽喷水，数里幽绿围青城。崇冈危级花畦绣，上据殿阁何峥嵘。长方楼塔横百丈，□墀文石登三成。草间花际徘徊步，忽睹宝器心怦怦。紫铜圆球大盈丈，周围刻缀皆天星。太微紫薇横天市，二十八宿何荧荧。文昌七曲似暗昧，帝座北斗犹晶明。长叹牵牛与织女，隔汉相望不得语。太阴之精尤闪烁，斑痕蒙蒙蔽北极。坐兹搀枪遂扫地，致汝大宝流异域。以手摩挲重叹惜，泪痕盈面涕沾臆。吁嗟此为浑天仪，太史以制授时历。其旁龙纽缠四山，黄赤二道纽斜环。象限一仪以测候，制作精妙生紫斑。作者元初郭守敬，独明绝学任天官。测天分候廿二所，北穷谦吉南越蛮。谦州吉州见北晓，地近北极鲜卑间。西穷黑海与里海，并置台官测天垣。以元域大得新识，用制诸仪精巧极。利熊南汤自欧来，虽改历法宝遗迹。峨峨燕京观象台，诸仪陈列环四壁。亘今明清六百载，畴人夜夜来扪测。光绪八年秋七月，吾游燕市来橐笔。生平颇好天文学，登台摩挲细考析。岂意别后廿馀载，波士淡京重遭值。金仙下泪见灞中，铜驼再抚真棘荆。司是华京沦落客，相逢相吊感畴昔。绝海隔绝三万里，问君无足无羽翼。何能飞来德意志，载以巨舶裹以席。龙漦胎祸食小龙，骊山烽火召外敌。庚子京邑遂丘墟，钟虡簴顿金轮侧。移置此宫草间卧，徒供胡人叹啧啧。大吕云何徙斋台，纪甗从来归晋国。唐乐迁移入契丹，中华雅乐永绝灭。周鼎犹不入泗水，犹在人间免沦溺。从来瑰宝非一国，多难遘遭劫千亿。国土文明寄重器，何图天球逾拱璧。文献遗留吾与女，身世飘零多感激。江南再见李龟年，天上人间心恻恻。鸟啼花落此何地，白发重摩伤逋客。异时若登观象台，呼天难问云惨碧。

游新宫

新宫壮丽为欧之冠

此宫壮丽，几为欧土冠，观此乃见德之有帝者气象也。创始于一千四百年后，增修之费四十五万镑。殿外花木有阑，皆立石人像甚多。殿形正方，二层，左右各十户，中突出五户，上为圆穹瓦，而每柱上皆作立人，周凡百数。殿前后繁花成列，宫外数里林木夹御道森森，规模极壮矣。其殿饰多用银，其墙衣多用中国银缎，故炫人目转。

殿中陈设多中国物

三殿则又饰金，其陈设多中国物，有珐琅双大象、双大瓶，皆数尺许，其碟及钟甚多，亦珐琅也。其一殿皆“摩色画”，有三桌，刻镂盘飞，一金，一银，一杂宝石，备极华严。其舞殿伟大，皆文石为壁，上镶金花衔灯，以杂宝石，光华照耀。至一大圆殿，自四壁至上盖及地，皆用各国宝石镶成一花卉人物，尤多用珠贝、珊瑚、海草及吾阿尔泰山与西伯利之绿云石。壁及柱花皆分数截，盖及地圆式花，分内外两重。各门之石作垂火形，花样新异，五光十色，八方照耀，妙丽及此，吾行遍全球未之见也。计古之阿房、建章、临春、结绮、铜雀、迷楼未必有此耳。虽法之路易十四遗宫亦无此奇丽也。德主之穷奢极欲，于是见矣。

楼上大殿地画甚美，有登格里画四幅，值二百万。其基多连腻与伯非士，及左家度护拿诸名家画甚多。炉用金网。醇王朝德主威廉第二即于是殿，犹有图存，德主中坐，醇王捧国书以进德主，左右从官翼立，醇王随员后从。伤心哉！谁生厉阶，召此大耻？至今醇王所居之殿，所赠之宝器，所寓之旅，德人听听言之，以告游者，以为夸美也。伤心哉！旁为书室五间，书橱皆饰金，悬画甚多，有伯须弥画美人甚佳。其后两大殿耸云，通以长廊，廊端各有拱亭。一祈殿，崇阶数十级，有图。一乃厨也，日有电车自柏林送馔来。德主役人八百，岁费八百万。其游湖之船及车与停车室，皆有特别。数里御路森森，夹以花木，境幽深而壮丽。不知汉唐时南山清渭观苑相望比此何如耳？购诸宫玻片数具。有铁栅阑汽车道，沿道夹花木成浓荫，地甚洁丽，绝无纤尘，陈几以便游客，时有酒店，兴国之象也，各国车站未尝见此风景焉。有图。晚饮于酒店以候车，座临道旁，风光明媚，酒馔亦佳。八月再游，则饭于市中之楼，可遥望公园之河，亦为佳焉。

睹清醇亲王朝见威廉第二倍感伤心

小饮候车八月再游

五月二十日，往游克虏伯炮厂

晓抵噫顺邑境，遥望烟筒数百如插箸，烟蔽数十里。全邑二十万人，皆此厂所属也。主人设大客舍，凡游厂者皆憩宿于是。是晓到店，店司事人通知厂主，厂主派司理人包尔见吾。译者谓，近来游厂冒称中国长官者多，未知然否，索取据认。又曰，若真为康有为、梁启超，则吾厂主甚愿周旋，请一面见。吾乃见之。包久居中国二十年，

游克虏伯炮厂

能京语，为此炮厂作代理人，于吾国权要皆结识，一见殷勒〔勤〕之甚，即派人导游全厂。工人四万八千，管理人三千，警察百二十人，厂内铁道千里，自成邑落。工人之家列屋而居，连比数十里。屋颇华饰，每人岁收租九十马克。其楼三层者，住中等工人，夹植林木，子女嬉游，别成国土。其工人、妻、子凡十四万七千人，子女皆设学以教，别成国土，有司治之。其上等司事人特设公馆，园林、花木、浴室、波房、食馆、戏园无不备，可容千馀人，此如其国之士大夫而有勋劳才异者，故尤优异焉。

六年前创藏书楼，今凡四万四千馀卷，各国文皆备，只许工人借阅，不收赀，惟不许出外，前后借一百万，失者只六本而已。来借者隔窗取焉，今借出三十万卷，岁费五万三千马克。此书楼、上等公园吾皆游焉。法、意皆良，诚美备矣。

此厂有土地、人民、政事，司理三千人如士大夫，工人五万如府史、胥徒，十五万子女如民，有若小国。昔吾著《大同书》，谓乱世之封建以部落农牧，平世之封建以工厂，于兹实见之。托辣斯行后，此理将弥纶大地矣。

海军台舰之炮

观海军台舰之炮。炮衣三层，外衣名炮脑，不名炮窝。有诸机以内磨之，然不过三年管退矣。十六寸径之大炮，其用来复线，过三次即不准，故用小炮作把。然今通用者，以口十寸、八寸、六寸径为宜，过大则运转反不灵动云。其口十寸径者，长三丈；十一寸半径者，长四十尺，后围二三尺矣。其六寸径者，仅需三万六千马克耳。

架大，皆丈馀，高二丈。起落炮旋有新式，有螺旋者。发炮之机伸缩如意。露台容二炮，旧用压水力，新式皆以电为之。发炮有开掩二式，其转者带螺而走，一纵一横，此最新式者。包尔曰，此式吾国尚未有购也。视法国旧式太迟。夫炮之交攻，速者能令敌人措手不及，故速率为最要。其大弹中有小弹，所谓子母弹也。小弹长三寸，约二百馀。其短炮但用于炮台，于舰队则无所用之。

观行营炮。用三寸径，长七八尺，重一千启罗，略二千二百磅也。打七千迈当至九千八百迈当，为至远矣，略二十启罗迈当也。其炮准在旁瞄准，一分时可打三十次，不瞄准则可增多。其过山炮长二尺馀，口径亦三寸，重三百八十启罗。陆师接仗，以过山炮为最要，故今各国最讲之。 行营炮

观炼钢法。以种种废铁入大炉而冶融之，倒出，又置尺小铁埕中细熔之，俟冻，又合投于大冶炉中。大炉凡七，每炉大丈馀，高厂耸云，火焰烛天，轰声震地。其不净者则倒去，凡经七烧，大铁管烧十三分时。登楼而望，导者授碧眼镜视之，紫焰四方飞烁，以机运炉倒下，以方铁模长六尺广尺许者受之，即成一钢铁柱样。凡三炼而成，乃入于五千吨之制铁大机中，大小、短长、方圆、断续惟意，拍而扁之，截而断之，椎而圆之。一以机运之，如制纸布而切腐也。其制铁路轨也，以五六尺长尺馀大之柱，入大机中而驶荡之，渐扁渐长，经八次而引长至五丈，乃以铁机剪之，即成铁轨。其制铁板也，以轮轴压至 炼钢法

四五十次，入于上下机三十次，即成二丈馀半寸厚之铁板矣，乃剪之，亦复长短任意。此铁板即以制炮，制舰略皆用此。吾以后遍观英、美、比、瑞、荷各国之铁厂无数，若美之芝加高、必珠卜，亦号称大厂，其为冶铸不出此法。吾国除汉阳一厂外，别无制铁之厂，又无制炮之厂。夫以岛国之日人新胜，欧美人敬之若神。竞争之世岂有所谓文明哉？但见为武明耳。管子谓，器械不精，以卒予敌。故普有得赉赐之后膛枪，故以七日大胜奥，有此厂而胜法。我昔之败于日本也，其由虽多，而日枪速而及远，我枪常不逮数里，故望风奔避。一枪炮厂而国威所系，亦大矣哉！而吾国之大，自同治中兴以来，尚武变法，经数十年，诸公未知经营及此。此厂有日人学工，亦无华人，何以立国？此事宜急，执政者不可不注意也。厂主赠图书十册，皆精甚。包尔请午宴，比夕，与导者送登车，所有旅舍及食赞皆赠而不受赀，殷勤而别。

竞争之世无文明但见武明

枪炮厂乃国威所系此事宜急

六月廿六夕，复自英伦渡海来。二十七早，由佛拉乘海口登荷兰岸，十时入德境地名哥。吾道过荷境，车中仅一睡觉而已。在德国过都越国，有若历块，瞬息即达，比吾邻乡之过从尚为速焉，若吾邻县邻府邻省则未闻矣。道路之通，国土之小，皆吾国人所未梦见。以故交通灵便，政化易感，风俗易激，相师相忌，相扶相迫，而交相进化于无已也。盖周游之奇异，足以发扬意气、开张心颜者，未有若游欧洲者矣。自英京至法京七时，自法京至比京四时，自比京至荷京五时，自奥京至匈京五时，自德京至丹

在德国过都越国有如吾邻乡之过从

墨京一夕，自丹京至瑞典京一夕，自瑞典京至挪威京一夕，自英、法京至德京一日，自德京至奥京、至瑞士京一日，自瑞、奥京至意京一日。若夫比邻接界之大城，即为异言殊文之绝国，教俗迥异，风化迥殊。此其触目生心，考阅得失，或明各保自立之美，或有相师改良之风。既知人道之本有万殊而不必强合，又知道化之必归一致，终多合辙，所以增益新理、开广意识多矣。吾尝行美，荡荡十日，文字、语言、俗化、物形莫不相同，则毫无□趣之触发矣。若吾国尤甚，国土之广大比于欧土，而铁路□通，舟车日行不逾百里，自省会至边县逾旬弥月，况于云南、甘肃程期半年，若西出伊犁，北逾兴安，非经年不能至矣。故进化极迟，改良极难，政治难行，农工难盛，士人难开见闻，商旅难为交通，生趣尤乏，神不王长。故我以数千年守旧不进，而维新大变之业让之欧人，此亦其一因也。盖众小竞争之与一统长治，其互有得失多矣。一日而历数国，不能无感于怀焉。

吾国土之大比如欧洲而舟车日行不逾百里

一日历数国有感于怀

五时到汉堡，德之最大自立市也。控临北海，人口三十馀万，环湖而居，穿桥而渡，其道广洁，冠绝各国。道中植林木，红花烂漫，芳草芊绵，左海右湖，楼阁伟丽，老树蓊郁，舟航交通。临湖人家，皆富豪之宅也，花气与波光相映。临湖多茶馆公囿，茶馆多以磁为之。茶旗拓展，士女如云，觉伦敦、巴黎之湫隘嚣尘，真有仙凡之别也。此湖自丫护斯打河引入，故极长。泛湖船往游一公囿，蓄鸟兽甚多，盖兼动物园也。花木深幽，音乐娓娓，映照湖光。汉堡之佳丽，诚为过绝，惟瑞典类之耳。

自汉堡往丹麦

夜十一时半，乘汽车往丹墨。汉堡车场大而极洁，各国少比。盖德之政治严整，故宫室、衢道、场市无在不冠绝各国，而汉堡为尤美也。至一时易车，德人甚少解英语者，以言不通迟误。吾与璧女先登，周国贤不及登车，而车票在国贤手，遂不能前。过前站为柯士秩邦之畝路市，止于旅舍以候国贤。下车无票，几不能行，幸国贤先电知汽车管事人，故仅得免。至天晓六时许，国贤从后车来焉。畝路人口二十八万，德之大海港也。海口小山环之，甚固。有大船坞，方修大舰二，吾游而摄影之。

是日为六月二十八日，恭逢皇上万寿，在旅舍行礼恭祝。于是违阙六年矣。回天无力，虚负衣带，惭悚交并，犹幸天祚圣躬，于今无恙耳。是日渡波罗的海，海甚窄，然暗涌甚大，呕者满船，盖船底多石也。

渡波罗的海

德游记（中）

非布猎第一以西千七百十三年卒。子非布猎威廉第一嗣，英武殊绝，专以治兵为事，好巨人，选长躯干者为卫军，凡物聚于所好，遂得精兵八万，掠取瑞典南方地。虽专制残暴，杀戮大臣，轻待文士，略似明太祖，然普之以兵力称强北欧，卒能以小侯与奥争霸，则非布猎威廉实始创之。《易》曰，武人为于大君，至刚也。盖立国于四战之地，当诸国竞争之世，非专制尚武不为功。药无良苦，惟问中病，故参术与天雄、大黄并奏奇功，非医生所能偏为去取也。古今万法皆如方药，惟问适时病何如耳。普与英同为条顿种，英为立宪法之祖，当普之兴也，已在英立宪法数百年之后，又经克林威尔革命之馀，然普若早用英立宪之制，则普不能立国，岂惟不霸哉。英之能先行立宪者，亦以远僻在海岛，不丁欧陆百战之冲轶也。 英为立宪法之祖

西千七百四十年，非布猎威廉殂。子非布猎第二嗣，才武英明，好文学，聘法人福禄特耳为宾师，馆于生苏诗宫，能以法文著书、作诗文，国人诵之。自少时不喜其父之粗暴朴鄙，几废戮。及嗣位，盛文学，闳宫苑，丽铺陈，今柏林波士淡之宫室皆所创也。而善为政理财，虽专断同于其父，而恤民疾苦，奖励工商，哀矜鳏寡，明决庶狱。故下令而民悦之，民以殷富。承其父治兵之业，尤以整军经武拓地为事。始因奥女帝马利亚嗣位之未合国法，诸侯内讧，乘机夺薛力西族州。马利亚大怒，誓心灭普，互有胜负。各国忌普之强，奥遂连俄、法以攻普，普联英以抗之，以力不支大败，兵挫地削。非布猎第二以为和而削亡不若战而亡，乃誓臣民更战，竟获胜，法兵又为英破。适俄女后喀林殂，于是俄、法皆与普盟。是为七年战争之役，普以一小国与三强敌，几亡而复存，固非布猎第二之才，亦有天幸焉。自是奥以日耳曼共主而无如普何，且与普、俄盟而分波兰。普自是起小侯而为强国，与奥争诸侯。在位四十七年，至西千七百八十六年殂，以功业伟大，号为大非布猎也。 七年战役

大非布猎子非布猎威廉第三嗣，颇暗弱，普未大振，然从奥、俄之后以分波兰，得东普鲁士、新普鲁士二州。西千八百九十七年殂。子非布猎威廉第四嗣，英略过其父。是时拿破仑蹂躏日耳曼而自有其诸侯。至嘉庆元年，拿破仑迫佛兰诗士退日耳曼帝位，分封诸侯为王，使自立，而立大牧师为盟长而自统之。已而拿破仑果来伐，普大败于监里，囚虏二万，诸将震慑，率兵以降。普王出奔，拿破仑长驱入柏林，尽取财帛及大非布猎重宝以归。割来因河之地于法，立西肥力亚国，使其弟王之。又取普之波兰分地，封萨逊侯为小国，听邓斯革邑自立，普失民数百万。普大败后，用斯替因才相，阴修战备，与地方自治权，俾平民自由，学校尤倡导之，各地城邑开演说会，以爱国相激厉，选民为兵二万四千而练之，二年而成，又轮选民兵。拿破仑乃迫普黜逐斯替因，普王不得已从之。然数年间，举国皆兵，普今日之强霸导源于是。

拿破仑对普鲁士用兵

从来殷忧启圣，多难兴邦，不有削辱危亡之忧，则无激愤密悍之策。吾中国以万里大国，天下无比，至于今日削辱至矣。然知辱、知忧、知危、知亡而发愤以图存之，安知不即为霸地球之因乎？以普之弱小不足比吾一行省，苟能愤发治兵，即为天下雄，况数十倍于普者乎！普之举国为兵民，二十岁必须从役。吾尝用一二德人，至二十岁必辞工归矣。德人与我言，亦甚苦之。英、美皆不然。似募兵为仁，而强民为兵未免不仁。吾向有疑于此制焉。然吾游德，窃深考德人所以致强之由，全在于举国民为兵之

殷忧启圣多难兴邦

致强之由在于举国民为兵

一事也。夫举国民皆尝为兵，其兵之多也，人皆习于战事，而后备兵无穷也。兵与将、兵与兵，多相识也。此显然之浅事，人所易知而不待言也。以吾国之大、民之多，似不须待此。吾深观德国之工商大盛，人民多才敏，奉法皆严谨，行事有纪律，身健能耐苦。所游之地，所奉之职，皆能有条理，虽在远方，合群任事，秩然不紊，肃然不哗，迥异各国。其少年学校之教，亦与各国同耳。而德人鼎鼎肃肃、独出冠时者，则以德人皆尝为兵。兵者，以法律威严为义者也。坐作、进退、步伐皆有度，晨起、午操、宿食皆有时，山立水流有象。为兵二年，如入一严师之校，久习二年，檃栝成性，习成自然，故离伍之后，以其习兵之严律，以任一切之业。故能精明严悍，纪律整然，安得而不制胜于他国散漫无纪之俗哉？

兵以法律威严为义

为兵二年如入严师之校

吾国先正言道说敬，不离口示。我入德，方以敬有整齐严肃之象。整齐严肃者，于治身治国最有宜者也。故修己以敬而南面者，亦以敬行简也。故整齐严肃者治，散漫拖沓者乱，而整齐严肃莫如军容。吾国数千年一统承平，民气散漫，民质拖沓，其与整齐严肃之气象至相反，是以弥乱而去治逾远也。以此散漫拖沓之民气，而当万国竞争整齐严肃之兵气，不待算而知其败矣。然欲以救此散漫拖沓之民俗，舍举国民为兵一义无以阴导之于整齐严肃之中。然则举国民为兵，真吾国救弱之圣药、自强之神方也。吾非必欲以兵强万国，但当改数千年一统之散漫拖沓之民质，非举国为兵不可矣。观校弱之难，虽有贤相犹为

整齐严肃者治，散漫拖沓者乱

行举国为兵之制乃中国起死回生急务

人迫逐，吾国督、抚之为人迫逐者数见不鲜矣。然则行举国为兵之制，可不急务乎？中国起死回生之剂，国民化弱为强之性，无过于是。

大败拿破仑而流之

西千八百十三年，普王密会俄帝，议攻法、奥，与瑞典、英、荷亦同盟，大败拿破仑而流之，索还重宝及得故壤。是时日耳曼小邦及自立城邑凡三十九联盟，以故都佛兰克阜为公会，所约各自主，无相侵也。是时经法国蹂躏后，日耳曼人知合群爱国之义，非如往昔之散漫矣。道光二十年，即一千八百四十年，维灵第三卒，非布猎威廉第四嗣。

普鲁士开议院

是时经法第二次革命后，日耳曼诸小国民党并起兵索权，致乱，故新王亦奖文学、开民智以塞人望。至道光二十八年法第三次革命，奥京民党兵大起，奥君相出奔，普京亦汹汹，民兵围王宫战半日。普王乃许民权，开国会，是为普开议院之始。又开日耳曼国会于佛兰克阜，人民有开会及选举权。

普奥分霸

是时奥欲入联盟会，且为盟诸侯摈之，而推普王为盟长，且为日耳曼帝。奥使不允，普王亦惧，不敢受号，联盟会遂散。已而匈牙利起兵自立，普瞯奥之内乱，大会诸侯而自为之长，北部国咸集，惟萨逊、亨罗浮二国不从。是时奥已平匈乱，恶普之乘己乱而争诸侯，又复开佛兰克阜国会，巴威、俄登堡及南部从之。此为普与奥分霸之始，时道光三十年也西千八百五十年。自道光八年奥、普不和，绝通商，至是普认奥佛兰克阜之盟，订商约，是为咸丰三年也西千八百五十三年。

咸丰十一年，威廉第四死，弟威廉文第一嗣。任俾士麦为相，内修政治，亲贵哗然。威廉文第一誓之曰，吾之得俾士麦，犹贫子之得金也，无论何人不能令我弃之，若有再攻者，吾即逐其人。亲贵钳口。俾士麦以统一日耳曼为任，而以铁血行之。方当革命风潮之汹涌，而俾士麦独以保王权为义，故与威廉文第一一德一心，而致成功也。俾士麦内治既修，兵事既治，思择小国以试其兵，以求必胜，亦以成功名而镇塞人望焉。日耳曼种人有三州，地属丹墨，久有争端。俾士麦恐己力不逮，乃约奥共伐丹墨，大胜之，于是国人服焉，是为同治三年。普以争取三州地，与奥不和，俾士麦蓄意与奥争霸。同治五年西千八百六十六年攻奥，大胜之，乃以丹三州地归于普。是时俾士麦擅兵事，议院不和，然以功成，人心咸归之。奥既败，于是霸权尽失。日耳曼各邦咸听命于普，巴威、白登堡四大邦咸与普订密约，有事以兵从。然南部尚自主，北部各邦则咸推普为盟主，兵权悉归普人。此为日耳曼联邦立盟第一次，而联邦立宪之体亦于是始。是同治六年。西一八六七年二月十四日。逾年设日耳曼税务会，以统一日耳曼各邦税务，南部犹未入盟。同治九年西千八百七十年，普大胜法。南部以日耳曼国号为荣，至十一月巴威国、白登国、赫生国、俄登堡国皆加盟，巴威王路易议尊联盟总统为帝，咸赞成之。遂于逾年西千八百七十一年一月十八日诸侯上尊号。三月，二十五邦联盟宪法成，定各邦自治，惟战和、

俾士麦以铁血政策统一日耳曼

始行联邦立宪之体

遣使、外务则德帝总之。然其立法虽云各邦派代表员议之，然普议员十七人，巴威四人，萨逊三人，馀邦皆一二人，普议员占其大多数，乃阴收各小邦议员，故议无不行。普相为议长而操纵之，相命于帝，故德帝之权甚大。虽云有议院，实皆供德帝之指臂而已。于是普收各国之权甚至，巴威人甚怨之而无如何。

普鲁士始霸日尔曼

是为普霸有日耳曼之始，而日耳曼自嘉庆元年佛兰诗士退帝位后，诸国并立，散无共主六十六年，至是复合。然奥、意别自立，实得日耳曼三分之一云耳。俾士麦又为德、奥、意三国同盟，以规复日耳曼之旧观。

德合二十五邦，方里二十万八千七百英方里，与法相等，而尚小于奥，仅大于四川省四万馀英里，尚未有四川、云南二省之大也。而散然合，蹶然兴，不二十年强霸若此，况于十倍于德者乎！

人口骤增

德之人口五千□百万，当道光十一年，仅二千九百八十万，今数十年间骤增二千馀万，几及倍数，每英方里约二百五十人。而法国当道光十一年已三千二百五十万，今亦仅三千馀万，欧洲各国数十年之繁殖未有若德者，而生人之少亦未有若法者。闻法妇女不愿生子而多堕胎，

工商繁盛人民富乐

德则合一之后工商繁盛，人民富乐，故生产倍繁。且但迁美国者已五百馀万人，南美尚不计也。今巴西全土多德人，他日殆将为新德国矣。真令人可惊也。

德之都会人数，骤增十数倍。当道光十一年，柏林仅二十二万人，今则二百万人；汉堡十一万二千人，今则七

十万人；他都会亦略似此，皆以数倍计。盖工业既盛，人民皆弃耕而作工，入居城邑，故繁盛骤增至此。考道光中湾与柏林皆二十许万人，不能当吾战国王都之市，更不能当吾国一大府城，而数十年间骤长，大地亘古今所未有者，则以汽机、铁路致之也。微汽机、铁路，虽有万千俾士麦，无能致也。故物质工艺之助国政人乐，诚不可思议也。

物质工艺助国政人乐

观国之强弱盛衰，以机汽为觇乎！当道光二十年，当法机汽多于德以倍，法九十万马匹，德仅四十万马力；至今则德七百六十五万马力，法仅四百馀万马力。锯解机器之事，德二百万马力，法仅八十万马力。以铁路机汽较之，德四百五十万五千马力，法三百六十万马力。以汽船较之，德十九万马力，法仅四十九万马力。盖相反几及半，足以觇两国之进退矣。异日法必为德弱，可以此断之。今英亦畏德，与法联盟。德势力之涨，震惊其邻若此。在道光二十年，德之汽机马力仅二万匹，铁道汽机马力亦二万匹，汽船且无之，曾几何时而勃兴至百馀万倍。以彼德国仅比吾两省之力，数十年间能勃兴若此，况土地人民十馀于德者乎！故中国而治机汽也，其变法致强，曾一反掌间而天下无敌也。

国之强弱盛衰以机汽为觇

中国当治机汽变法致强

德故农牧国也，昔日耳曼未统一之前，机器未行，民以农为业。然地皆为贵族所有，即如普国，全土为贵族三十万人所占，馀皆佃民与奴隶，无有立锥之土，而代为之耕，故欧人相消以奴隶。又力求自由，甚乃曰，不自由，

农牧之国

无宁死。皆为贵族压抑既甚使然也。三十年来，设司泰因法均之于民，其法不待如奥、法之强夺，令贵族出其地以为公债，以地所入十八年为价格，使借地人分四十七年，岁以百分之五偿其本利。于是普之全地渐分与民，今则有百五十万地主矣。且人口日多，昔之畜牧荒地，数十年来今皆开垦，骤增三千万英亩嗌格也。其值价增百分之八十四，于是农业增殖三倍。当道光十七年，田地值五万万八百万镑，家畜值八千万镑。至光绪二十年，田地则值十九万万七千七百万镑，家畜值三万万三百万镑。咸丰六年，谷获值二十万万三千一百万镑。光绪二十年，值四十万万一千七百万镑。统全国有田地一万一千二百五十万英亩，

土地占有

其地主所占地如下：

大地二万五千人，有地一千三百五十万英亩。

中地六十五万五千人，有地七千二百万英亩。

小地二百二十七万五千人，有地二千七百万英亩。

观此则大、中地主之占地最多。法、奥、德三国之民变，起于贵族之专地擅权，而小民但为佃丁与奴隶，故民之积怒有由也。法先变，放杀逐贵族最酷毒。奥次之，故削夺贵族之地以与民。普又次之，贵族自知其不可自立，故出司泰因法以取之。贵族不至失有地之利，而小民得有地耕，农业以殖，民气以平，德最得其道矣。印度全地田皆在贵族家，小民贫无立锥，皆与欧人同。凡有等级之国莫不然。惟我国自秦灭封建，孔子讥世卿，汉后即无贵族专据土地之事，而任民有之，尚有限民名田之义。光武先

林肯二千年而放奴，故吾国无有大地主，人民平等，人人皆可有地，人人皆听其自由为士农工商，无限定之级业，人人皆可起田间而为卿相公侯，政制宽大，简刑薄税，一切听民之自为，故人道自由。

中国人人皆可有地

若言乎人民过受压制而求伸，以此为自由乎，则吾国人自汉世已得之，为大地万国之至先。自汉祖约法三章，与民更始，网漏吞舟之鱼，以极宽大为治，儒生为论，皆恶文法之密，而日耳曼千馀年封建压制之馀，小民呼号呻吟于其下，近数十年乃始得之，以夸于万国。岂知吾中国人得自由在二千年前立，日耳曼在深林或未移种之先乎！以此夸于吾国人，犹小儿学问始《论语》而夸于宿儒之前也，亦可笑矣。昔有达官奉使宿于驿，夜热不能寐，见驿卒卧于阶下，群蚊啖之，骤起而舞蹈，甚乐。问之，乃适自狱出，手足得免桎梏，故不觉蚊热之苦也。吾国人已得自由二千年，久而忘之，适遇国弱，是亦奉使者之夜宿驿而热不能寐矣。若欧人之号夸其得自曰，则犹驿卒之久苦桎梏，一旦得释，手足得以舞蹈，因以为至乐而忘蚊热也。

中国人得自由在二千年前

若论自由乎，则吾国舍有地纳税、互讼待质二事外，一切荡然自由，与官无与，营业、筑屋、经商、习工、开学、为医，无一不任民之所为，官无有丝毫干预焉。即今之美国，比欧人号为宽简者，然吾处其境，闻其政，则繁苛琐碎，税及车马服物，民之不自由甚矣。若今中国行之，则致乱久矣。夫中国民但无选举权耳，若论自由，则自由之年代，自由之程度，已至先而至极矣。后此既立宪法，既行地方自治，则繁苛琐碎，重税细微，章法密致，恐日求自由而渐不自由之法日增而月至矣。吾国人士惑于欧人一日之强，而不知所由来，闻其称自由也，又不知所由来。又不审己国之病本何在，乃裨贩欧人之方药而欲施之中国，大呼而普施之。吾国既自由极矣，再求自由乎，则只有乱舞僛僛，饮狂泉而妄行耳。且巨子倡言者，动引不自由无宁死之说，后生不知其根本，以为新方药而争服之，则只有令人发狂决藩篱破伦纪而已。子以逆父为事，弟以忤师为宜，一店之伙言自由则店事败，数年来举国若狂，其效略可睹矣。数千年教训之不足，一日破裂之有馀，此则庸医不知方药之宜否，不问躯体之强弱，无君臣佐使之制炼，无分两多寡之权衡，但闻海上独步验方，即执药大嚼之，其足以杀人而增病也，岂不宜哉？

吾国既自由已极无须再求自由

妄人引言，甚且曰中国数千年不知自由之意味。夫自由也者，纵欲妄行之谓。人生即能不待教训，不待提倡，何至吾中国人之慧质而不知之乎？但吾国人日在自由中，譬犹饱者之不复求食，暖者之不复求衣耳。且中国人之所以自为中国者，号称礼义之邦。夫号称礼义者，文明之谓；号称礼义者，迪于检押之谓。今欧美之号文明者，人服礼律，森然秩然，亦迪于检押之谓，此其所以与上如标枝、民如野鹿之世异也。然则中国之所谓文明者，即在数千年舍弃自由而从于礼义也。今兹妄人不识欧美为何物，而妄引其自由之说，乃尽舍先圣之金科玉律而举国服之，

自由乃纵欲妄行之谓

几若起臭腐为神奇焉。而不知此等方药，乃我国先医所再三研审，知其内含醉毒有若印度麻焉。故于得意时隐贻之，而不以为五谷之日食而滋生也，故不敢明言焉。学者试一游欧美，即可较吾国自由与欧美人孰为自由。学者又试考读欧人之史，审其政俗，知欧人自由之说为何而兴，则知吾国之自由早足而不待提倡，庶几不致盲从而误服奇药矣。夫西药固有精而可服者，然若哥罗方者以之割症迷魂则可，若常服而无分两则立死。凡误服金石不常之奇药者必有大害，吾国同胞其慎旃。

吾国之自由早足不待提倡

德地每嗌格值二十一镑，比之法值二十三镑、美值三十五镑稍贱。其每嗌格产谷类在普值九十一诗令，在各邦值百〇四诗令，当中国四五十圆之间。每嗌格当中国六亩，每亩所入不及十圆，则地力瘠而所出不为丰矣。吾游其农器院，农器之精若此，而所入终不丰，则德昔日之农其苦可推矣。德地半为耕土，故农夫居乡落者颇众。然人口骤增，平均仅足七八月之食，岁输入谷类三百五十万吨，肉类二十馀万吨，价三千万镑。

土地收入

德之林地三千四百五十万嗌格，值千三百万镑，每嗌格值八诗令。樵夫十九万一千人，平均岁入人七十镑。渔业不盛，岁入约百馀万镑，渔人二万。

林地收入

德机汽既盛，其产炭铁亦盛，产炭在各国居第三。当道光二十年与法相若，并三百三四十万吨。今德则九千九百万吨，法仅二千五百万吨，相去五倍矣。普之坑夫二十五万，人取二吨。其铁矿千七十，得矿石千二百五十万

产炭在各国居第三

铁铜铅银盐金矿产

吨，得纯铁百之三十六，约得铁四百九十六万吨，比于往者十倍矣。得铜六十万吨，然矿石含铜质甚少，仅百之三，不若美远矣。产西铅十四万吨，产银五百吨，岩盐产二百四十万吨，惟产金甚少，岁仅五万吨，比数十年前皆十数倍矣。矿夫凡四十万人，每人能取二百八十七吨，值三千四百万镑，人均八十四镑，普产十之八，萨逊十之一，可敌五十年前六人之力，则机汽之日精故也，吾国欲增盛机汽，亦当预辟山西之煤铁矿乎！德产钢铁二百馀〈万〉吨，比破法时仅十七万吨增十二倍。产铜、铅二十六万吨，然德钢铁制造甚繁，值一万万，输出者将二千万镑，其铜、铅则三分之二自外入。

产钢铁二百馀万吨

牧草收入

产草值六千六百万镑，输出者十之一。

年制糖百万吨

德制糖年百万吨，值千五百万镑，输出者值六十万镑，当五十年前仅制糖四万吨耳。然德人比英则甚俭，人食糖仅十八封度，仅得英四之一耳，盖远不如英人之富也。

啤酒产量

德人以好啤酒名，制麦酒亦最有名。酒场二万五千，岁酿二千四百万樽，费麦九十六万吨，每吨可造酒二十五樽。普十之六，巴威十之三，平均每人饮二十加仑，天下皆谓德人好酒。然英人均计人三十加仑，尚过于德也。吾游柏林，道上行人多有醉气，而英则不然。大概英人富，普国人皆饮而不聚于伦敦，故不甚以醉名；德之乡人醉少，不如都人之甚，故德人尤以好酒名耶。

制造金品

普制造金品在欧陆至先，当拿破仑盛时为欧陆第一也，西八百年时，普制造已值八百十万镑。而希来亥之织麻古最有名，当道光二十三年西千八百四十三年已值三百七十万镑，今则三倍。非布猎大王欲精织绒，购西班牙之绵羊以美其种，于是绒美而日增，比昔增七倍。纺锤二百万，价值四千二百万镑，每人岁用十六诗令，英人则二十三诗令，盖德绒价极贱也，天下无之。织棉在昔未用机时仅十五万纺锤，及机汽盛行，今则五百二十万，用绵二十六万吨，凡增三十倍矣。织丝五千吨，值千七百万镑，工人八万七千，欧洲自法外无比德者，当数十年前仅值七十万镑，今已二十馀倍矣。 纺织

德印刷物盛于拉衣蒲气滋市，盖以书籍名，此市岁售书六千万册，值六百万镑。德报纸十万万五千万，印价千八百万镑，平均人值七诗令。 印刷

德之盛强在工商，视其制造厂，但普国已三百馀厂。其柏林之薄尔慈克铁厂最有名。薄氏初借千五百镑，创之于道光十七年，今积本三百馀万镑，工人万馀，成机车三万六千。若克鲁伯厂，汽机值一万马力，铁槌重五十吨者七十，岁用钢铁百万吨，益宏大矣。 制造业

德人制衣类值六千九百万镑，人值二十五诗令，然仅半于英人耳。 制衣

德之国富，值二十五万万八百万镑，当我生之前，咸丰六年值十三万万四百万镑。但在普国当道光十七年值三十万万五百万，至咸丰十年倍之矣。 德国之富

德联邦及各国税、所得税、印税、人税共八千五百万

镑，均计人三十三诗令；地方税四千五百万镑，共一万万三千万镑，平均人计五十诗令。法税则一万万四千镑，其民之担税重过于德。英人则较轻于德也。但德人占国富额仅百五十六镑，法人则二百五十二镑，故亦不甚畏其重也。但道光二年言之，普岁入七千万镑，巴威二千五百万镑；今则普九万万七千五百万，巴威亦一万万六千四百万镑。但就汉堡二十九里之一市论之，岁入千馀万镑，故理财之法最宜从德。诸小国考之，彼挟其蕞尔之土地人民，而岁入能得数千万镑，而民益富，其故可推求矣！我挟数万里、数万万之人民，而仰屋无术，日以患贫为事，岂不大无具乎？

理财之法最宜从德

商品输出

德商品输出三万万七千五百万镑，过于法七千万镑，在八十年前仅四千万镑耳，即在战法之前，法亦优于德。

德之汽船

德汽船当道光二十年仅一千吨，而今则八十九万吨，在大地惟英胜之，数十年间骤进若此，若吾国发愤何有焉。我招商局船开创已在同治时，实未为后，若实力推广，今可与英争海霸矣，惜未知计，久停不进也。

德之铁路

德之铁路也，自道光二十年千八百四十年始也。普始造百英里之铁道，巴威始开四十里，其各小国开一百九十四英里。咸丰十年千八百六十年，普得三千四百五十英里，至今乃二万馀英里。自美外，无若德铁路之多者。每英里约费二万镑，共筑费五万万五千五百万镑，除二千九百里外皆国有铁道。盖铁道属于国有，而后国家呼应灵通，欧洲各国皆行此制，即今美国亦议行之。盖昔者民权发轫，其重在民；今者国争，其重在国。法人卢骚先倡民义，各国之民受民权之益而法受其害。德人鲑加纳倡国义，则德先受其益。故义无得失，惟视其时也。德善为运送法，故运价贱于法十之一，筑费法贵于德百之三十六，故德国内之交通甚便。

普之银行创于同治四年，本六百万镑，后改为德联邦银行，有金一万万三千二百万镑，银四千五百万镑，钞六千一百万镑，平均人得五镑，二倍于英而不及法。 联邦银行

德国所以强，以人民皆任兵、人民皆入学故也。故最行强迫教育之法，令人民七岁必入学。小学之费，令乡落人民任之，其不足者官助之。凡过八十人者，用二教员。其教科：一神教，二国语兼话法、读法、习字，三算术附几何初步，四图画，五史学，六地理，七物理，八乐歌。其男则操体，女则手艺附焉。德立学甚备，其小学有初等小学、高等小学，有补习小学，有副小学。副小学者，幼稚园及盲聋哑诸学也。 行强迫教育之法

中学国立之，有德语科、希腊语科、拉丁语科、英法语科、希伯来语学科、数学科、物理学科、博物学科、史学科、地理学科、哲学科、神学科、教育学科、万有学科。中学者，所以养成一切职业人才而为大学候补者也。 国立中学

德大学，所以养成士大夫者也，故只分四科，曰神学科、法学科、医学科、哲学科。其文科在哲科之内，农工商皆不列于大学焉。其学规考课悉与英国恶士弗同，惟医科四年卒业，馀皆三年，未卒业于中学者只许入哲学科。 大学养成士大夫

普立国已在西千七百年后，立学最迟，远在欧土各国之后，亦无著名学士，只有教徒之愚民、封建之力战而已。在我康雍时尚在狉榛之世，自康德出后，普国之学者始有名于时，近世奖导有加，于是学术之精深骤冠万国。吾华数千年兴学之风，乃竟不明不备而远逊之，真可愧也。

凡德人之欲任职业者，若测地、测矿、骑猎、兽医、建筑、音乐、士官，乃至关税、邮驿、州县小吏，皆在职业学卒业，始得任职。

吾之叹美德国，又不在其虚理学，而在其实业学也。盖凡有一政艺即立一学，故事事物物见诸实效。其学名如下：

职业教育

有实业学，有专门学，有职工学，有高等平民学。此四者，义有广狭，而注重养成职业之才则一也。其期短，其课专，皆所以便穷民，俾执一技以养生，而国家因以收其用焉。故各地皆官立之，大者三十，小者二十六。职业学分德语、英法语、地理、史学、化学、数学、物理学、工艺学、矿学、水学、测量学、模型制作学、商务簿记学、机械学、建筑学而授之。机械、建筑、化学三者，学三年后至制造场实习之。其各地专门职工学，若商学七所，航海学五所，建筑学六所。其织工学分机织、物质、色素、模绘诸科，甚详备矣。有高等农学十所，以养农官及业农者也，其教科分耕作、畜牧、化学、物理学、博物学、数学、计学、农业经营学、农业工艺学、山林学、农业土木学、兽医学、农事法规、农业沿革史，统计又有园艺学、养树学，然学毕必在农场实试之。山林学有三所。又有猎人学，又有矿学。兵学六种：一普通兵学，一炮兵学，一工兵学，一镇台学，一陆军孤儿院，一兵学寮。

实业学职工学尤有实效

德国学之尤有实效者，尤在实业、职工学也。其政府专奖励工商，凡有一工业，即设此业之专门学校，使学问之理论与实业之练习合同而化，工人皆有新学之知识而创新改良，学人皆有实测之试验而不蹈空泛论。专门则以熟习而愈精，应用则务改良而不泥，二者融化，日异月新也。其工长以学士为之，与其工人皆能熟知一业之学理性质，而学士发明新阐之理或未知之学，工人亦得以日进。如将卒皆知地图，识兵法，则指挥如意，不致凿枘，是以巧妙适宜而勇进卓绝也。德之工校凡三：一曰高等工校，一曰专门工校，一曰职工校。高等校十所，十年前仅二千人，今则万馀人。别有听讲者，讲堂无馀地可容，日议增校矣。其在汉堡者有五科：曰建筑，曰土木，曰机器工，曰化学电学，曰数学物理。其在司笃迦者七科，与汉堡同，加以美术、铁路邮政电信。

工业专门因地设学

其工业专门因地设学，若制革、制玻、制瓷皆有学。如肯尼特市之多织工也，则设织工大学校；威斯多法利阿州之多煤也，则设煤学十五所；意若伦市、雷每削特市之产铜铁也，则设铜铁学校；萨逊之安拿卑西市善制罍丝，则立制罍丝学校；鸠林肯州之若纳伯市善制玩器，则立制玩器学校。其他各州县、各市皆有各工业学校，皆有秘诀以私授其徒。其大州、大市则有工业大学校，其校分三科：一曰机器工科，二化学科，三土木科。机器工科以培冶工，以入铸型制造设机之场。化学科以培习化学者，以入化学、药品、染料、陶革、玻璃之场。土木科教以营室筑桥，以备入建筑场。学生年自十五岁起，修学以二年为期，其欲再入高等工学或大学，皆以此为预备科焉。一学或有二三千者，乃至殖民亦特设学，不止培养吏员也，乃至殖民佣工如何开拓新地，皆有学以教之，思虑周匝如此，宜德之开辟日进而无已也。

商业学

德之商业学四百馀所，学生四万馀人，但萨逊已有商学六十四，学生将万人。而法国商学仅十一所，学生四百馀人。此德商务骤长于法，职在此也。其教授以博士主之，特出新法，设为意想之卖买以练其心思。又派学生为各国商务代理人，能通各国语，受俸甚薄，志在考各国万货之情而揣摩之。其工业既精，机器完备，欲创新营造甚易。于是大工资本者又创工业连合之法，讲求以致其精。如造船者与铸铁者之相关也，则二者相合与外国相较，务贱其价以售己国之物。而铁路局亦互相交通，核减其价，虽有少失而材料多运，亦得增焉。商人知工业之足增商务也，亦皆出资以扶助工校，盖德人全国之视工校几等于负担之小学矣。盖欲以工商与万国竞争，非备有完全之教、专门之学、丰厚之资、劳动之力四者咸具必不能也。英人昔无工商专门学，故以百年工艺先进国骤为德国争长，近亦师德而增立矣。

德善创商品陈列所

德人善创商品陈列所，于内地外国莫不遍设，其品物皆各工艺学术所制出，其陈设皆极周匝，其管理人皆有条理。又使制造之工人、学者亲卖于各地，俾知人情之好尚，定物态之变迁，以日改其制法。既以迎人之意向，又以比较而得进化焉。其在各外国，则有通信人机关报以反告其本国，使斟酌改良，尽美尽善，以此争于各国。意美法良，宜其胜于万国工商界矣。

实用与学理相融

总而言之，德人能以实用与学理相融，无在非学问，无人非学人；既善分业以专而致其精，又能合业以核而省其费，故能化臭腐为神奇也。法人空言高蹈，能致力于创造，能发明于理论，而实用合业皆无之。又法之风俗好为法律与医生，此非争胜于外国之物也，此所以败于德也。若我国学者，尤为望空，好谈哲学文章而轻鄙工商，故机艺尤绌。方今新世界之争胜，非以其哲学也，以其物质也。物质大盛者强，物质不讲者弱，故我国之专门工学尤要矣。譬若苏、杭、南海、顺德、潞州、泽州、潍县、光州等产丝之地，宜设织染学；山西宜多设煤铁学；景德镇宜设瓷学；张家口、宁夏、固原宜设毛革学；蒙古、新疆设马学；四川宜设药学；四川宜设煤油学；云南宜设玉石学；上海、广东宜设商学、航海学。始虽疏略，渐就精备，或延外国专门家教之，或开会讲之，日起有功，十年之后必可与各国争胜也。

我国以专门工学为要

若吾国殖民于外以七八百万计，遍暹罗、安南、南洋尤众，则殖民学校尤不可不设，令吾旅外之民如何而保护，如何而团结，如何而自立，如何而联络，如何而得各国工商之利，如何而得外国之长，如何而与内地交通而互进。苟多设此校也，必有英杰之才出而开新天地者，否亦于寻常工商之业增进无已也。

德游记（下）

政治

政治之美实甲百国

德政治之美，实甲百国。无利不立兴，无弊不立除，选吏既精，能用人，尤奉命，故内外百司莫不任职，皆德主威廉为之也。盖政治之美，在用人得宜，久道而化成。各国皆政党执权，少能久，任未几，党败，旋即易官；且政党所用只限党人，或以私情义当酬报，或有畏惮不易扫除，凡此皆不尽得人者。惟既立宪法之后，而又一君专制，多历年所，故用人可久于其任，举事易期成功。且合一国之人而陶用之，尤为多数，又不待报其党私，有所用舍，无所惮讳，惟以公行之，惟才是用。故专制而为贤君，其政治易举而尤美，诚非政党所能比也。但贤君不世出而暴主多，校其得失，不若政党之稳固耳。我朝圣祖、世宗之政治，未有宪法，然察其已然之效，已可睹矣。德主威廉自逐俾士麦后，更易五相，皆无权，不过奉旨而已。即今相保罗以明敏著，然事此英主，亦复何能？只如中国前朝名相云尔。其他末秩小吏，亦皆威廉亲擢为多。故德虽云立宪国，实则兼君主专制国也。盖有议院立法以

政治之美在用人得宜

虽云立宪实则专制

维之，故大经大法不紊；有地方自治以分之，故事理纤悉皆举；有铁路、电线、电话佐之，故用意神而举事速。此各国所同，而德独加一明察勇敏之专制君主，操纵而妙用之，于是治法之精速神奇，苟不论以德化民者，遂为冠绝万国古今矣。

君主立宪与地方新器之关系

盖有专制之英主，而无议院立法限之，则失于太横；无地方治佐之，则不能细入；无诸新器佐之，则不能交通神速。吾管仲、子产、葛亮、王猛诸贤及汉光武、唐太宗，皆无议院、地方自治与各新器以助之，治必不如矣。欧洲自第三次革命后，文明之治仅五十馀年，治国英才以格兰斯顿、俾士麦为最矣。五十年前则无甚新器。俾士麦权望最尊，能行志矣，故政治最美，为德先导。而威廉以英绝之才，为专制之君主，重光粹美，顺袭其成。故吾敢谓德之政治冠万国而空今古，惟此时为宜。盖议院与专制不能合并，合之者，举大地惟有一德，盖又成政治之新式矣。故政治惟德独美，胜法至今三十馀年，乃以有此也。德之有此也，因联邦而君遂有权，又生英主，非人力为之，亦水流沙转，自然而成之也，如英之生宪法然。盖国之将兴，所凭藉者，必有其故。其原因远大，岂可曰吾欲变某法，吾欲师某国，而能得之哉？

夫百年来，法以自由显，而治教之不振如此；德以专制著，而治效之盛如彼。何哉？盖用药者之不可以一也，必有君臣佐使制炼而复用之。民权自由亦非最美之药，有君主专制之祸毒，用之既得矣。然过用之，则奥国三十馀党之争，遂致百政不举；而中南美诸国岁以争立民主致乱，刈民过半。而墨西哥总统爹亚以一党立国，专制二十馀年，遂能奠墨百年之乱争。故既有议院以民权立法后，君主本难专横，而有贤君专制以行政，则配制适得其宜。《易》曰：一阴一阳之为道。独味不能成和，独弦不能成声，意者德之政乃最得调和之宜者耶？然则立宪以后，议院成立，而有君权以为行政，或亦为政治之新式耶？

君主立宪为新式政治

夫政法无常，有类医方，苟能起病延年，自为良方善药，岂必人参之为贵乎？苟未至大同之世，国竞未忘，则政权万不能散漫。否则其病痿而不举，有类奥国坐以待亡而已。吾固首倡民权而专主立宪者，非主专制，所不待言。但具虚心以研天下之公理，鉴实趾以考得失之轨涂，则德、法两者相形，足以供我之借鉴。遂觉德为新式，颇适今世政治之宜；而英、美亦若瞠乎其后者，微独法也。容纯甫告我曰，美他日将改立王。吾笑诘之曰，必无是。纯甫反复证之，以美国人心多欲立王者。吾虽未遽定之，而难保其必无立王之一事也。新法日出，一孔之夫，蔽其所习见，必惊之矣。今中国人士甫知美之民主、法之革命自由、英之立宪民权，皆争慕之，以为立极之理。岂知事变日生，新理日出，旧历已过，又为新历时代耶！吾观德之政治，吾以为德必霸欧洲，盖有适宜之政体焉。其他不适于时宜，而为世论所压，不能自拔者，则归于淘汰矣，奥国是也。奥以数十党争而待亡，德以一贤主专制而致霸。甚矣！夫一识之蔽，遂可亡国。吾国人士，今于观化

德法足以供我借鉴

乃始萌芽，尚慎旃哉！虚其心，扩其巨，无以一得自封也。

威廉之才，诚英绝冠大地者也。欧洲自三次革命后，皆为立宪国。凡立宪国，权在政党之魁为宰相者，即君能命相，而权皆在责任内阁，自相以下，用人行政之权皆不由于君。惟普虽为立宪国，而一切用人行政之权皆操于君主，俨如专制，若宰相仅同画诺而已。德联邦各自立，政各自治，德主仅如大统领而已，不能干预各邦政治也。然威廉为之，则内之收普国之完全君权，外之收德联邦政权，尽反各邻邦宪政之体。是应有奇祸焉，而德民戴爱，甚至联邦奉命惟谨。德以大治，强盛于万国，其英绝之才岂有此哉？

欧洲三次革命后皆为立宪国

考其下手之端，则自逐俾斯麦始也。欧土各宪政国相权已重，况复大才耆望如俾斯麦者哉！普人之戴俾斯麦如父，各联邦之爱俾斯麦如母，俾斯麦不欲为普王耳，若欲之，则朝觐讴歌皆归焉。吾始以为俾斯麦仅才相，今乃知俾斯麦盛德之士也。然俾斯麦以丰功重望，受先朝付托，视威廉新立，藐之如孺子而已。俾斯麦梦想固不料威廉有夺权逐位之举，即万一有之，亦以言为国民所戴，如果妄举，国民必不服，而威廉位亦不固，故坦然待之。威廉之始收权也，频令诸大臣入见，皆不来。问于俾斯麦曰："吾欲见诸大臣可乎？"俾斯麦曰："可。"令诸大臣自谒帝。威廉日抚而亲之，日与论政，渐直干诸部政权。诸大臣与之日亲，而渐媚事之。既久，俾斯麦觉之，怒曰：

威廉逐俾斯麦

"吾为孺子卖矣。"乃禁诸大臣入朝。帝频召之不得，皆曰奉宰相命不得直达私谒于帝，必当关白总理大臣。威廉不能忍，乃责俾斯麦专威阻蔽。俾斯麦对曰："宪法所定用人行政之权总于臣，陛下不以为然，可以去臣，而不能侵臣之权，臣亦不能违宪法以从陛下。"威廉曰："然则吾有权，吾逐汝。"俾斯麦曰："惟上命。"既退，威廉即使使责问俾斯麦辞相表。俾斯麦对曰："先帝以陛下托老臣，不以老臣托陛下；老臣以社稷为重，不敢从陛下命以负先帝。"不肯草辞表。威廉遂盛怒，亲临俾相第，至即入厅事。俾斯麦见之，愤责帝曰："此第臣所私有，按宪法论，陛下无权直入臣家。"威廉怒曰："吾无权入汝家，吾有权逐汝否?"俾曰："此陛下有权，听之陛下。"威廉即曰："吾今逐汝。"袖出代为之辞相表文，促俾斯麦署名。俾相时怒极，以为吾虽辞，而举国臣民当戴我，或且酿大乱，汝亦不能保，即亦勉强署名。威廉袖之，即出而布告，举国哗然。然君主本有兵权，威廉已先派兵遍镇闾巷。民怒，虽哗叹，然无敢动兵者。威廉乃阳加封俾斯麦为公爵，赞扬功德，备极珍惜，隆名厚赐，更续并下，钦使冠盖衔于公第道上不绝，以示民厚待俾相，实且觇之，而阴勒令三日出邦门。俾相方翼国民哗变为己请，不意晏然，待至第三日，不得不单骑就道，乃派兵护送，实以监之。

亲操一切内阁用人行政之权

俾相既去，于是一切内阁用人行政之权，威廉皆亲自操之，而选亲近安谨者代为相。尚虑其久任有权，又频易之，仅十馀年，更五相矣。后相鉴于俾相之才犹遭忌而败也，益让权，惟奉命令。乃至诏出一切，至不须大臣署名代责任。以此悖宪法之大事，夺之于丰功大才耆望宰相之手，而匕鬯晏然，岂不异哉？德之政权在联邦议院，其议长即以宰相充之，盖俾斯麦以开创垂统得之也。其议员普十七人，湃认六人，萨逊、滑敦壁二王国各四人，巴登诸上公国三人，其馀公侯国二人或一人而已。普人乃以美言收拾诸小邦议员，遂成多数，而各王国以人少失权。于是宰相得常挟多数以号令各联邦，各联邦不得不从。帝好游，各联邦城邑无不以时至，至则频召见其豪民抚慰之。凡帝驻在处，工商走集立增盛，民皆咸思帝。帝乃频大发论令造办改良一切，似献议然。联邦人皆与帝有交，其议又必有益，故皆从帝命。积久则各邦一切地方之治皆为所干预，视为固然，暗暗转移而不自知矣。于是威廉号令全壤，有若中国及俄之帝主。当万国皆趋宪政时，违之则大乱，而德乃由宪政返专制，然乃大治，岂不异哉？

令造办改良一切

德主威廉尤好武，少拔刀斗伤右手，至今右手如废。其以德主为大元帅，常深夜发令召兵，大兵咸集，或亲起走数十里操之，或不操而散；或深夜以电话发各联邦屯兵大操，派某将督队，号令无时。曾一次集队，太子后至，即令加刑，群帅哀免，乃手笞之。故兵弁将官甚苦之，而畏威奉令惟谨。故其兵有屦及剑及之势，刻刻可起全国兵而一时全集。吾赏观其气球队之操，急捷如飞，而马步之精整不待言也。今其操法为万国师矣。然威廉待兵甚厚，

马步兵操法为万国师

与兵握手，或拊其背，故皆乐为用。威廉最袒武弁，故一秩之微，逢有会集，皆在人群上之第一等。其小校地位，惟各部大臣可以比之，馀官皆不能比也。故武人甚骄，几横矣。幸皆自学校来，说礼乐而敦诗书，不然，则民不堪矣。且其武官率用贵族，德贵族本有三十万，至为繁多。贵族本自骄，德主又宠异贵族，故德贵族一切自尊异，不与齐民齿。又皆典兵，益专横，举三十万贵族既合成一武官团体，故一切举动皆瑰伟。德相既为贵族长，而德主自为大元帅统之，故其动作如山如云，如荼如火。威廉又善激励其热而宠异，以收其用。故虽专制而兵威最盛，人皆畏之，莫敢谁何。若夫德兵之强则地当四战，自非特立、威廉始其事，大非特以兵立国，世有英辟，遂能易侯而王，合小而大。在欧洲中以法、英、奥、意四国兵校之，德兵真肃然雄异。若美人之好乐惮兵，益不足道矣。寰球中惟日本兵差坚劲。故德兵之气象，其霸欧乎，殆必然也。盖地势、人种与世有英辟、哲相四者皆合而后得，是又非人事而天骄之矣。今德人谓俾斯麦破法时之兵制，犹小儿学语，则今之进步，其可惊矣！

武官率用贵族

德兵肃然雄异

德十年前未大营海军也，仅有鱼雷艇耳。自西千八百八十八年创规复新舰队之议，而中变未行。近以英寻海衅，威廉乃决大营海军，且欲经营八表。故千八百九十七年扩海军议案乃定，加烟酒税为之，俟新舰告成乃废旧舰。其筹定自水雷艇、练习艇、特别任务舰及炮船外，计铁甲沿岸防御舰八，大巡洋舰九，小巡洋舰二十六，更有

定扩海军议案

预备舰所属之战斗舰二，大巡洋舰三，小巡洋舰四。次年始公布定长限，至一千九百零四年末添造铁舰七，大巡洋舰二，小巡洋舰七，其费总额五千万磅。造船费预算，一千九百年九百六十二万九千六百七十磅，千九百零二年千二十三万四千六十八磅。西千九百年六月十四日再议定扩大舰队，于西千九百十六年全数完成。一双军舰之数，除鱼雷舰、练习艇、特务舰及炮舰等不计外，计战舰三十四，大巡洋舰十一，小巡洋舰三十四。其他预备战舰四，大巡洋舰三，小巡洋舰四。又据一千九百年预算，海军将校千二百八十四人，军医百六十四人，主计者百十九人，士官千二百八十人，下士卒二万九千二十四人，海军步兵千三百人。

一双舰队者，有前列钢甲船十七，大巡洋舰四，小巡洋舰十二，鱼雷舰四十。两双舰队则加倍之。

照以上所立编制，除鱼雷练船、杂务船、小炮船外，其前列铁甲舰及大小巡洋舰均有一定之额数。

全军舰队前敌额数：全军设指挥舰两只，分掌每双之舰队。每双舰队分为两联队，每联队分为前列战舰八，大小巡洋舰八，小巡洋舰二十四。合四联队计之，凡前列战舰三十二，大小巡洋舰三十二，鱼雷艇九十六。

驻扎异国舰队额数：

大巡洋舰三，小巡洋舰十。

预备制造额数：

战舰四，大巡洋舰三，小巡洋舰四。

舰队章程：

舰队章程

一、凡第一联队与第二联队应作为常备舰队，第三联队与第四联队应作为预备舰队。

二、凡已指定为常备船舰，宜终日作备战，预备舰队仅半作备战状。

三、若当海操大阅之时，无论常备、预备战舰，应二十五年修补一次，巡洋甲舰应二十年修补一次。遇有战务或误触礁石，自应立时修补，不能例以年限。

四、船额既增，办事人员亦应添备。故自今年至一千九百十七年，凡海军将士及工程师、军医官、会计官等员，应于此十一年中逐渐补足。

五、凡属常备舰队兵额均宜足数，若鱼雷练船以及杂务等船仅有一半足数。

六、预备水兵均为补充预备舰队及半数兵额鱼雷艇之用。

七、凡在异国船舰之士卒，须较本国数逾二分之一。

览德国海军议令人震惊

吾览德国海军议而瞿瞿然惊也。今者海通之世，有海军者，可化小为大，通近作远，视全地如其国境，若英是也；无海军者，如鸟之无翼，鱼之无翅，人之无足，即庞然大物，与自桎梏幽囚无异，如吾国是也。其义既极浅矣。吾国阅久，至今尚未经营，国威之挫不待言也。然当国者或非不欲举之，而苦于无力，或不知所措，则德国今政治至精能者也，吾国可直师之。其造船之费，岁不过六七千万两，吾国之大，何有于是。德欲以十六年之力成此一双舰队，吾亦可仿而行之，至简易也。若政法已改，则又可再加一双、二双舰队，亦在指顾间耳。故详著之，以备采择焉。

警察最精练严肃

德之警察最精练严肃，道上所立，服必新洁，立必庄直，依期奉法，不失丝毫。各地有各地所定之法例，佩奉必谨。盖若天地虽大，万物虽多，而惟法例之知。故一望懔然，无分毫苟惰之气，与各国迥异。盖人皆从兵，久习而成风故也。又多选巨躯体者为之，故观瞻益伟。然德主才既精密，又好微行周探，举国中细微之事无不周知，盖善抚警察使然。然警察又皆以德主好探密，故皆懔然奉法。是故举国上下，无在不有德主临在上下左右者，故皆懔然奉法。至于街谈巷议，酒馆茶寮，不敢谈德主之短，则虽专制乎，亦神明甚矣。德警员以兵名之，取才于退役兵弁。柏林警官二百二十一，兵五千三百九十八，内马兵二百二十。

工商业为万国冠

德工商业为万国冠矣。昔破法得十五万万，墨民只知纵乐，未几而尽。当是时，未识治工商业也。及西千八百八十二三年，俾斯麦乃知非治工商业不能富民，威廉乃以身率之。德多贵族，高自矜许，俗尚以治工商业为卑贱无耻，旧惟以得大地、筑大第为事。威廉大宴集诸贵族，令人必操一工艺或营一商业。威廉自开一衣领工厂，令诸贵族皆开一工厂。德贵族三十万多，皆豪富，各出其资以营工商业，于是资本充溢。而贵族多聪明好事，相与躬营而交奖之，不惜重资，大延邻国之名工良匠，以尽其术而更求加焉。威廉时召诸大商而亲宴谈以荣之，于是举国丕变，争讲工商。故十年而工商业胜英二十年，而胜全欧各国。虽德民之勤俭忍耐有纪律使然，而非君相能奖励之，安能骤进若此？桓公好紫，一国皆服，风草之效，视人主所趋，岂不然哉？吾所见刊士但士一伯爵制汽球者，德主父子亲临，以国库帑百馀万助之，可推其奖励之意矣。

学校修明事业皆从学校出

德学校修明，无一事业不从学校出，即开一小店，亦必须卒业证书乃得之。若其大学之人，好学深思，故多得新妙之理，而文学亦为欧洲冠。今各国大学教授多延德人矣。电学亦以德人为地球第一，英人多走德学之。美人富，能制器，然学理多不及德人也。各国医学亦以德为冠，盖此类学业最贵精思。闻德人性颇迟钝，不如英、法，而好思深造则过之。德人脑亦最丰，相好亦至圆满。德人之强，诚有自来也。

道路城邑至洁整

德全国道路城邑至洁整，为万国冠。一出德境，若荷、比、奥、法皆污墁不修。吾与一英人游德，甚惊之，自愧甚至，以伦敦之黑污比柏林固远矣。法自巴黎外，无一都邑足观者。若德名都大邑数十万人者无数，皆严洁光明。甚矣！政治之美也。惟小国若罗马尼亚能比，次则瑞典、丹麦略仿佛，视美国则茀而不治矣。

宫室尤出新式

德之宫室尤出新式。昔吾惊美国宫室崇丽，后游欧，则以汉堡宫室冠万国。及游于巴登、滑敦堡京与各联邦都邑，新式屋弥望，皆出十年内，诡制瑰妙，不能形容，非亲见不能明之。回视各国宫室，蠢冥无味矣。德各都邑中皆有营造校，故精新若此，然柏林反无甚新式屋。斐士巴登与士笃吉京之邑，新式屋最多，当为全德之冠，亦即为万国冠也。计二十年后万国皆必师之。若吾国宫室至卑陋，尚未入欧式，何能及德之精新耶！

德国人种最繁盛

德人种最繁盛，盖实与罗马代兴而为欧洲主人翁者也。条顿、日耳曼皆德意志之转音，今国域虽小而种域则极大。荷兰操下德音，旧为德属郡，固德种矣。比利时操德、法音各半，盖半为德人。那曼族实与条顿同种，即今瑞、丹工商大半皆德人，以贸迁而留居者比比也。瑞士自古为德属部，今其东南边颇操法、意语，而北方操德语者大半为德种。若夫奥之德种一千二百万人，最富贵多才而有权，尽上下奥大利州皆是矣。其匈牙利京六十万人，几半为德种。即伦敦六百万人，而德人亦占百万。美之纽约、芝加高二市皆德人百万。俄京德人为政，一切工商皆德人，几百馀万。欧东阿连五国，工商之业皆德人。若一考欧人种族，则德人之盛大至可惊。其国内人丁亦最繁，自通邑至穷巷，儿童满道，故战法之时德人口仅二千七百万，今三十馀年，则六千二百馀万，过其倍远矣。德人皆眷怀本种，故奥议院有公然请立德主威廉者。俄京之德人亦然。盖语文皆通，而种族说又胶而合之，益增德之势也。班、葡僻处偏南可勿论，若就欧洲大陆人种论，二千馀万之法、意人，衰患之斯拉夫人，岂万万馀德人之敌？沙立曼之子孙必复其始。故欲问欧洲一统之势，非德人种之盛而何属乎？

联邦之制

近代联邦之国，其体至奇。创体本于希腊及德诸自由市，而结合不同，今美、德是也。然窃谓联邦政体，其初虽甚难，而将来吸收大国一统，则莫妙于联邦之制也。其制各国独立，保其尊崇而不干其政，各国小君主或王或公侯皆与各大国平等，即与德帝亦平等，此其便人之归合甚矣。夫使若中国之待属国，必屈以臣礼，则人情或难之。今以公侯与帝霸平等，国政自治，但外交与兵权属之，霸王何损焉？以强大国而办外交，益纵横得力，固国民所乐附也，胜小国独立多矣。它日北欧诸小国以渐与德为联邦，则德不费一矢而俯拾得北欧之地矣。此其势至顺，必非俄、英、法诸国之比，必须灭人乃能隶属之。而灭国大事，万国属目，行之极难，岂若以联邦合之，名义至顺，行之较稳而易成耶？奥各州殊政俗语文，政党数十，于是人人皆自知其亡，必并归于德。它日德有一战胜英之日，或为并奥之日，即为诸北欧合大联邦之日，而德为欧洲霸国矣。德政俗之盛，事事第一，人主世有令闻，而人种最繁，地处欧中，又特有联邦之例，以阴纳各小国，天将兴之，以为欧洲一统之国，岂无故哉？姑悬记之。

游遍万国一切以德为冠

吾游遍万国矣。英国虽为欧土先驱，而以今论之，则一切以德为冠。德政治第一，武备第一，文学第一，警察第一，工商第一，道路、都邑、宫室第一，乃至相好第一，音乐第一，乃至全国山水之秀绿亦第一。吾周游其都邑数十，东西南北各极皆至，叹其兴国之有自来，而窃欲吾国有以取法之，则吾国之大，其盛尚非德所能比也。

地方自治

考德国地方自治之制，始于名相司坦吝行之，其克拉衣司乡推之，普鲁士自西一八五三年沿行为今制。有议政者，凡邑市自二千五百人以下者举议员十二人，每人口倍数加六员；自万人至十二万人以上，则每增人口万人者，亦增六员；过十二万，则每增五万人乃增六员。以税三级等别选举，三年改选半数，有市参事会以为行政员，减议员三之一，皆须有专门学者。正副长十二年为任，亦有终身者。自万人以上之正副长须奏补，柏林都长则兼上议员，书记皆试补。柏林为都之盛，大地古今未有与京者也。当西一千八百三十年，吾道光十年时，人口仅七万，今七十馀年耳，而三百馀万。虽纽约不能比其加率之速，何况他国邑乎？近德主威廉且欲增辟二十五启罗迈当以拓宏规，逾伦敦。吾九过柏林，日异月不同，后百年不可思议。盖工商业日盛，故乡野人皆厌苦而凑集都市，金多而乐，故人口增多若是之速也。

工商业日盛都市人口增加

室居美且善

德之室居美且善矣。然十年前未妥，近一千八百九十七年新章多拓院落以通气，验料以免危，加机器日盛，故地渐广而居愈安，租愈贱。然则安奠邑居，莫尚于拓广地矣。吾国适与相反，不可不留意也。

柏林政区

柏林分政区皆不同，户籍十八区，管理二十二区，收税十九区，邮政八区，警察九区，学十二区，兵与议会六区，各任其职不相蒙，与中国之板定一县真相反矣。其分之愈详，必其为治有以各适其宜而始便，不然何德人之不惮烦。窃以吾国今将有议院，将开政会，而政党最忌多，否则有奥国之祸。各省地大才众，适足成一党，则真如奥国之十四州为十四党矣。且向来以省籍分民为俗久矣。省制本出蒙古，非中国之旧，今必廓除一清乃可。宜以府、州、县为民籍，而裁督、抚，去省字。其税学、刑法、警察亦不妨别自为区域，以移旧俗。且适地势与民宜，务令分极精详妥贴，然后若网在纲，足以自治也。

邑市官职　柏林邑市古制命官、度支皆由王，自西一千八百十八年始行自治，一千八百三十八年始以修道归自治会，然官犹治之不整洁如故。至破法后一千八百七十三年改良沟道，逾二年，始以全权付自治会，费由邑人任之，警察亦然。后日加精详，遂有今日冠全球之邑政。先是，全欧路

定制车道　法未明，非宽则狭，至是定制，以道面五分之三为车道，馀二为两旁人道，而车道定十一蔑度为最合宜，约中国四丈也。

柏林道路之整洁制甲大地，然亦自破法后乃始营以山

精修道路　石。十年来乃加精修，上者用木及石粉热化者，下乃为石。而石又分三等，立方与棱柱形为一等，下方小于上五分之一为次等，小于三分之一者为三等。石粉甚费，且不胜重，故于冲繁路不宜。木道宜于桥端及滑地，法仿于巴黎，用木块四寸二分九者，块距寸许，注细沙及胶水，车压益固，最平无声，至上矣。惟费昂而易坏，六七年须大修，每平方蔑度须十六擘，而粉须一二擘也。一等石价略同，但耐久。沙道只用于公园，馀道恶其飞扬凝滑皆不用也。人行道以花冈石，宽尺厚八寸，或刻花焉。少人行者

路，用塞门德土，然吾见美国人行道皆以塞门德土，极美洁矣，道边间用瓦砌。凡筑大道先铺沙，厚六寸六分，然后加木、石块，以塞门德土浆胶之。凡广二十六蔑度以内之筑路费，出自路旁居民，二十六蔑度外之道，乃给市公费。统柏林近年修路费，起一八七六年至一八九四年，费六千六百八十万璧，岁华银百九十五万圆。 塞门德(cement，即水泥)

柏林除道至洁矣，昔责居民，自破法后，以参事会员四人、议员八人监之。分区二十四，有稽者、役夫千三百馀人，日扫三次，自夜半十二时至晓八时为之，工作日八九时许，冬扫雪则并日中为之。岁费三百二十万璧。扫除物于早八时后包运人运出都，岁须车十万，包运费五十六万三千璧。人行道责居民扫除，泼水、扫雪限同。若以归公办，则十万户役五万夫，而费巨也。大道泼水则用公费，日少则二次，暑时多则三四次。用水不给价，略用水车二百加夫马，修缮费日每车七八璧。设井千四百馀，加以覆盖，制日精矣。 除道至洁

柏林厕溺所凡三百三十馀，约容十人以内，小者三数人。妇女、小儿异处，率在远人及路广处，或在公园林中，外周铁板，下垫铁网。昔用水洗，甚费，至三十万璧；今以一油质能去臭，且省费。然伦敦在地道下，为尤适也。巴黎在车道旁则便人。广告塔如小报亭，便民贴一切纸告众公，收其利甚大。 厕溺所三百三十馀

柏林自来只用井水，地低水多，水质亦清。及人多，渠水侵入，以化学验之乃改良。千八百五十二年，始由英 饮用水

公司办理。扫道、灭火、涤沟均不给价，然不妥。及破法后，千八百七十三年，乃由政府买聘名工，用坦格尔湖之水，一秒间可得流量九立方蔑度。乃穿深井三十三，以二长管入贮水池，分送于城市。后增贮水池为十；又设滤水池为十，每一五千立方蔑度，总溜池三，各贮一万三千立方蔑度之水。坦格尔湖之水量，每二十四小时可得十四万六千四百立方蔑度，以一人一日平均用水量百立脱尔计，仅足一百四十六万人之用。但千八百八十九年后，柏林人口已过百五十万，于是别营米格尔湖之新水。此湖在司泼来河之上流，面积为九平方启罗蔑度二千九百十丈零七尺馀，最深之处有八蔑度，湖之北大林可以保护焉。

下水道为市政之要

水道者，为市政之要，盖民既众，则不洁之泄水日多，泛流地面，疫病易生。故各国都会皆地下开沟，使浊水有去路而无旁泄也。此工先于英国，然尚以泰晤士河为归壑。千八百七十五年始筹金四百五十万磅，于伦敦低地掘大溜池，集全京污水，乘潮而放于海。若柏林则向来污水入司泼来河，饮水者大妨卫生，乃派工师伟白及花白雷至巴黎、伦敦考浊水道工事，归而设浊水道改良议会。至破法后，千八百七十三年，分十二泄水区，择低地设抽水管，接长一蔑度铁管吸送田圃，借资灌溉。乃募市债，以花白雷监督，以塞门德土管与砌砖管及铁管分装各区，而复筑宽广暗沟以舒浊水，两水之流沟管长八十八万五千馀蔑度，土管居六十九万四千馀，费一百十万克，而出人数相比，自未设此工前，死人千之二十二；自设此工，死者千之二十一，然则卫生甚要矣。

德国警章择录

外人虽未犯法，然如以赌为业者、行乞者、穷无住宿者、曾作窃盗者，其行为皆有妨于风俗，一律驱逐。街面负贩之小商，有负贩章程，须随携带，以便遵守，如查有不带者罚。 警章

印书处、画报书库以及一切商店，未开以前，报警署发给凭照。由外国输入之印刷物，一年之中检查两次。如查出不合法律之书报等项，限于两月内搜除净尽，后不许进口。

会。常会有定章，暂会无章，惟于人有损者立即禁止。平时聚集友朋多人或出殡等事，必请得巡警凭照。军人聚会，巡警无过问之权。照法律可设常会者，一商业，一风俗，一教务，一学校。捐资设会逾五十马克者，必将捐数告知巡警，发给凭照。外人捐助会资，必得德皇之俞允，方能收储。

酒馆不许学生入饮，违者重罚。酒馆不许留人。已醉之人跳舞事宜，另有限制章程。

欺凌。凡恃强欺凌者，公地欺牲畜及打狗，用犬拉车尽其气力者，皆有禁。有用之动物必恤之，保兽之会章必酌之。

寻遗失物。凡拾得之物，价值三马克内可以存留，过此必报巡警。失物之主已经宣告，凡寻得者无论其价值若

何，必报巡警。

地方人口在五千以上者，另有卫生检查官。

饮食。一、巡官到各店查验。二、往来运载之查验。三、假冒之查验。四、宰牲厂之建设及查验。五、饮水之试验及章程。

巡警章程

德国巡警章程分数类甚多，今择有关者摘论之。无赖之外人、悖违之外文禁之，集会之限制、饮食之查验，则甚严矣。学生不得入饮店，牲畜不得欺凌，又甚仁。而小贩带执照，则拘累甚苦矣。观此乃知中国之政宽荡荡焉。故一统与列国异，周礼治及纤悉，后一统世施之辄乱。而今欧土乃力行之而大治，亦可考得失之林矣。

德虽立宪，然开议院时，人主不亲临幸。与各国贵族、议员须先诣王宫朝见，得王命许开议院乃行。是日大陈仪仗，卫兵七千，自议院至王宫夹道列警兵六百。自朝官、贵族、上下院议员咸集于宫门列立，北面而朝。德主门上临轩俯视，制曰可。群臣皆三举冠，三大呼曰呼！呼！呼！言上上也，乃赞叹欢喜之词。于是议长捧王命牌如冕前行，百官、众议员、贵族从之，至议院门立班。乃宣王命呼门，门开，捧王命牌先入，乃次第入。是日以绿草铺道，松枝夹之，断绝行人及车马。观者倾都人士，贵族、百官、议员、卫兵、警士皆衣古式大礼服、金裤履，极都丽。盖举朝望人、贵人盛集于是日，故人多观之。德主既不欲亲临议院，乃盛其礼以夸动众庶，使人勿轻之，皆有深意存焉。惟人群党与政府议员反对，独不诣朝耳。

百官朝见德主

人群党与政府议员不诣朝

德相命于其王，不必待议院之赞成也。故德之官吏不必党人，且多出党以为官，虽俾士麦亦然。今相蒲罗亦未尝一入政党，但有主知而已。如议员盛驳相臣之议，去年至请王命散议院，其相权之尊如此。今进步、保守之党皆受蒲罗之笼络，暗奉以为长。既合二党议员，遂占大半，人群党遂大败。是日，党人绕王宫、相宅大呼贺喜，威廉临轩门外受贺谢之而责人群党。君相之权盛大如此，故百政皆行。

学生好私斗

德学生好拔刀私斗，面多有创伤痕。凡睹面有创痕者，人乃敬畏之；若无刀痕，则侮其怯，盖自学校养成尚武之俗也。虽无道，亦乱世不得已之教耶。

官吏尊重平人

德之官吏，凡有一官半级者，视平人甚尊。文吏有求于同党，尚能勉强谦下；若武官，自甲顿以上尊傲甚至。吾尝与一甲顿同船，其骄傲尚过于中国远甚，夷然不与人语，不与人交言。盖德以兵威立国，治兵势必尚严也。又德向为君主专制之国，等威最辨，故君权甚大而吏体特尊。其所由来甚远，非徒空文立宪所能改也。甲顿为武官第七官，若中国守备。

警吏擅权禁人言语

德与奥警吏最有权，侦卒遍地，能禁止人言语。有攻政府及其帝者立拘幽之，酌其轻重以为拘之日月。虽报馆不敢肆言。故名为宪政，实则专制已甚。以行政官皆命于君相，而警吏为行政之一部。彼但重严警权，即专制至于万分，德人语言行事处处如有警吏之在上下四旁，故不敢攻政府，况德帝乎！吾国实荡荡，言语恣意，攻政府及君上，苟不著文字，毫无检束，过于德远矣。然英、美警使无是权，此与德、奥迥异者也。

奥境有哈门士德者，德人故地，以德语名者也。一德人尝以德语致电其地，电馆复以无此地名。德人遽请于其政府，威廉遽勒令奥帝改复德名，奥政府畏而从之，盖直号令之矣。奥不国矣！

然普兵整肃，诚远出于诸国上。其行立必直，私处戎威凛然，不少惰偷。其犯罪者，有司皆告曰："若帝威廉闻之，则汝不保。"威廉耳目甚长，勤于治兵，时有不时之罚，故士皆常凛凛，如威廉之临上在旁也。德人好醉酒，然其校尉正佐皆不许饮酒，威廉重罚之。德盖以严肃治国，故其强若此。

以严肃治国

德国既强，有俯视欧土各国之势，欧土各国皆畏之。法人不忘前仇，乡僻见有操德语者犹呵斥之，皆有敌忾报复之意。惟政府震慑其威，极意结欢，德人亦以今之大敌在英不在法，且有抚怀之意。威廉直称曰："法国兵既不精，工艺不良，人民又少，举国惟有妇女，以之行乐可也，何足言战？"英王尝与人言德国海军寡少，商业未精。德帝威廉直斥英国工商不良，陆军寡少，战舰皆朽旧，不足战。其气焰若此。故德之公使、领事在外国者保其国民，皆极纵横，有罪必称无罪，欲放之则必放之，索偿金则必得，盖威廉予以调兵之权故也。英大臣、长吏、兵皆无权，故甚将就之。尝有德人在伦敦以盗妇女珍宝下狱，德人索偿数十万磅赔丑，英政府卒偿十万磅焉。其在

俯视欧洲各国

南洋英地盗银行银，为英吏囚，德帝亲电，英吏立放焉。法国吏畏之尤甚。普人入奥，不行奥律，故犯之，捕者执之。普人曰："吾只知普律，若奥律不佳，吾普人不奉也。"吏卒释之。其待奥地，直视为属国矣。奥帝佛兰诗士、约瑟阅历艰难，大臣又无权，以相忍为国。奥帝待匈牙利大臣常操匈语，威廉教令改操德语，奥帝从之，匈大臣忌焉。德人在奥境犯法，警吏不敢捕，有捕囚者，德领事立索还，奥吏不敢不与。若英、法、奥之在德犯罪者，警吏捕治之，英、法、奥公使、领事逡巡不敢多言。吾向以为中国微弱，动为欧人所凌侮，动辄以兵舰相恐吓，吾吏低首，彼人纵横，每念愤慨。今乃知欧土诸强亦为至强之德所侮，其受凌忍气亦如吾国。此皆就英、法、奥诸大国言之，若荷、比、瑞、丹诸小国，益顺受其侮，不足道也。盖强凌弱者，天道自然，人事自然。虽有圣者，只有自强发奋而已，无公理之可言也。美昔未创新海军，德人亦甚侮之，近始以其有新海军而稍不侮视。故立国者不可以无兵，虎豹之为人畏者，为其爪牙哉！今欧美人之敬日本者，岂有他哉？敬强者而已。

立国者不可无兵

普鲁士人皆强武才辨，自昔为然。今则议院之上便便喋喋，大声哗呼，皆普人也。巴威各国人士言词雍容，即为普人所凌矣。普人自视于欧土亦为至才，然实亦开通。今奥人之视普人乃至德人，虽至愚贱，皆若才明，歉然甘下之。普人之视奥人也，曰："彼战意大利犹败，何况我普乎！"又曰："全奥只一湾京耳，馀无都会可观。湾京

普鲁士人强武才辨

亦岂有他，但女乐足供行乐耳。”其凌侮轻夸若此。是故方今万国交通，稍有一败，民心即歉然媚敌，胜者则骄夸轻侮。德、奥本同国分异，仅百数十年而若此矣。

德意志自立

德意志之自立也，以全邦语言文字一致也。奥十四州分十四种语，故政党亦分十八，支离散漫，故不能强。奥国中日耳曼人千馀万，居奥人三之一，故尤强，愤奥之弱昧不自振也，日思并于德，其党人甚者敢大呼于议院矣。所以不能遽有成者，非有畏也，徒以德以新教为国教，而奥主旧教为国教。故德、奥不能遽合者，徒以教宗之异耳。其外，英、法又深忌德、奥之合，则民逾万万，地半欧土，畏在卧榻之侧，更有以暗排之。而奥今帝有恩于民，民犹怀之，迟迟未合。以此三者。然奥日衰而德日盛，民多归心于德。一旦奥帝晏驾，匈牙利自立，则民族之果成熟，终必合于德，非旧教所能阻也，允非英、法所能排也。若奥既合，而俄、法今力弱矣，惟有强英以海军与相持，两雄不并立，势必出于一战。英、法虽合，未知能敌方兴未艾合一之大日耳曼否也。如是，则英或败，英果败，则属地必散，而德在欧土如封豕长蛇，诸姬可立尽矣。他日欧洲一统之业，沙立曼、拿破仑之遗迹其在德乎！蓬蓬之势可立而待。吾国若自强而霸于亚，德统于欧，美统于美，此三国者，大地之候补霸者乎！兆先见矣，姑悬记以觇之。

德记稿

光绪十九年，德之麻布、绵布入英者数万万擘。至光绪二十二年，英之逾出各国者忽减，以德争之也。故是年可为英、德工商之进退矣西千八百九十七年。自此以前，德不如英；自此以后，英不如德。于是德如壮佼之少年日进无疆，而英则老而衰倦矣。在加拿大者，英退十之一，德进三倍；在澳洲者，英退十之二，德进四倍；在纽西兰者，英退四之一，德进十倍。以全局论之，英退四之一，德增十四倍。英人忌德工商进之速也，至欲以海军破德之汉堡及伯雷与波罗的海诸口岸，以坏德工商业，可谓妒极之异论矣。

英德工商之进退

德十数年间入俄境者三十万人，品物大流入。俄重关税以防之，德则分支店于俄境内以制造，其利溢四分，倍于本国，俄人忧之而无如何。

德与法未战之前，以小国林立未统一，故工商不兴。当胜法之后年，法输出三十六万万七千六百万，输入三十九万万四千九百万。德国虽胜，输出入仅五十九万万六千万，相去十七万万，可谓远矣。不及八年，德国即过于法二十五万万。德奖励工艺进境之速诚可骇矣。当德、法战时，德船六十四万吨；西千八百九十五年，则百五十万吨，船工四万人，进至两倍半，法仅进十之三耳。盖英国费百年之力而成之者，德国仅二十年而已足。至今则德之

英国费百年之力而成之者德仅二十年已足

品物遍大地，占十之七矣。夫同一条顿人耳，昔以分国多而大衰，今以统一而骤盛。我国人民、土地皆倍德十馀，以我物产之繁，收合英、德、美百年汽机工匠之巧，大奖工商而加兵力为保护，德人二十年得之者，我十年可以与争雄，二十年可以轶之数倍矣。此可以烛照数计者也。天下古今，孰有我一统之大国而人民智巧耐苦如我者乎！是天与我为工商之帝也。有此天与之资而弃之，乃终日仰屋嗟贫，国与民俱匮，其愚何可及也！

德机器极精，法岁购于德者千馀万擘，德购于法者二百万擘。

牛之偾于鼠上，一仆即毙矣。虽以我中国之广土众民，而以汽机未开、电化未学，而欧洲诸小犹得肆意凭凌。故方今竞争，以专精工艺为无上第一义。吾国人故能工艺者也，中国真工艺国也，在善导之耳。

中国真工艺国在善导之

德工业之发达，不在工场之数，在职工之数。西一千八百七十五年以后，国民之全数增至百分之二十三分另五，职工增至百分之六十一分另六二。

工业发达在职工之数

各种工业增加之数表于下：

职业种类	西一千八百八十二年	西一千八百九十五年	百分数
园艺	二八二四七人	四三四七八人	五三、九三
家畜、渔业	二一一二四	二二五九八	七〇、三
采矿、铸造、制盐	三五九一七七	四五八五〇四	二七、九六
采石、土工	二一六九三一	三一四二五八	四七、八七

各种工业增加数表

职业种类	西一千八百八十二年	西一千八百九十五年	百分数
金属工	二八五一一二	三八三八一四	三四、六二
装置裁缝机器工艺	二〇〇五二八	三一六三六九	五七、七七
化学应用之工艺	三八七二二	六六六六一	七二、一五
脂油点灯涂饰匠	二四三九九	三五〇三八	四三、六〇
织工	四二八五四三	四四一八八五	三、一一
制纸	四八八五六	七二二五〇	四七、八八
革工	六八三五四	八六六九二	二八、八三
野剥（尼木小木工）	二五三九二五	三二二九八九	二七、二〇
食物	五九二一〇五	五八六王五三	五三、九四
裁缝、织物	七四一一四二	八〇〇四七〇	八、〇〇
木匠	三三一三三八	五九六六九〇	八〇、〇八
图画应用之工业	三五九七〇	六六一九八	八四、〇四
美术之工业	七六七二	九五〇三	二八、八七
商人	四九二七二〇	七七一五九八	五六、五〇
屠业	六七二〇	一二五九三	八七、四〇
运输（邮便电信、铁道不算）	一〇一八九八	一二七六四七	二五、三〇
旅馆、饭馆	一七三四六九	三二六〇一七	四七、九四

三年之中工艺增加之多若此，令人惊绝。裁缝、织物、家畜、渔业之外，各业皆增至十分之二以上。其尤盛者，为化学应用工艺、木匠、图画用之工业，增至倍，足见文明美术之大盛。食物、旅馆诸业进十之四，足见国民渐富也。

外国贸易

自胜法以来，德国人口增至百分之三十，外国贸易增至百分之六十，而海上尤胜。外国贸易占全国百分之六十，船来往各国之吨数增至百分之百二十四。表如下：

与北美合众国之贸易　百分之百二十八

与墨西哥国、中美洲、南美洲之贸易　百分之三百十七

与极东亚细亚及印度之贸易　百分之四百八十

与澳洲之贸易　百分之四百七十五

与欧北诸国之贸易　百分之百十九

与英国之贸易　百分之八十八

与欧南、西诸国之贸易　百分之六十

西一千八百九十七年，诸国贫困已极，惟德国商业甚佳。统计商业之新进者，输入共二百六十六万一千六百十马克，输出共一百九十二万千零八十六马克。一千八百九十七年之初，三阅月间，输入者二百三十三万四千九百八十马克，输出者一百八十二万〇八百九十七马克。输入之特增者，如棉、棉布、金属、谷物、皮、木材、革等，输出之特增者，化学、医学之产物，冶金之产物及铁器、裁缝机、煤等，其中有减少者棉布、羊毛、织物等。

工业之盛

工业之盛，在观工法之完备，汽机之改良，又察万国之消扬与为消息。

德国产煤甚多，其域三千六百英方里，倍于英煤地矣。所产煤值一万万二千万吨，凡二千二百十五矿，工人四十一万七千七十一人。西一八八六年产铁仅八百五十万吨，西一八九五年则千二百三十四万吨，其进半倍；钢铁

二百八十三万吨，法仅七十一万吨。然德国制造既繁，尚不敷用，煤铁尚输来于英以助之。

制作日盛

煤铁既多，制作日盛，熔铸厂、铁工场皆傍诸矿，日有发增。今凡千二百所，佣工二十五万矣。故德之制机器尤日盛，光绪十七年八千六百万启罗觚南，光绪二十年已一万万三千六百万启罗觚南矣。大率每岁冶金输出增百数十万吨，输入亦半之。方今新世界之变异于旧世界者何在乎？欧美人之吞吐八表者何在乎？自华忒创机汽后，机汽之用增于人力三十馀倍，于是欧美新世界之宫室、服用、器械精奇华妙过于旧世界者亦三十馀倍，有机汽之国与无机汽之国其力之比较亦三十馀倍。以是三十馀倍之比例，故欧土千馀万人之国，可比于吾四万万人之国；十万方英里之地，可比吾三百七十二万方英里之地。其有溢于此数者，即强于吾国。其安南、缅甸与英、法人地本相若，以有机汽无机汽之比，则其力如三十馀倍之比。遂若德之工厂，若克虏伯冠绝大地固矣，即萨逊之哈尔曼工场，岁制机汽在二千万擘以上，其蒸汽、电气机、汽车轮及货车、锯木、制纸、纺织、建筑、灶用、军械诸机器计值数万万，资本千二百万，分厂三处，初工人仅三，今已将及万人。当光绪二十二年，制铁品之输出已值一万万七千万擘，至今每岁增一二千万擘，但自转车已八十万，工场百五十，工人四万。

机汽之用增于人力三十倍

电业日盛

德之电业尤日盛，各市之公司日增，集资既厚，制品日多。柏林一公司资本三万万五千万擘，分支店于各国。

电气之进无穷，而资本制造之增进亦无穷。自铁路、矿山、工场、压水皆用电气，其电每一专门业必有一专门公司，每公司必一银行，或联数银行任之，以图扩充。且凡有为电业者，银行无不辅助之。故电学与电业交修而并进，德之电遂为大地冠。吾见一英伦世家子往德学电，吾问何不在伦敦学，彼言英电学远不如德，故来学。则英以前贤畏后生矣。今惟美国制器可与竞爽，而电学理论美尚不如德之精深也。英以华忒创汽机而英骤强，美以佛兰诗士创电而美骤富。方今汽机之运渐百年矣，进而为电气世界，口对留声器，耳听电话筒，而百事毕办，农工商兵无一非电。吾今日欲强国，若仅从事汽机，则已为人弃馀矣。汽机之用已增三十馀倍，电气之用更不止此。若以无电之国与有电之国敌，其必为所吸矣。吾国今日欲自强，当择善而从，躐级而进，直从其至精奇之电学之，大遣学电之生，大开学电之校，大导制电之业，大聘德、美之匠，鼓之舞之，先有所入，后有所引，然后电风大播，乃可为也。但电学甚深，必须曾通中学以上者乃能学，吾国今卒世中学者寥寥，此所以尤亟亟也。

农工商兵无一非电

吾国欲自强从其至精奇之电学之

他国人之为工艺，皆以工人为之，故愚而循守，无日新之法。智哉德人！其化学制造厂之工长，必以化学之卒业士领之，皆从学理发新式，先从大学立实验所，以工场附于大学，以大学通于工场，理论与实测互证，故研辨日精，无待盲从旧式。又有化学会以讲求协助保护之，一化学工场至聘化学士六十人，虽重资，绝不计较，各工场皆是，故德之化学业冠绝万国实有自来。化学研变万物，其出日新。若不从原理考求，而依样葫芦，日拾人之弃馀，岂能争胜乎？方今新世文明全在物质，而电、化二学尤为物质之本。吾国人欲从事于强国而不事物贡，从事物质而不推本电、化原理，学电、化而不以学校与工场合证，以学士为工人，必不致精新，而亦无以强国也。德化学工场百馀，岁制出十万万外，输出居其半，日异而月不同，真令人惊绝者也。

电化二学为物质之本

德之织厂盛涨甚，但东洋银价低落，故虽盛而未获利。惟绒则大胜，盖德本多羊，故毛产已多，织工价极贱而物甚良。吾尝在德购一绒，甚厚，每码三尺三，仅需半嚩，当中国一钱八分之价，可谓廉极。故其销流之盛，数年间增值一万万嚩矣。天鹅绒昔为英专门之制，今德效之，年年增百万嚩。其衣工亦盛，饰花羽之帽，亦渐与巴黎争矣。

织厂盛涨

德之陶磁亦日盛，然不如法国之精。蓝白色为多，但价贱而粗，以供粗品。固于商务大行，工厂亦日加。其制玻，昔者奥国专之，今德亦与竞争，工场五百馀，佣工数万，输出者三千万嚩，其为灯、为饰、为饮器，皆精美矣。

陶磁亦日盛

制纸以萨逊为盛，拉布丁市之厂甲天下。其石版业尤精，其工人甚秘其法，盖将以与万国竞胜也。德之著作既日多，故制纸、石版等业日上矣。拉布丁市亦工制革，弗来卑西市有制革学。此事关化学，化学精者其用精。德国

制纸以萨逊为盛

事此虽新，然在万国，亦至三四之间矣。

炼化石即塞门德土，日本名曰炼化，甚精，从之近亦制造日多，以及铅笔诸应用者皆多设制造所。盖应用之物，德之所长，独美术及奇异物不如法国耳。然家具、玩物、乐器，游于柏林大肆，亦与巴黎无异。故大流通于荷兰、瑞士、塞尔维亚，巴尔坎、南美诸地，虽精工不如法，而价最廉。昔者各自制造，近者分业日盛，合力为之。玩具事事迫真，学校具尤精，但制造偶像者尚三四万人，虽外国多行保护税，而物精价廉，无所不不也。当物质争竞之世，精于工业者强，德人经营二十年而工业骤盛若此，此真吾国所当采法者也。

精于工业者强

吾数年来滞居于星架坡、庇能、仰光、印度，游于爪哇，此英、荷地也。德商多来见者，闻德之商业已争胜于英商，为之甚惊，而未遍考各国及深观德之俗艺，不知其由来也。及游德而详考之，则德之商务凌驾四洲，轶出于商霸海王之老大强英，有令人骇耸者焉。

商务凌驾四洲

以五洲统计之，德货之输出于欧洲各国者三百二十五万兆，而欧各国货入德国二百九十六万兆；入亚者三十五万兆，亚货入德者十三万兆；入美洲者一百八万兆，美货入德者三十九万兆；入非洲者二百三十万兆，非货入德者百十二万兆。是一德国货力敌欧洲各国，而尚胜其十之一焉。夫欧人各国，与德国并驾齐驱者也。英尤以商名天下，而合力尚不能敌秦，德之二十万英里片土，工商乃驾于二十倍之欧土焉，此真可骇者矣。尚出其馀力三倍于美、亚，一倍于非洲，合大地之中吞云梦者八九焉，二十年中盛大若此，后更莫京矣。

俄与法虽同盟，借其资本而近与德界，俄一切商货德全占之，奥、英仅得十之一，法则列在十七等焉。德地近而能适俄人意，俄以原料品入德，而德以制品入俄，汽机固皆德物，舰炮尤德尽据之。但俄国商务之人，岁增数千万卢卑，十年以前已三万万六千四百万擘矣。俄人忌之，重税以自保，德人乃入俄土而开工场，俄遂无如何。

游瑞典乎，更无在而非德物。英、法品虽见重，而德人能饰为英、法之品而售之，荷兰之法国酒及他品，实皆德物也。故英、法品遂无问者。故德货值一万万二千万，而法国仅值六百万。瑞之电气公司，皆德人所为也。

德货之输入于丹国一万万二千二百十万，丹货之入于德者六千五百五十四万。丹之玻璃厂，有德之工人三千。比利时工商稍盛，然游于比京之市皆德人。若奥、匈本为日耳曼国，益习用德国之物矣。

法以欧东意、突厥、罗马尼亚为市，今德之化学药、钢铁及制品大流于意、突、罗马尼亚。盖德人价廉而工速，法价贵，故德代而有之。突之毛瑟枪、克虏伯炮、佩刀、兵舰皆购于德，罗马之汽机工场皆德人承办，布加利牙、塞尔维亚亦然；又其地近价廉，更无与敌矣。

自黑海至西伯利部，日见德商之增益，英大减焉。英领事致自叹除一身外，毛毡、纸笔、酒皆德物也。印度物贱，德人探识，制粗品贱价与之，价低十之三，法人大减，英人为其地主亦无如何。

与中国争商力

德自取胶州后，其力争吾国商利尤甚矣。商船到香港、上海者七百馀艘，十倍于法，其枪炮、机器、染料大销。若其占取山东铁道，益销德货。汉堡分店自上海、汉口渐分于东三省，以入西伯利部矣。

德人昔于美洲不及分杯羹，徒让英、班、法之朵颐耳，近经营美洲，有暗渡陈仓之势。六十年中，移民美国者六七百万，在纽约、芝加高皆数十万，芝埠尤众，但德文报已三十馀家，在芝加高市旁自开钢厂，以与美争利。自麦坚尼定保护税，乃始少衰耳。中美地热，于德人不宜，然墨国故法、班物，今德商亦骎骎上矣。然委内瑞拉之铁革绳器皆德物，铁道贵本二十万万擘于此。巴拉圭商业有六万万擘，移居日众，而巴西亚马孙河月凡四船，拓地作工商，住德人为之，盖德人欲以为外府之殖民地矣。我二十年欲经营巴西而未逮，深恐巴西之将为德有也。其阿根廷、智利商业亦盛，凡火柴、茧、锯、家具、烛、瓦皆德物。

澳洲，德旗亦日飞扬矣，留居澳者已五万人，商业与英竞。

埃及、摩洛哥故英、法物，今数年间，德商力已逾数倍。南非之用德机器、炮弹尤多。

盖普天下皆德之市场，普天下人皆用德之货，代英而起，真咄咄逼人哉！

运输之法

德运输之法，尤致精哉！其运法，陆则广增铁路，水则多凿运河，皆不惜巨费，而今大收其利。

德铁路昔在列邦不能统一，故未盛。自胜奥后，诸小国皆奉普为盟主，乃得联合，铁路乃盛。当德、法战时，长二万启罗迈当，今三倍之矣。德货车四十馀万，法货车仅三十万；岁运货二万万四千四百吨，收款六万万，法仅九千万吨，收款二万万。德之远过于法如此，而筑费每启罗迈当仅七八万，亦半于法耳。德近进求运法尤日进，横行直行皆便，乘客可不易车焉。 铁路

德之内国水道二万八千启罗迈当，往来船三万，汽船二千。而德日以浚川为事，各都会皆有修河公司，而柏林为总会。以厄耳白河之艰难，而德人开河道至七百二十启罗迈当，以便运输，几中国千八百里，亦可惊矣。 内国水道

画奄士河口他敦特之运河，长二百七十启罗迈当，深二迈当五，广三十迈当，费六千九百五十万擘，可通基尔河至波罗的海以运煤矿。其最大工则凿来因河也，以六十年之巨工，费三万万三千八百八十万三千擘，于是瑞士与荷兰之交通便矣。近更议凿三大运河，皆内地横断之运河也。一自它敦特通于来因河，二自士拔列河至俄达河，三通麦查州诸湖于普罗士纳河，由此通波罗的海，其工尤巨。盖以水运价廉，由小船载货通海舶，内外交输至便。德人制造既多，所用外国原料及运出工品皆赖水道，以佐铁道，益为便易，故不惜重费为之。 运河

德人既营河海交通，而筑港尤讲求。沿河港坞皆筑桥，堤置仓库、船渠、货栈、商校，运河公司、浚川公司 讲求筑港

即因之而生焉。它勒斯吞之港十四万方迈当，可泊船二百四十，汉堡且容二万六千艘焉。此运输所以盛而内外商业所以骤兴也。

德之电线五十一万启罗迈当，电信三千八百万。

治国兴商通之而已

总德人治国兴商之法，通之而已。譬人身之有血管，滞则病生，通则强健。吾国江河之利冠于万国，吾行遍大地诚所未见。白渠、运河之业，又我为大地之始，邗沟之渠，万国艳称。若增筑铁路外，更凿诸河未通者，则吾交通之业又岂德国所能望哉？

昔者之竞争在大陆，今之竞争在大海。班、葡、英、荷其先启行，而英以海军保商舰、辟殖民地，尤其著效矣。德昔以封建内争，德人只知畜牧，以牛羊茁壮终老山野间，岂知外竞？及一统后，工商既膨胀于内，乃思扩域外之远图，不十年间与英争海霸，而骎骎有骅骝跨步之势。

以海港论之，天下自伦敦、纽约外，未有能比汉堡者也。当德、法战后，法海舶吨数百四十三万，汉堡海舶仅百二十万吨；至光绪二十年，汉堡海舶六百二十七万吨，过于法舶以倍，入口之船万馀艘，亦六百馀万吨。航路百十三线，每日入港大舰过二十。罕伯雷亦二倍于昔。他港虽不逮，亦略同焉。然德昔者商运只赖他国之船，后乃知敌船不可恃也，乃专以奖励制造海舰为事。汉堡专有瑞、那、俄、丹之商利，二十年间北海航舰自百六十万吨增至二百七十万吨，此固德国囊中物矣。若自苏彝士河东来之

奖励制造海舰

舰，当胜法时，船仅十六，吨仅一万二千；至光绪二十一年船三百二十二，吨一百一十二万，所增百馀倍焉。其制船十二市，而汉堡为大。其美船公司开五十年，有船六十四艘，凡三十万吨，近时过倍矣。昔者德不解造大舰，必托于英，今则工精而价廉时速，大夺英力。吾国亦于此造军舰七艘矣。其船工自二万人，今增至五万人。

吾国亦于此造军舰七艘

德大西洋公司月开四次，汽船三十馀；法仅四船，月开一次，可见德航业之盛矣。

近者日辟殖民地，又增海军，汉堡诸工商皆赞成之。于是光绪二十二年，以四万万一千万马克制大舰十七、铁甲冲舰八、大巡舰十九、小巡舰二十六、水雷艇若干，遂以取我胶州，几吞山东矣。

古之富国以农，今之富国以工商，此最相反者也。新土荒大之国，其富以农；小国多民之国，其富以工商。德今日跻富强，皆以工商也。其农业且勿论，惟其农夫则大减，工商则大增，此最可留意也。

今日富强皆以工商

德战胜法时，农居国民百之六十五，后十年减为百之四十二五，凡千九百二十二万；逾十年减至千八百五十万，则减至百分之三十五六，是为光绪二十年时也。今又十年，减至百分之二十有奇。昔者衣食民用皆本国产，惟纸、革、金、石输自外国，值二万万佛郎；今则相反，农物全资于外国，乃至花菜蔬薯与各植物种已五十万万马克。今乃至牛羊豕亦输自外国，各岁百万蹄，岁约三万万马克。羊毛故德产，而今亦绝种。林木虽极保护培养，输入二万

农物全资于外国

万二千万。自一统四十年以来，农产物缺乏凡四倍，盖人工制作盛，而天产自然者微矣。夫太古狉獉及夫野蛮之国，只有天产，而无分毫人工于其间，如农牧之起，已在天人之半数。今德之人工过于天产若是，此即文野之极判者欤！此必经之途也，万国将来皆以此定之。

人工过于天产

农业亦增

德专奖导工商，而农极苦，无所保护。近以化学日进，农业亦增，乡落中制粉、取乳酪、酿麦酒皆日增繁盛。农器新出者日增，吾游其农器院见之，精奇不让于美也。以萝自制糖尤盛，昔法国最盛，光绪十九年时法二倍，而德六倍之，今输出者德增二十六倍以上，而法无长进，此亦吾国人所宜留意。

人民繁殖

德人民之繁殖，都会之增益，皆与法相反。当道光二十年西千八百四十年法人多于德，今则德人将六千万，而法人不及四千万。固由法隳胎致然，然德在西十九纪时养二千七百万人为难，今以奖工商之力，乃至养五千万馀人而谁容焉。其都会繁盛之速，法固无能比之，虽美之西、南方亦不能比。盖二十年人增十之八，约逊市五年间增三万三千，度塞几敷市二十年间增二倍，则皆依于冶场，故进尤速。

人民坚忍强鸷

德国气候冱寒，人民生长其间，日与天气相敌，故养成坚忍强鸷之力。其地瘠，故其民贫。地瘠，故业农不如业工；民贫，故忍耐折节，苦心劳力，以就业而不能骄奢纵肆以任性也。忍耐折节，苦心劳力，则其思虑必计久远；计久远，必预蓄藏；预蓄藏，必先俭节，凡居处酒肉皆从省约焉。苦心折节，则必能耐劳苦，忍卑屈，于以舍家而远游，屈己而适人，忍辱以精进，弃空浮而崇实务，去懦安而勇进取，乃其自然之势迫而成之者也。故德人俭约而好贮畜，能屈己执役作贱工以求进，或富贵子弟亦屈己作工，以师人之长。各国侍仆佣工多德人，甚适人意也。能远游好学人言，受欺辱忍而不怒，行文不必文彩而朴实言事，遇事敢作。又人人作兵，习军律之严，经压制之久，民性服从，故受教奉律，勤勉谨慎，与法人之高谈浮空、骄侈激烈相反。又人人知爱国合群，虽在外改籍而不忘其本国，此德人独得之天性，以致其富强者也。加以少年皆入学受教，皆有才能以自立，使德人之贫而谋工商者能大盛也。

贫而谋工商者能大盛

德政府主干涉，而德人甚愿之。盖国争之世，虽有私人之发愤、大群之协力，更必有政府保护，三者合而后事业成。若开矿、浚河、铁路、航路，皆赖政府之力。有谓德人异于法，不好民权自由，而上下得以相成。盖凡事皆贵调和，当民权自由盛极之世，上如标枝，民如野鹿，岂能合而与外竞争？方今新世不患专制，故德人上下合力，适以收效。德人此义，盖经各国许多变难，许多阅历，扶东倒西，流弊皆出，德人乃鉴观考察，去短集长而收其成。故其获效之大且速，尚在英之上也。方当德、法战后，全德工艺未兴，非国家主持，安能猛进？是则俾士麦主干涉之功大矣。

政府主干涉

德政府之于工商、学校诸业，二十年来频施方略以奖

奖励工商学校

励之。当光绪元年美国费城开赛珍会，德国赴会者甚少，有皆粗品，惟克虏伯大炮得奖，其代表人太息痛恨于己国工业之不振。当是时不解作汽机，亦鲜蓄煤，故物价腾涌，虽有法偿款而举国安享纵乐，未几大困。逾十年，俾士麦大奖励工商业，曾几何时，德之工商业遂冠大地。此近二十年，固吾所日读书而亲阅者矣。吾国人性质风俗甚类德人，以民多而贫苦，故坚忍折节，苦心劳力，计久远，善储藏，能俭节，屈己以适人，舍家而远游，忍辱以精进，改籍而不忘本国，能招引国人游外，服从法律，勤勉谨信，近者知爱国合群，无不与德人同，但教未及耳。若加以教学，令人人有才能自立，何难与德人驰骋于五洲哉？是在有国者善主持之。

吾国人性质风俗类德人但教未及

补德国游记此篇作于1907年，据《不忍》杂志。

序

吾游德国久且多，九至柏林，四极其联邦，频贯穿其数十都邑，接其都人士，游其工厂、官府，本其史谱，搜其图像，考其风俗，总而记之，久且多佚略，不及其十一。乃倦而归。客问于余曰："子历览万国殆尽矣，何国为善也？"答曰："言不可以若是其几也，夫固各有所长也。如言治国乎，则德为第一。" 治国德为第一

德国之成上治也，古之以道德为化者，非所论也。若以政为治也，昧昧我思之，则大地古今万国，殆无能比也。古者之不及也，则物质未修，机电之器未备也，今各国之不及也。美、法则自由太甚也，英则自尊不进也，馀

则小国寡民无力也，否则守旧也，是以今德独先也。夫德三四十年前，小国杂乱，百政不修，犹不齿也。及破法一统后，百度修明，于是大跃为万国冠。今者德乎，武备第一，政治第一，文学第一，医术第一，电学第一，工艺第一，商务第一，宫室第一，道路第一，邑野第一，乃至音乐第一。飚举骤进，绝尘而奔，天下万国进化之骤且神，未有若德者也！其理由固多，然以宪法之民权为体，而以英绝之君权为用，或亦国竞时一最新式之政体耶！略以欧美近世政体论之。

以宪法之民权为体以英绝之君权为用

自吾嘉、道五十馀年间，彼为君民争政之时也。又五十馀年，馀波荡及全亚，至吾光绪三十二年亦立宪政，则全地移风矣。自道光二十八年后至今宪政日盛之时，而至近二十馀年，威廉以英辟专制治德，爹士以英辟专制治墨，两国遂大治。若法为自由之太祖，败绩不振；乃至英为宪法之先师，亦瞠乎其后。或者自由太甚，则痿而难举耶？甚者美至平等，而近者麦坚尼、罗斯福二总统，亦日收权，崭崭起头角。岂非新式之治法又将出世耶？盖治法无常，如医方然，惟在适时宜民，非必参术、苓草，遂能起病，而天雄、大黄，无所用也。游于全德，法鉴其为治与其效，虚其心以审世之变与治之宜，无徒以已过之治体为泥，而以今行之实效为断，则德之治乎，岂非有可采鉴者乎？吾国之变法也，苟勿误其途，折衷损益千百国而采其尤效者，以吾土地之大，人民之多，十倍于德，然则致效之速且大，尚可逾于强德，而何有于他国欤？故详述之

吾国之变法折衷损益千百国而采其尤效者

以待采鉴者焉！甲辰游德曾草游记，失落数卷，今补写以示国人。光绪三十三年冬，康有为。

柏林再游记

光绪三十二年丙午十一月十九日，自瑞典行，极目铺雪尽白，二十夕到柏林。 自瑞典到柏林

再游柏林王宫

孤非士室有银尊，刻各国旗。有银乐台，高丈许，重八千启罗，可容乐手四十八人，门贴金绒封爵，室皆衣长帔。临议院之殿，金花穹白，文石柱上下衔金，丽极。已在西一千六百四十年，当康熙时，已尽丽如彼矣。 再游柏林王宫

武库图画遗物甚多

非特力第一加冕图，百解倍位甚庄。其西一千七百零六年战法图亦在。大非特力七年战图，及谋于诸将图，以一小侯国而抗奥、法、俄三国；又有其离雪图，英姿睿算，诚绝人矣。有西一千六百七十五年非伯连战瑞国图，俄、普、奥合兵拒拿破仑工约图，法拿破仑第三遣使递降书于俾士麦图，战丹、奥二图，大非特力之名将诗顿、擒拿破仑之名将螺嘘像皆在。画于麟阁者耶！新炮有一时放二兆弹者，价二十兆墨。古炮则西一千六百八十五年，当吾国初时，尚用石弹，进化之速，亦可惊矣！ 武库图画遗物

再游威廉第一故宫

再游威廉第一故宫

入第一室，下刻花板，壁上陈铜器甚多。一贝桌有山水形。过文石穿廊，穿非特力室，入宾殿，有胜法图。旌旗士女拥接，成功之威，如兹二柱，以俄摩色石为之。

入密议室，威廉与俾士麦、毛奇计议处也。陈俄赠碧石器十数，悬始封之荷烟刍论垒图，今在湃认域，即有部家室，至可念也。

石梯登楼，金阑甚华。廊旁圆玻花室，有埃及文石盘。书室有大非特力儿时像，已如乳虎食牛矣。左桌右屏分两间，左室皆俄孖喇希石为之，食室碧磁为之，圆穹室上绘云气，有俄大玻盆。穿舞殿，宴殿七十年矣，上悬各侯金像，上穹刻画精甚也。

再游博物院

再游博物院

有罗马王尼罗像，赤体不袜，以布裳作搭，故知罗马文明不如吾国也。希腊像三十六，皆移从希腊者，在耶稣前三百五十年，刻甚精。苦行贤人的阿迦尼士像存焉。非洲木鱼大有七尺者。吾国物有四大玉瓶刻钟鼎，皆康熙年物。有御制西番莲诗玉册，乾隆玉茶碗三；有八寸绿松石屏，画刻碧及刻兽之碧露犀三寸许；有乾隆丁巳御题玉册，皆内府难睹之珍品。伤心哉何以至此！

睹中国文物感伤不已

再游历代先王遗藏殿

有封太子图，一授墨鹰徽章，一授金章。有朝元旦图，夜十二时黑，一时光大放，各贵族趋朝，相见握手。有德元〔帅〕银婚，元帅嗅后手图，佉论蔑士大僧来朝图，新开庙图，皆可考其典礼。德主长帔二丈，冕章作黑鹰，鞾银绣手套，广五寸。威廉纪功银亭，大四尺，金冕作顶，中立威廉，功臣环列，威廉所戴白羽弁存焉。戴此则举军先走，以死为事矣。闻威廉待兵甚厚，皆与握手，或抚肩，故甚得士心，其成功亦有自乎！有非特力小轿，扛以二人者。大非特力善乐，其笛犹存。先公孤非士帽亦在。有牙床刻花五，几二架。有西一千四百四十一年德主诗伽士们封普先君于荷烟刍论图，大非特力战荷图。有作中国室以玻间画，又镜内镶小镜，置灯，上悬像而下又镶镜，颇诡妙。一室贴中国云鹤绒也。普先君失顿为大将军时偏袒衣，如今匈牙利。

再游历代先王遗藏殿

波士淡旧京记

波士淡故京，旧宫六七分峙，而吾最赏叹者，迫披路士壁宫也。此室虽古，而雅妙绝伦，倚冈麓而临湖波，长桥通处，老木森蔚，中现楼塔，光景绝佳，盖普开国王非特立、威廉创于十八纪者也。其建筑布置绝异，长廊通门，廊横直各二方。殿为内外室，为书室，外为六角殿，后为八角高殿，上旁更着六角尤高塔。六角殿外又为小方殿，突两室外，又为高下二圆塔，其高下方圆曲直尖之妙，可谓尽矣！其陈设皆甚古佳品。六角殿为茶室，前临

波士淡（波茨坦）

喷池，有门下阶，碧草芳花，置中国瓦鼓，长松荫焉，至幽胜。后殿上穹作多星射形，极诡。过数书橱，所藏皆十四纪者。入长方殿甚高，上穹作白垂花尺许，极清异。又出一圆穹，上有周廊，下为食殿，刻画皆峨特式。自圆穹分前后室，又过四室，室各异式。自廊登楼，以峨特式尖突，白灰作穹花及壁花壁纸，衬白灰条。食厅金像十。浴室仅以布障。楼室室穿长廊，至威廉卧榻，皆素木，画圆穹林，为读书见大臣处。书桌上置架，下楼通两廊，陈遗物甚多，他室亦精洁。此宫不丽而雅，曲折古妙，诚可摹仿也。每六七过，辄徘徊不能去。

数过生苏诗宫

生苏诗宫亦数过，其宏深幽静，喷池旁引白石像十数，大非特力英雄之像，独立碧草绿松中，流水涓涓，令人忘其为宫庭也。宫中一室为馆窝朵处，榻桌犹存。而窝朵法大哲学，今译日音作福禄特尔者是也。大非特力之好贤如此，宜其强也。君、后各一室，有大非特力自制之纸画屏。食殿金花穹，白文石柱，大非特力寝殿帖金花，即坐而死于此。其石像目神炯炯。大非特力与窝朵，皆短小如中国人，而一雄一英，遂移易德、法。人才所系，岂不大哉！

游温氏湖

十六日，自柏林出游温氏湖，距柏林二十一启罗迈当。烟水明媚，直通旧京波士淡，雪色满湖。此道马路整而广，夹道人家，最华妙新整，多有园林，盖德之富贵第宅别墅多在是。屋式诡异亦近汉堡，然终不如汉堡、士笃吉、咄士巴登之精妙。吾闻满的加罗屋最华，然不过屋瓦多用五色，此外皆不如。统欧美而论之，园宅终以汉堡、士笃吉、哔士巴登为第一也。波士淡草木尽脱，故宫台垒，虽屹然于湖山中，无复有夏秋间之华妙矣。冬间柏林公园亦荒落无可观，巴黎褒论园亦然。盖全欧冬景皆冷寂，雪后泥融，满街皆污。虽以德人之整洁，然亦三日乃能扫之，他国无论也。瑞士冬景颇佳，然雪后亦皆尽污泥，终不如瑞典之遍地白玉。故深冬欧土无可游，惟瑞典独绝耳。

是日欲行已晚，次日十二时乃行。乘电车以便歇住，查考风俗，又重经此路，风雪萧萧，光景颇胜。二时至卑烈住，乡屋卑小，仅丈数尺，与中国北方同。而童儿满街，德境乡落皆是，足见人丁之繁，盖德自胜法以来，三十馀年间，添人丁逾三千馀万，居原数十分之六，大地诚无其比矣！二时过沙梨河，河不甚广，雪流澌澌。桥前有环垣数尺，内为兵房，甚矮小，金字瓦如中国。盖出波士淡后，德兵房即如此，盖亦城市之兵房常居者，乃壮观耳。长堤夹树，直望无际。过一村落，有红衣妇背负一笠，乃售面包者，所经乡落多如此。意之戴，德、班之负，旧俗未除也，仅大城改观耳。欧俗极争都会之观，盖以隆万国之瞻，为使人勿轻也。中国反是，则昔以一统，无所比较以为进化故耳，今既为列国，当易旧俗矣。五时至哈梨城，萨逊州都会也。灯火荧煌，人口十万，道路楼馆颇整胜，然在德域内为下矣。此州为普割萨逊者，今日所行半此州域，民不甚富。自此南行，屋多木架，加砖

出波士淡

至哈梨城

灰，今美中新屋摹古装者多仿为之。再行至七时，于佯色堡宿焉。小店不甚洁，自哈梨来，道路皆泥泞也。自此东行，入埃士拿、可逋可大、佛兰拂，见《侯邦问俗记》。遂游来因河。

墨颠卜为柏林旁大市，相距二时许，自抛士歪还行车二时到游之地。滨河港湾广大，长桥架之，宫室壮丽，道路广洁。盖一入普境，其修治如此，比之抛士歪公国有天壤之别。有大学，学生三千人，甚著名，夜不及入观也。入一旧小客舍，红文石柱，浴室及各室刻镂甚精，盖德宫室之美久矣。游卜拉寺，峨特式，甚壮也。戊申四月。

至墨颠卜

来因观垒记

未游欧土者，想像而推测之，以为善见之天，妙音之国，极乐之土，金堂玉宇神仙圣贤也。以吾遍游欧国，熟观其博物院及王宫之珍储，则举目所见者，金铁之甲胄戈盾也。游于其国内山野之间，则接目而睹者，巍巍之战垒也。其垒突兀于云表，纵横于江边，凭险据隘，式制诡奇，诚吾国人所未睹也。数求其遗图于柏林、巴黎、维也纳、美兰、马得理诸都会，亦不易得。盖自道光二十八年来，奥、普民变，侯封尽削，垒随而废，欧人亦耻称之，而古迹亦渐澌灭矣。游欧者徒观于其大都会，睹文物之殷赈阗溢，宫室之奇丽闳敞〔敞〕，则震而惊之曰：文明哉！文明哉！然此其最新之迹耳。试与游奥国帝罗之阿尔

接目而睹者巍巍战垒

颇山，奥、匈间之多铙河上，又与游德国汉那话州中，乃若苏格兰、阿尔兰山野中，则屹然苍然于山间云际者皆垒也。然遗迹疏落，尚未能恻然动游者之心。至于循来因河边数百里河道中，波浪泱泱，崇冈巇嶭，夹河对岸，三数里间，凭险相见者，杲何物哉？则皆垒也。

垒也者，故侯之宫，而争战之场，欧人之白骨所筑，赤血所染而成之者也。伤心哉！吾国之古战场，可吊者有几？而来因河畔则接目皆古战垒。五十年前之欧民，何罪何辜，而二千年蒙此惨酷？吾至今犹为欧民哀之也。吾国民生于一统之国，万千里无一战垒，民多老死，不见兵革，父子夫妻相保，以长子抱孙，岂识欧人之苦哉？欧土之侯，日夕披数十斤之金甲，童子亦然。引尺许之玻杯以饮葡萄酒，醉则卧地，劫抢民女，醒则出猎，入民家而夺所有，或攻邻国而掠其商民，大举则大剑长枪，以攻其垒。非深宵入内寝见其妻，无敢解甲者。头目戴密孔之铁胄，足股踏缠裹之铁縢，甲厚如钱，櫓长过丈，苟非刺喉，无自杀之。若其垒制奇诡，凭山颠而俯绝壁，峻耸入云，处处断而续以桥，面面壁而隔以城，高下方圆，可通可绝，可降可升。不知几经战争，乃得此式也。故皆有一夫当关万夫莫开之势。以区区小国寡民，凭险守隘，虽有谋臣如云，猛将如雨，莫之谁何。故德意志千年帝主，自路多父平九十垒以外，无有能定之者。自非中国创火药大炮，自蒙古、突厥而西渐，则封建之争，至今存可也。吾人幸生中国，不知一统之治安者，其缓游诸国大都，而先

垒者欧人白骨所筑赤血所染

自庆生存于中国之治安

循来因河畔，必将愀然于欧民之不幸，而自庆生存于中国之治安也。然祸福无门，得失相召，欧人以竞争致今日之治，乃反有以过我者。然后反复其致治之由，乃游各大都，鉴而采之，其庶几真有得于欧游而不入于迷途者乎？故游者不可不游来因河，而学者不可不读《来因观垒记》也。

自嘻顿公国京渡莱因（莱因）河

光绪三十二年丙午十二朔夕五时，自嘻顺公国京渡来因河。长松夹道，苍翠无尽，车坏少停而修之，徘徊松间，气清神暇，回望嘻顺京楼观峥嵘，河流汪洋。一时许至冰靳邑宿焉。自此夹河皆山，依山皆垒，数百里相望不尽。冰靳邑仅数千人，前临江之山，有西十二纪来因士太垒。屹然垒中，双塔高拱，山角则旅爹士太塔，山颠则有奈顺拿路像，宏巨甚，昔战罗马之名将也。河之中则为梅牛谈垒塔石，壁上则为申喧垒。申喧垒上下方圆咸备，布置极佳。昔申喧公恶其夫人有外交，置铁匣中而饿死，即在是垒。此数垒皆冰靳河前数里，一望可数者也。行数里至噫伦科路士垒，新修五十万金，规模尤闳。上圆垒三，下圆垒四，建旂于第五层最高处，崇阶数百级而上，环堞甚远，方圆大小之垒，尚无数，下临河干绝壁，有人家百数，景亦最佳。今其家人传爵未绝，时来居之垒中，陈设亦甚精丽也。又过数里，山颠为峨方斡丁非路士垒，凭最高之石壁，上多坏矣。今馀方垒，高下凡五，其故家伯爵，岁来避暑。此山足有小村，亦名丁非士，人家数十，古屋二层，甚卑小，人贫而衣敝，盖穷乡也。过此山有河

来因士太垒

观伦科路士垒

峨方斡丁非路士垒

溺垒，大小圆垒各一，低处圆垒一，大方垒二，高方垒一，稍远方垒一，错落极可观，今名海卜垒。所环堞甚远，对河凭山麓曰罗垒，败废矣，今仅馀二者。 河溺垒

行数里，山颠有西十二纪之科士淡壁一圆垒，极高大。二方垒稍低，馀皆倒坏，败壁犹有存者。对河南岸人家百馀，屋颇整峻，惟山石作大斧劈甚粗，上有那灵靳垒，甚颓废矣。来因河流已窄，又多洲渚，故极可观。河中岛名靠，数里至巴尾拿村，人家数百，颇整。山上有废垒基甚大，今馀败墙数四耳。垒名士打炉益，言铁角，喻其坚也。夹河山高皆数十丈，总名皆曰来因也。山皆可耕，种葡萄甚盛，掩被山麓，夏时尤芳菲。来因葡萄酒甚有名，吾饮焉。行数里，至花士村，以石筑河堤，甚整。山上有葛顿非路士垒，高下皆方垒，行数里，至孙壁村，村前有古塔废矣。村后山颠为阿卑匪垒，前高下圆垒二，后六角垒一，馀多废，壁犹屹然。城址甚大，环山下临河，河流甚窄，故此城尤扼险，人家宅舍二层颇高壮，人貌秀彻，沿河皆然，冠于德境，宜有百战之争也。 科士淡壁图垒 那灵靳垒 士打炉益废垒 葛顿非路士垒

行数里，河有七石，以瑞士高峰之翁芙劳名之。滩溜湍激，船过甚险，德人以为滟预堆也。自此山石危矗，其罗厘黎山峭壁临江尤耸，然横垒处，顶着酒楼，风景至佳。过此山麓，有咳如寺，高塔苍苍。行数里，为多论望壁垒，上垒圆，下垒方。夹河人家数百，北曰山戈，南曰山戈敲顺，屋甚壮美。河岸敞整，山颠有二垒，亦名山戈，垣堞多废，惟新修者甚妙严，盖废垒即路多父所毁 多论望壁垒

者。过此河有长洲，河岸有阑，列树成行，木条成堆，盖以修河者。河流益窄，山景益佳，而岸道亦弥整洁，铁路轨在外，少过夹河人家皆百数，南岸人家尤新整，大约当河流曲处，即有村落，此自然之势也。

山诗村高低二垒

过数里，至山诗村，山诗译言涩也。山上凡二垒，高垒为廉士哩便士歹，低垒为士颠壁，二垒距数十丈。昔者兄弟二人不和，终日操戈，各筑一垒以相拒云。自山诗以南，皆崇山危石。自过山诗渐北，山稍斜迤，渐开平原矣。葡萄满山，河岸有阑，冈丘绵亘。其颠茅亭临崖，木阑长迤，夹径幽林，风景至佳，盖人家园林来避暑者。行数里，南岸人家数百，屋甚整美。又行数里，山尽为坡，河流回曲，开小原。临河人家千数，屋尤靓丽，园林楼阁，佳妙幽秀。行数百里至此，眼界一新，盖富人多爱河流，来此避暑故也。既山尽而为平原，垒亦渐少矣。河中有挖泥船二，长平底轮船二，自此以下，平底轮船相望。盖前此夹流皆山，故刮溜峻急，河流可深，今为平原，浮泥易淤，故河广而浅也。此亦大地河流公共之势也。南岸

哩建匿垒

山顶，有哩建匿垒。其山足亦落为小原，有阿士爹士卑村，人家百数。行数里，群山皆尽，遂开大原。坡埠肥润，深冬而一绿无际，其地之沃可知也。南岸冈颠，有赤

赤士卜垒

士卜垒，上为高塔，下有方堞环之。当此群山之冲，扼河流处，有沙立曼之连士古城，环长百馀丈，垣堞如中国城。中有石坛临河干，下作六角亭，登亭上二成，共二十级，以灰沙作地，外周铁阑甚新，盖重修旧迹者。此坛即

沙立曼即位处，盖佛兰觐之兴，即起来因河畔，历世增拓，日以广大，至沙立曼之父披宾，遂三分有二，而沙立曼乃成统一欧西之势。

欧土形势

盖以欧土形势论之，罗马起于南欧半岛，德意志后起而逐鹿与争。若在多锐河奥境，或在先河法境，皆与罗马太近，而邦圉之开辟不固，人种之杂化难驯，故法、奥久为罗马所定。即罗马亡后，高卢、伦巴，亦难别成一坚强之大国也。若在北海、波罗海边，则今普地尚在，老林人烟未辟，固无庸议，且荒寒瘠壤，亦非所以造初开之人民。惟萨逊依山为雄，地奄今德东之半域，南阻阿尔频与波希面之雄岳二重，沙梨河贯其中域，此真西向而争霸于欧北者，若萨逊胜佛兰觐，则全欧之一统在萨逊矣。其频瑞士府波颠湖之旧的墟灵靳国，两失其势，固不足与争雄矣。惟佛兰觐起于来因河，水土沃而富，地势险而广，背海而东南争，其势实有胜于萨逊者。一有英主出，内平群雄，外与萨逊百战而灭之，遂以馀力，收阿尔频山北，多锐河南，东取高卢，南定伦巴，欧西一统之势遂成。观沙立曼即位于连士，进则大会于佛兰拂，退则西保于亚痕，以为东西都，盖皆不离于来因河之流域，而千年之德意志帝王力争者，亦遂在来因河流。德、法既分，于是两国千年兵争，亦在来因河岸。故来因河乎，真德人立国之本也。故德人之来因河歌，爱来因河如命。路易十四取来因河，德遂分散而破碎，而俾士麦破法，亦以德来因河故壤为完固，自是俯临巴黎矣。盖欧境分碎，实无一中原之奥

兵家必争之地莱因河

区。阿尔频山波颠诗湖，徒为百战之孔道，如春秋之争郑虎牢，南北朝之争江淮，此不足以立国者也。从古强大之兴，皆起于边地。故萨逊如晋，表里山河。佛兰觐如秦，关中天府，以临东诸侯，终得胜势。法之高卢，如楚偏在一隅的嘘。灵靳如韩、魏，居于中原，难展拓矣。然则沙立曼之兴，固由人杰，亦地势之所凭致然哉！天下皆有英杰，若其成就之大小，则必视其民族、地势之如何。罗马以最得地势于往古，故致一统，苟非其地，则迦太基非无汉尼巴，亦难成耳。登兹坛也，想见汉高、光武之霸上、鄗上，凭眺山河，弥增感喟耳！

从古强大之兴皆起于边地

来因河连士古城临河石坛为沙立曼即位处凭眺放歌

莱因河连士古城临河石坛处凭眺放歌

来因河流滔滔徂，群山环走石气粗。百垒摩天半废枯，渐落平原草木腴。古城扼河冲要俱，石坛临流铁阑扶。云是沙立曼即位之遗模，旌旗影绝卫仗逋。河山壮伟自萦纡，尚想鄗上遗雄图。佛兰拂大会诸侯作东都，亚痕阻海关中无。根据尽在来因乎！来因河流德人命，据险东争终取胜。吁尔萨逊表山河，蜀晋终难一统竞。德法千年铁血多，孰成霸者来因波。路易十四俾士麦，后来之英奈尔何？霸图大小得失在地势，横览天下无殊科。石坛兮嵯嵯，云影浪流共婆娑，江山凭吊夕阳过。

士多尽非路士垒

行数里，有山，见士多尽非路士垒，在峭壁上，庄严华妙。前以双塔为拱门，最高之斜角大垒一，六角小垒三，下为平垒，六角者无数，盖普先王非特力者。今属德帝，新修之，故壮丽，德帝时来避暑也。垒下村曰岌逋兰，人家数千，村有大客舍，行幸时从官斥居，然则亦险苦矣。岸南为兰益邑，人家千数，迤为阿活兰士歹大邑，人口一万三千，工厂颇多。有二垒，高者圆，下者方。河渐斜环，山尽开大原，遂成可布录士大邑。人口五万，市屋四层，甚壮丽。河干林园胜妙，市长署刓壮如王宫，而新白妙丽过之。其前敞地花木尤整整，兵房纯白而净洁，居然大都会气象，而更新丽矣，至此神为一爽。河中有山屹然，自西十五纪即营为垒，至今德尚驻兵三千，以守来因之冲焉。上有将军署，河尖对垒，有威廉第一像，宏伟无伦。盖全德国以汉堡俾士麦像为第一奇大，此像次之，所费五十万墨云。以巨石作阑，高丈许，环三面，每三户用巨柱小柱二，尽处作两大方柱，顶刻花。平墀数十丈，皆以巨石，登以四成，下成十四级，上三成，各十二级，合为五十级，已宠炭矣。于平墀上作方台，每面用丈大石柱四，其内四尺大柱九，中空可周行。登台又分方圆二层，各九级，共十八级，台上以方丈石作圆础。上立铜像跨马，马长大四丈，像亦四丈，气象飞扬，如在天上。旁立神女捧冕，亦数丈，以先帝威灵，镇压江干，真足以壮雄观而瞻万国也。此像临模士河，即自此入于来因，有茂士桥甚长以度之。闻威廉初王时甚压制，民不悦而逐之，威廉易服作邮夫，夜走英。既归改民兵，民大不悦，及胜丹，民乃称之。至破法一统，民大荣乐，死乃戴之不忘也。盖变法自强，万不能尽听民自由。观子产乎，前闻孰

威廉第一像

变法自强不能听民自由

杀之歌，复为谁嗣之思。同一人也，前后之恶爱相异若此。然则但求之舆论未可也，顾成功如何耳？适德人操新兵于林下，停车观之。其坐作进退，矫手顿足，执挺持枪，亦未甚严整，殆新自乡曲来乎？遂行数里，冈上有古城堞焉。

自嘻顺至可布录士

自嘻顺之冰靳，至可布录士，凡七十启罗迈当，当中国百八十二里。连山夹河，垒凡百数，地势至险，风景亦至佳，古迹至多，最令人留连感怀者也。自此开百里大原，别为境界，至先陀矛士，连冈互迤，地多砖窑，而垒亦渐小矣。南岸则为耐啡市，数里为耐的士多邑。北岸循砖寄至晏爹拿，人口仅万，而规模似甚大。有罗马古城古垒及塔，城门石筑，雕镂尚存，有古石弹无数，叠成斜塔，盖用弩之时所用。古"礟"字文从石，吾国宋前亦如是。其塔体制亦颇精，下层圆，上三层，八角渐上益小，高六十启罗迈当。来因河畔，多罗马古迹。罗马非不刻意经营，尚过于我之经营新疆、西藏，而一败不振，并本国而永远沉沦。若吾国虽间乱于五胡，亦复时失于北漠，而本国政教本原极厚，入焉者只有同化，而拓外之力暗寓于无穷。请观东三省与新疆，孰非华俗？而欧北之条顿，确有自立于罗马外者，足知罗马政之远不如吾国。而今罗马律，则有间接而入于我者。此则吾子孙之不克振拔也，亦可耻哉！

罗马政之远不如吾国

自晏爹拿后，游记已失，然垒亦略少，自是记来因而非记垒，《观垒记》亦可止于是。迄今披览图画，绝壁古垒，侵云摩天，郁郁犹在目前也。在今惨淡风云，已为过去，无限碧血，亦复痕销。临眺山河，但觉有垒处增添异景，而五十年前蛇豕纵横，锋镝鸣突，流血渍地，横尸遍野，来因河波，为之变赤。附垒之村人，即当日依侯之隶民也。日日惨杀，月蒙劫掠，何辜于天，如是千年。掩卷思之，此岂中国数千年人民所尝见者乎？来因河畔之民，是亦苍生也。吾别有《德国垒图记》，今先记来因河畔者。

附垒村人当日隶民

来因河二市附记

自晏爹拿循河行南北岸，亦多砖窑，而葡萄满野，林木当深冬犹绿，古垒亦复寥寥。北岸人家，沿河相接，渐益佳胜。凡行数十里，楼阁幽艳，园临河干，草树绿茂，多有亭台磴道，幽敞妙丽。可与汉堡、免痕、波士淡争胜，全德景甚少其比也。妇女尤秀倩，亦为德之最焉。楼阁愈壮大，路道愈广洁，则已入般之大市矣。

自晏爹拿至般之大市

般即波恩

般人口十万，实为来因河第一新丽之市，公署弘敞。般故自立之公国，今废，隶于普，其公宫今改作大学校，甚有名也。前环廊作正门，皆黄色，敞庭花木幽茂。学舍三层，虽无雕刻之丽，然白壁长敞，极光朗。管校者领游各堂室及博物院，亦略与各国大学同制，但稍朴耳。普王子皆在此就学，德主昔亦学于是，世爵子弟尤多集。盖以地临来因，水土清胜，远过柏林之嚣故也。适一学生死，

般为莱因河第一新丽之市

校长率诸生送之。旌旗甚丽，全校皆集，学生送殡者皆作五色服，扬旗执鼓、吹箫笙以送之，如赛神然。夫送殡以哀死也，死者不可复生，既与我有交矣，今不可复见，则是永绝之日也，忖忖予心，夫宁不少有恻恻乎？故哀之而素服是也。而乃为五色游戏之服，作乐鼓歌以送之，是乐其友之死也。在其校制，以为优恤学生之大举，而游戏若是！昧昧我思，是以悦人目为事者也，未免乎野蛮之举。

湖南留学生李复几

吾国学生，仅有一人，为湖南李复几，卓如主讲时务学堂之学生也，聪明成学矣，相见殷勤慰勉之而别。夕五时自般驱车至佉论，仅一时许至。道中平畴广野，人家楼阁甚佳，市当来因河曲，为来因河汇流之大市，别见他篇。

佉论观塔记

佉论今译科隆

十一月廿九日，自般至佉论，汽车一时许到，时已近晡。佉论英音也德音曰佉论花顿，以制花露水著，即以为名，德西边第一大市也。故自立国为普所灭，人口五十万，临来因河曲，北通荷，西通比、法，转输利便，自古为雄镇。大道广洁，几能比柏林之灵顿街。盖自罗马开辟至今，罗马古城门犹存，筑以小石颇奇。又有十二纪之古城，周环木，后列石像，形制甚诡。河干大道，有威廉父子像。戏园壮丽，所费至六百万。河上桥横，皆以铁柱承之，可开合。公园广大森蔚，中有楼阁。一杂货店女工三百六十。雕饰诡异，各都会所无。客店布置陈设，亦复古雅奇诡。信乎都会之繁丽富靡，而德人之心思，善于制作，即此亦为各国所未及也。

然佉论所以著名，与各国游客屐齿所走集者，则不以其都邑之盛，而皆以其塔寺来也。佉论之塔寺，为大地建筑工程久远之第一。自西千二百三十年，当宋理宗时创建，至同治七年乃落成，前后凡八百年，故为惊人之绝作。苟非教力之绵长，封建之大力，必不能得此。双塔杳杳入云，高百六十八迈当，盖当中国四百有六尺六寸，顶之相轮亦高十馀丈。八百年工程久远，实冠宇内，可为独奇。全祠巍巍如山立云耸，高十馀丈，长廿馀丈，殿前座作圆壁式，左右五间，前列龛烛，左右两高座长十丈许，设灯甚多，高处供多像，柱及半皆作立像。每二柱，间作一户，上作四户，再上数丈，以五色画玻为之，极瑰丽。堂上深四柱，每柱距二丈许，入门三层，大柱以三十八柱合作一柱，大至丈许，左右深列十柱，亦皆以十馀棱作一柱，每柱二列九户，壁列像于中层，右作乐管极巨。藻井作大交文式十，绘红白二色，白灰饰顶。峨特式皆如此，遍游意、班皆然。设拜几甚多，有警仪者，红袍持杖巡察，以纠喧哗、禁闲游者。大僧诵经于坛上，女士罗跪堂下。前门两塔作四层，刻像皆渐尖狭，顶作棘刺形，十丈许，上作十字为宝相矣。中顶高处，玲珑三门，两在二塔下，一在中。左右四层，下窗二，上窗一，如是各二层，门刻十数桁，每桁刻像满焉。窗皆四桁，双塔塔中作尖层，层尖棱瘦刻，每尺许一棱。第三层以上，四角尖棱，

游佉论塔寺

另作小塔，尖棱各三层。东西亦作三门，门中立柱，分为二柱，中刻一像，左右刻棱桁无数。左右各七像，上列六小像，正门上列像四行，极其刻划。其门檐作人像，凭空斜飞。

庙身左右五尖窗，上下二层同，距各丈许。每窗隔作墙，每墙二尖棱，高二丈，每棱亦须十数小棱。塔下小上大，中作门形。后殿圆拱处，左右三窗三墙，墙顶各作棱塔三，每塔三重，亦有多数小塔围之，各驾成桥形。内室顶皆作穹，左右各八，前为喷水池。（见图）。

此庙以瑰丽论，远不如罗马之彼得保罗二庙。以峨特式论，则美兰那之庙第一。以高论，挖顿壁邦鸟弄第二。此为第三，可谓奇伟之大工矣。

彼得保罗以文石胜，刻划五色，清严妙丽，诚无得而比焉。宇内只有印度沙之汗陵、君士但丁之生苏非庙可相方耳。若以工程奇妙，则无如峨特式焉。状如崩云耸天，峭突棱起，吾所见各国祆祠，峨特式亦多矣，班、葡尤盛，而无能比美兰与佉论者，观此乎亦可观止矣！

佉论官署、银行、邮馆，诸大客店，皆四环此祆祠，以游客之来，皆为此祆祠来也。一名字之动人如此！

新道宫室精美

佉论新道左右，宫室精美，若旧道之屋，则极古旧卑污，亦与汉堡同，可考见进化之序焉。佉论工厂甚多，形势利便，而沙立曼宅都，不于佉论而于亚痕之僻，未审其故也。

亚痕故都记

自佉论往亚痕，汽车仅三时许，丙午十二月三日九时行，十二时到。道中平原弥渺，颇带苍林，近亚痕处则多为丘埠矣。 自佉论往亚痕

自佉论往亚痕，凡四十一启罗迈当，大原长道渐西，冈阜迤逦。有古城高丈许，周垣尚在，炮眼甚下，高仅尺许，广数寸。当时拒步兵来犯，故愈卑而对愈正，发愈烈也。今有兵守之，亚痕为沙立曼故京，冈陵绵亘，道皆崎岖高下，至今尚规模狭小，人口十馀万，一无可观。惟沙立曼故宫及陵庙犹存，二事可览，亦可借以考其制，以见其文野之度耳。 亚痕为沙立曼故都

沙立曼陵庙，本其自筑之宫，及其殂，即葬是间。庙斗耸可七八丈，前门四层，上作双塔，可十馀丈。中为圆穹，共高三十三迈当。左右圆垒，又东西各小塔，中半皆刻列像。后殿半壁形，在欧土实不足道，以其古而为沙立曼故迹耳。 沙立曼陵庙

殿前圆穹，金摩色画五色玻窗。三僧梵诵于神座前，梵声烛光，繁其升降，望之无异群祠，无可观者。惟其一木一石，皆聚千年帝王之施舍，一一皆珍异，以此独令人流连耳。正殿酷肖中国神祠，为十四纪所筑，其五色玻窗二十四迈当，为西千八百五十年非特力第五所赠。中阶铜雀大数尺，乃十五纪时物。殿上神像相轮全金，乃阿图第 正殿酷肖中国祠

二所赠，今千年矣。殿上画极佳，乃十七纪物。旁室为帝更衣处。壁间宝座为大僧正座，西壁二亭饰金，为非特力、威廉所赠。其中庭北，阿图第三即葬于是。中庭有圆穹，其摩色画，赠自教王聊三，即为沙立曼加冕者。穹下八文石白柱，沙立曼所营。其灯似中国，为十二纪巴巴路筛所赠。有石狮尺许在门，则四纪物。作果叶形者，十纪物。登楼在圆穹下，可俯视下殿，沙立曼朝群臣即于此，然地甚狭小矣。有沙立曼宝座存焉，以六文石板为之，每石板二尺许，座下四文石承之。七级而升，沙立曼即死于此座，西千零六年，阿图第三开冢而见之，乃为敛于金棺云。

楼左一室，十五纪筑者。有石棺刻人马，自罗马移至。又一室亦十五纪者，置沙立曼十二纪、十五纪时棺，坡窗及床亦十五纪物。有耶稣像画石画甚古。其铁窗网则十七纪物。有沙立曼托塔像，大丈许，其意与托塔李天王同，何其暗合耶？北有甲像。后廊短窗，石柱十二，沿廊皆作海棠形，廊壁皆十五纪之画。有祀基督十字架像以灯烛，极似中国神堂。转入一神座及堂，皆十五纪物。妇女以灯烛祈拜于地者夥。入门在殿旁圆塔下，为藏沙立曼金棺处，有僧司匙皮藏之。开门入，乃如小博物院也。仅此一室，正面及左右列橱十馀，沙立曼金棺亦如一古物，列一橱内耳。遍开各橱，金宝灿烂，皆千年列国帝王遗存赠送之宝物也。

沙立曼托塔像

罗他王十字架

左第一橱，有九纪罗他王之尺许十字架，皆缀宝石。

沙立曼之六角金器。十二纪之四角金珠牌。十五纪之基督十字架像金珠六事，四角、六角、圆式，皆十五纪物。一教皇金珠像。一沙立曼所佩之十字架，缀杂宝小表十四。一查理第五所赠之十字架。一十五纪美国所献之十字架。一为十四纪宝石。一十三纪大金座马利女帝金像。其一为十四纪小塔。以金银刻多像，自沙立曼诸帝咸肖焉。一沙立曼剑。

第二橱为十四纪造沙立曼金珠像，内有沙立曼骨，又有沙立曼冕，及猎刀战角一，为十五纪造之三尖金银塔。 沙立曼金珠像

第三橱有一金手，内藏沙立曼手骨。一为马利女王冕。一为十一纪希腊金箱。一为十三纪十字军之金灯。一为金像藏彼得骨，有十纪造之象牙箱及筒。十四纪造之像及刀，与小桌及画。十五纪造之经。 沙立曼手骨

第四橱有基督经册，大尺许，金珠作夹二册，略小。一为查理第五赠之钻石，十四纪造之马利亚像。九纪之经，一金宝作面，一银作面。沙立曼金棺在此，上饰如屋脊，有足，全饰金花，亦极丽矣。外有八像。前后凡开三次，今德帝威廉再欲开视，议院未之许也。此为千二百四十五年巴巴路沙所为者。置棺骨如陈设博物院，此吾国人所万不能料者。 基督经册

第五橱有彼得骨，以金轿藏之，二小金人扛之。有九纪造之金宝经册，有马利女遗衣宝盒十馀事，此外金珠亦十馀事。又藏佉论名僧亚住其骨一，显理第二象牙亭镶宝石。 马利女遗衣宝盒

馀数小橱，不及一一观。然就此言之，德意志千年帝王之珍品，与其尊教之俗，亦可见矣。德意志本甚野蛮，今其金宝刻划，精工珍异，岂不近于文明？然蒙古王珍器亦复金珠灿烂，达赖、班禅与西藏诸大僧宝器皆精工，以王者教主之力，虽极野蛮，自能致其珍异，与全国之文明无预。统观其政俗，金甲石垒，与蒙古无异，未能以区区金珠之物及殿宇之精而称之也。庙首有坏砖圆柱数尺，以铁阑护之，盖十二纪物。

金珠殿宇与文明无预

今之市长公署，前后敞地，为市民所聚，然规模亦甚小耳。吾访闻德诸帝故宫，则只有此市长署为其遗殿，后为新修者正面，旧者高塔入云，在屋顶上五层，高可十馀丈，崇墙刻像成列，皆德诸帝像，备极雕饰，高四层，仅如一富人屋耳。入内门，顶作交纹，似峨特式。入一室为公议堂，正面沙立曼像，饰大帔皮靴，人面铁铠，短衣镶边，胸上下二带，手持球及杖盾，面长鼻直，眉目有威，大须与佛兰拂像相同。左壁为聊波大像，亦大帔持杖皮履。下为路易第六、第七像，皆大帔披发，手足铁铠。马利女王像，旁为佛兰诗士第一夫妇像，铁甲贯大帔。前悬今德主威廉第一及威廉第二、非特力第三像。转入崇阶十三级，分三陛，再上为穿门，乃十三纪被火而新修者。遂入正殿，深六丈，广十二丈，中四大柱，可五六尺，上盖作交棱金花，地砖砌花。四壁皆画故事，壁脚刻金琐画，然画饰皆新修，非原物也。

市长公署为帝王故宫

正殿为沙立曼所筑

此正殿为沙立曼所筑，加冕受朝处，后凡三十四王加冕于是。诺曼人毁之，十三纪再建焉。规模皆狭小，比之教寺，相去悬矣。盖欧洲尊教皇为一统，诸国王仅如诸侯，野蛮世亦如土司蛮王，未能盛仪物而壮观瞻也。其与建章之千门万户，未央之建五丈旗，前临渭水而后枕南山，相去远矣。盖一统及文明之帝，与野蛮小国极相反不类，不能以欧土今日之文明，而并尊其先世也。壁画皆沙立曼故事，一启沙立曼陵见沙帝冕而端坐像；一沙立曼破萨逊图，割其所尊之上帝像，萨逊人皆跪。一胜回教之沙罗颠国图，沙立曼跃马，左剑右戈，回人败状。一胜意大利之巴非亚图，画者丫路夫烈地，路精尽而死云。一萨逊王挖得败降从教图，王黄袍大帔，皮靴半跪，将士皆跪，沙立曼跪于上，大僧立而教之。一沙立曼加冕图，建庙图，即今陵庙也。一沙立曼为子加冕图，子跪受，凡加冕皆跪，如吾国冠者加冠之礼也。可知欧洲王者加冕，乃侯礼，非帝礼，以侯为受封于人，而帝为封人者也。其穿殿左右壁二大画，一为千二百四十八年，巴巴路沙人民请筑城而许之，皆作举手状；其后旁坐，黄袍垂帔，甚端正，帝冕而红衣持杖。右为罗马兵入德意志馀热泉图，短衣行甲露趾踵。皆名画也。

壁画

遍问亚痕，更无遗迹，只此一宫一庙二者。区区小室，不意德意志三十馀帝，而陋俭若此，宜亚痕之不著名也。吾昔怵于日耳曼之盛，思亚痕不已，不意仅此一小宫、一小庙之存，而绝无他迹。有以见日耳曼三十馀朝之霸者，但穷兵力，而非有文明可称，最为明矣。试访蒙古

日耳曼称霸但穷兵力非有文明可称

之上都，岂有可考耶？若其殿构犹存，则以石筑之故，故久经兵燹，而遗宫无恙。一制之善，则虽野蛮之朝，亦可久存。吾国土木为堂构，一制之不善，则虽秦、汉、隋、唐、宋之遗迹，无一能留以自证其文明。始创作俑者，可不慎哉！

德意志文物不比希腊罗马

亚痕之都几八百年，及奥公赫斯鲍氏兴于维也纳而代帝统，仍来临莅，王迹未熄。不意遗物凋疏，乃若边邑。由是观之，德意志之文物，比于希腊、罗马，不啻天壤也。盖其始基起于戎狄，如金、元之初，本无可道。至十字军后，观于君士但丁那部及底格里河、幼发拉的河之文物，乃始惊骇，乃始仿慕。至西十六纪后，欧土文明始曙，则大势已移于湾京，此亦如金、元无可称矣。其陵殿有一二金宝雕镂之珍重、柱壁刻划绘画之文美者，则以罗马之文明存于其教故。当时祠庙已极华严，即今日亦有未能过之者。故宫壁刻石，有峨特式之精美，沙陵金器，多出教皇，及诸国赠品，故有雕金灿烂之观也。此在今日欧美之富民，珍品已多，民居雕石，谁不如亚痕故宫者？眇兹小室，实为蛮主之真相，何足道哉！

游亚痕知德意志古旧野蛮

游亚痕乎，乃益审德意志古旧野蛮之情状。故近世欧土开化，自啀士尼、佛罗炼士导其先河，班、葡、荷兰开其轨辙，而英、法继之。今全德之域，以波颠湖为文明之先，而皆自巴黎传来。全德之宫室什器，莫不摹自路易十四。近百年来，机汽已出，文物方新，诸国竞于珍奇；德则在路易十四、拿破仑第一蹂躏碎散之中，诸侯分崩，贫弱喘息，又频乱于革命，无自从容研究，以与诸国争长。故三十年德之列邦，仅与瑞典、丹墨、俄、波之文明比耳。至俾士麦破法后，美国费城赛会之品，尚只有克虏伯炮一事，德使惭而顿足。及光绪四、五年，俾士麦以一统专制之政，大奖工商。曾几何时，今制造品冠冕乎英、法，遍弥乎大地，一国商业敌全欧，文学、化电、医术之精皆冠欧土；虽以先导之英，犹有瞠乎后尘者。若其道路、宫室之广洁精妙，更冠全欧。上下其间，不过二十馀年耳。同在一国，文野相去之度，何其绝远也！

夫自罗马分乎东西，其后欧土别乎南北，沙立曼应运而兴，实与罗马代统。然蒙古入华，何关文物哉？只得谓为蛮夷大长、窃帝为娱耳！欧土三面滨海，地势槎牙，文物之兴，皆在海国。希、罗为之先导，班、葡起于中间，荷、英接其后轨。德虽为中原大国，而上迷于战事，下压于侯封，千载昏昏，反让海隅诸小国以先驱，而未尝有文明之一线。然土厚气深，地中族大，发扬虽后，光焰弥奇。德意志乎，实可谓千年尚在野蛮之域，而近数十年乃始入文明。然则亚痕之无可观也，亦何怪哉？沉也何深，兴也何骤，中原大邦，固不可以边海小国量之哉！况堂堂吾中国，本自有数千载之文化，无待他求，徒以近数十载，机汽日新，国竞相形，故不能比较此区区之短期耳。以吾土地、人民十倍于德，而教化之传于人种者益古弥长，若以一变其速率，更有远过于德者。但无徒以民权、自由、政法等空论为变，去其虚而惊其实，不入于迷途，

沉也何深兴也何骤

中国一变其速率更有远过于德者

不作于自乱，则吾国文物之冠于大地，在反掌耳！志士鉴于德乎？当令道不迷而气益壮矣。

游记已失，若检得当补详之。市长署后有一公馆，作金字形，累层甚低，闻亦旧宫之物，今改作者，然无足观矣。真不意千年霸国乃若是也。

亚痕纯冈陵，故颇崎岖高下，登公园高处可一览也。宫外大市有温泉，病者冬日多来浴焉。市外公园凭冈甚大，亭池葱妙，风景甚佳。

三宿亚痕

吾自亚痕入荷兰，数刻即至荷境。自荷复还亚痕，而入比利时，亦不半时而至北境。三宿于亚痕，今乃德之极边也。当时荷、比同隶于德，则沙立曼卜居亚痕之形势，欲以阻海而东争也。

游银行规模颇大，同于柏林、巴黎之式，故不详。

蔑士记

自巴黎至蔑士城

光绪丁未十月十三日晓，自巴黎入德。道中无大城邑，惟难施大城犹存，则将近德界矣。难施在大革命时蒙难最甚，过之凄怆！三时许，至蔑士城，巫射河绕之。寒松苍翠，冷霜遍野，升根的垒在山巅，俯临城河。德兵大破法师，即在此地，今尚如见其疮痍也。城甚旧，道甚狭，市甚污，屋甚古，人民十许万，盖无足观。郊野新建者，乃稍壮丽耳。德国都邑，无不可观，惟此城为法旧邑，仍不治也。驱车过市绕视，尚想古战场焉。有古德意志门，圆塔高下甚壮伟。寺祠最多，其最严庄有名者，十一纪之大袄祠，名噢的里，耸然壮观，工程凡二百年，几次于罗马之彼得寺矣。内多前王珍异物。寺门刻像二层，上层五像，中层十七像，下层八幅，每帽二像，尤为精美。内殿穹柱雕镂，实开今各国大寺峨特式之先。即意之美兰、德之佉论、班之篩非极意经营，无稍出其外者。十一纪之建筑如此，欧洲宫室之美，真有自来也。非宣士寺极壮丽，门作三层，上狭下广，以多柱为之。又讨孤厘拿寺，双塔入云，余未尽游矣。人民鄙朴，相貌亦不佳，不甚类德国人，乃知法、德为治之远也。

人民鄙朴相貌不佳

公园在大道，亭池居中，林木森苍，整齐可观。

士遮士卜记

夜六时，至士遮士卜都，德取法奥鲁沙士州之都会也。道路洁敞，宫室壮丽，房舍夹来因河，灯火煌煌。自法入德，耳目开朗，与德国之诸大都邑无异，视蔑士有若绝域之不同矣。德人驻重兵，设总督，以为重镇焉。地若自立之州，不隶于普而隶于德，但总督命于德主，与隶于普实无异。其总督以勋贵重臣为之，兼统文武，并设百司，迥异诸州长官，有吾督抚气象矣。各名 Staatohlter 士的哈打，哈打者，言管守也。其犹英国加份拿毡那路。

士遮士卜都

人民三十馀万，市廛广大，甚繁丽焉。城临来因河，有长桥渡汽车者，极壮伟。馀河桥甚多，其敞场四面，王宫、大学、书藏、戏院、博物院、市长署皆聚焉。并巍楼大厦三四层，雕镂庄严，望之瑰耸，外环林木，王宫以备德主临幸，高穹中耸，顶加二方塔，上刻大像焉。罗爹士馆甚壮丽，馆前有破法名将基厘罢像，石座刻碑纪其功焉。有伽玛尼亚大院，临河岸，极壮耸，寺塔甚多。有眠士打袄祠至古，门右平而左矗，单塔高侵云。有大钟，为十二纪时物。台顶作二大鸟，传闻首能翼小孩云。

德法千年争战之所

此二州在来因河外，为德、法千年争战之所。法人得之，则易入德而躏之，故路易十四、拿破仑以此几分德国。今俾士麦得此二州，可旦夕临巴黎。盖吾南北朝之争淮也，亦欧洲得失之林矣。此州壁兵闻有三十万，然甚秘，以法人顿兵三十万筑长垒以守之，计德亦同。天下屯兵之重，无如此地者哉！

波颠湖记

自乌弄至波颠赊赊湖

十月十八日晓七时半，自乌弄行半时至波颠赊赊湖也。波光漫山，草树云烟，映带人家，与楼阁相映，朝暾初上，船笛呜呜。临流横望，于今又三年矣，风景依然。波颠界德、奥、瑞士三国，昔全为德境，则为德文明开发最先之地，亦以湖山之胜也。其在德诸邦，则拜认、滑敦壁、巴登三邦，皆临湖者也，故亦秀出诸邦。来因大河自阿尔频山穿湖而出，盖阿尔频山顶诸湖流下汇于此。巨浸千里，光景明媚，湖中多岛。巴登之来乾阿岛最大，凡八十启罗蔑度，皆种菩提。湃认之灵岛，为名都，楼阁尤丽，吾三年前曾过之。埋铙岛大半全近刊士但士，则巴登上公营行宫在焉。环以林木、铁凳，为湖中名胜，巴登公避暑，常居此湖中。有汽球室甚长大，为伯爵摄披会藏汽球处。此汽球如非路鱼，身长头圆，有翅，球长一万一千蔑度以三角计。费一五十万擘，盖伯爵鬻宅竭力以为之。当初放日，德太子亲临观焉，盖为全地第一大汽球云。吾过湖适遇放球，升落毕见。先是于电戏三观之，不意今日亲睹之，亦幸事也。各国人皆有助款于伯爵，德人以公还其所费，今更欲制一大者。欧美人好事，能出新奇，国家助力劝工以助之，此人所以益劝也。船小泊佯士卜邑，为滑效伯邦地，临山有其八纪长垒，今分为二，有桥通焉。平冈迤逦，皆植菩提，有佳酿之厂，古之僧舍改之，旁尚有僧舍存焉。

全地第一大汽球

刊士但士记

船行一时半，至刊士但丁邑，则波颠湖最著名地也，昔为自立市府，今属巴登矣。地临湖而跨来因河源，河自阿尔频山流下如飞瀑，有垒临之，隔河为大客舍。夕阳返照，飞瀑作红色，最奇丽，未知吾龙门三峡之流比之如何耳。

刊士但士今译康斯坦茨

莱因河飞瀑如龙门三峡

刊士但士昔为方岳，盖德境之南，界阿尔频山而临千里湖，南国诸侯易集，听常巡幸诸侯则止此，为朝觐讼

刊诗帘楼 狱，有刊诗帘楼存焉。本罗马六纪时物，为西千四十三年所修，墙瓦古朴，皆类中国。三层木作板，柱甚坚厚，长方广十馀丈，甚小，大类吾五层楼，德帝亨利第一、第三，非特力第二，马西密怜，皆临幸焉。教皇亦多有名者。彼之明堂也，千三百年之遗物，亦可宝矣，吾登览久之。惟近停车场，地价甚高。土人频年多议毁之而售其地，而一党欲保存之，至今未决，果尔真杀风景矣！

古图画 楼四壁皆绘图画，并数百年物。其最古者，罗马来攻取刊士丹士图，士女新信基督教图。一为教皇玛颠第五来朝图，冕高三层，四人执帐，四角盖之，威仪严重。一墨西密怜居此出战，嘱居民保护其后图。一作德始祖非特力何烟刍论受王封为班颠卜地主之伯爵图，德霸主冕而临朝中坐，二大僧陪位旁坐，伯单膝跪，霸主赐旗剑，一官立读册书，伯跪受，西千四百十七年也。班颠卜即今伯林。吾观欧人封爵图画甚多，其仪皆类中国古者册封，亦礼之自然者耶。何烟刍论氏即今德帝威廉第一。先世此自风爵迁兰加拉父爵，兰加拉父者，为一邑之主，降刁一等而权相同，始则民举，继受王封。盖纯乎君位而最卑者，盖战国封君之比也。以其在刁之下，姑译为伯爵，风则未有地治之爵，其详见《欧美总论·爵国篇》。

一西千五百二十一年新教人毁旧教大僧器物图，与路德毁教皇诏同时。然则是时恶教之俗已渐盛矣，宜路德之能乘时而起也。一作刊士丹士人与西班牙战图，一勇士挤班人十馀人于水，生气蓬勃。一作奥人攻刊士丹士图，奥人渡城桥，土人空巷而走状。皆西千五百四十八年事也。瑞典兵来攻图，则西千六百三十三年者。一租摄第二开放刊士丹士自治图，西千七百七十八年事也。刊士丹士自尔为独立市府，百年至近乃隶于普鲁士。观此诸图，刊士丹士千年之沿革，已了如指掌矣。

观图可知刊士丹士千年沿革

而刊士丹士及此楼最动人纪念者，则以约翰呼斯之事。盖欧土大事，莫大于新教之变争，而约翰呼斯，实为德人倡新教攻旧教之初祖。师弟遭焚，教皇与德主诗伽士们同讯于是楼，其影响所关最大，纪汉高不能不先传陈涉，感路德不能不先述呼斯，事虽不成，波澜无二。约翰呼斯虽为波希缅人，而囚于此、讯于此、焚于此，遂为刊士丹士之莫大纪念名迹焉。此楼即德主及教皇讯约翰呼斯处，有图写德主中坐，一僧为书记，旁坐写供，前诺之，而今畏教皇违约，呼斯立对教皇时，从旁观讯，从官甚多。一图作絷呼斯加手镣，夜火隐之以小舟送之狱，盖畏其得人心生变也。一作驱之就焚图，将军旗马先行，一卒执索曳于先，一卒执矛驱于后，一人荷薪，男女小儿从之。一作约翰呼士去须发图，以其得人心使人不识也。一作焚呼斯图，系于板，足立柴上，将军立马监刑，有旗，群僧怒目，农民哀求，二人添薪，一人然火，呼斯仰天祈祷，神气如生，亦动人感念矣！

约翰呼斯

临河有古僧舍，昔德帝驻跸之所。楼下一地窖，昔囚呼斯于此，凡三年，吾临省之。有图作呼斯披发摊卷，旁一水瓶。此僧寺占小岛为之，通以桥，此地最名胜者，自

古僧舍

祖栈第二逐僧以赐贵族后，今为大客舍矣。外绕水，环植花木，两堂及周廊犹是十三纪古物。堂画多脱，廊画甚完好，今帝威廉亦补像立此。廊壁厚二尺，中植花木，僧舍画甚劣，如中国村檐壁画矣。

葛理吉宫

又临湖桥，有古屋，曰葛理吉宫，呼斯囚此经年。此宫新修二塔，三层楼，长杨临水，甚都丽。道过十四纪古楼，乃昔杀人处也。名士呢士门，五层，有大钟，杀人则鸣之。楼左小屋三层，甚卑陋，约翰呼斯著书居此。门有石刻像，吾购之归。遂观其弟子僖罗尼谟士囚室，凡二层，近市长署处。驱车如星，观焚约翰呼斯之石，高四尺许，大六尺许，围以铁阑，今生蔓草矣。焚时为西千四百十五年七月十四日，次年其弟子僖罗谟同焚于此石，凡四人。彼教徒多能守死善道者，吾教人亦可观感矣。诚至勇，天下恶有不成之事乎？吾有诗赋之。

观焚约翰呼斯石

刊士丹士观约翰呼斯焚石

观约翰呼斯焚石诗

白石周遭绕绿芜，铁围焚处血模糊。首排旧教终成就，化碧千年亦可吁。

车场临湖为公园，青紫芳菲，至冬不改。长桥驾来因河，有十四纪古楼，风景甚佳。处处多古宫室，道亦纡曲，以之览古，则不如新色之美矣。小儿未尝见中国人，到此结队百数十，追里许来观。眠士打袄祠峨特式，白石颇佳。方塔屹矗，惟雕刻颇少。有德主非特力巴巴罗沙行宫在，西千一百八十三年，四层斜瓦，层甚矮，而门前壁画像极精，至今犹存，颜色不改。德人之能保存古物，亦

小儿结队观中国人

可贵矣。今德帝威廉始封之祖非特力姓，何烟刍论受封班颠卜兰加拉父，即在此室，即有邵家室，自此始也。此宫今为市长署，后堂白石崇塔，花木甚整。地近来因河瀑，盖河流临崇崖泻下而成瀑也。美之奶格科亦同。吾国河流，龙门想亦同此，恨吾尚未见之，谁为胜也？临瀑旁冈上有古垒甚大，作客舍，茂林翳翳。观瀑最佳。当晓日夕阳射瀑作红色，尤为奇丽，夏时避暑胜地也。 莱因河瀑布

二时乘汽车行，过来因河，广十里，烟波渺㳽，居然有大江气象。过拉多赊路邑为瑞士自立者，卑谦梯生处有其像。道上僧尼甚多，亦多僧舍，此间似旧俗极深也。车路回环，循波颠湖，波光云影，映带山色，与古垒人村相杂，甚类吾西湖也。渐至山，遂入瑞士境，夕至筛离。 渡莱因河

威廉筛记

光绪戊申四月，游德国威廉筛垒宫。自埃士拿往，可二时到。绿松遍山夹道，地甚幽秀，故禽拿破仑第三幽置于此者也。前岁车过而企望之，今乃来游。此地离宫十馀所，或有废者，游不及遍，仅游其半耳。威廉筛邑于山趾，人民十五万，亦有公园、博物院。昔为嘻顺自立国，西千八百六十六年助奥战普，俾士麦遂废灭之为郡县，故今地属于普，而各宫亦属于普君主私产矣。宫旁卖茶，亦为普王租出。其人民于公园刻狮，作愁卧状，盖不胜故国山河之感焉！吾亦为抚摩久之。此地于德国颇僻，少憩茶 游威廉筛垒宫

室，呼电车不得，道不整洁，山径崎岖。而游人咸集，英、德君主常至，则以宫垒之奇甲绝欧北也。

诸宫垒皆作于嘻顺兰加拉父累世。兰加拉父者，译言地主也。兰者，地也。加拉父之爵，德国今有之，英、法译比于子，日本译比于伯。德国古小君长，有墨加拉父、铺加拉父与兰加拉父。盖德王授为郡守以抗诸侯，久之，渐皆效诸侯，自据其地以传子孙，如唐藩镇然，自是自为国土矣。其爵位在科士之下，便在歇叔之下，又更在咽住歇叔之下，歇叔之译作公者也。是时诸侯若波缅及普已爵为倾，倾译以王，恰比春秋之公。则兰加拉父位乃最卑，实比于子男。然德非一统，实比晋、楚，则兰加拉父实比下大夫之采邑。然以自立国而世传子孙，故尊贵富溢，亦与大国之君同。今观其离宫十数，林园数十里，壮伟精妙，令人叹绝，乃为中国万里一统之所无。于此见小国诸侯之虐用其民，而封建人民之苦也；又以见宫室什器之精，亦造因于封建也。二者得失互见，而孔子之讥世卿而尚俭，令后世无力役之苦，而中国室器亦渐陋，亦可于此推其所因矣。

离宫数十壮伟精妙

赫高厘士台塔

赫高厘士台塔瑰异，实为北欧第一巨物。盖自山巅作八百四十二层水流级，上下作八池，以蓄水而时宣泄之，又遍为水管千万以喷薄之。自邑至拿宫，直登数里，又自拿宫至山巅垒台，直上三里许，凡二千馀级。垒趾三成而登台，凡数百级。台颠更筑七层塔，又数百级。乃至赫高厘士之跨下，垒台共高六百蔑度。赫高厘士者，嘻顺兰加拉父之作此台也。自制赤身大像于塔颠，三年乃成，高十蔑度，其足一蔑度半，其杖空其中，容六人，开窗于杖中而眺远焉。远望真像，如在天际，其怪异如此！今嘻顺民犹怨其虐，骂其赤体无耻也。赫高厘士曾夫选侯，游意大利，慕意大利宫室之瑰玮，归乃延意名匠佛兰诗士、孤亚尼利作此。役民数千人凿石移来，人日仅给二钱，自日以马柗二石登山以先民，毙马亦数百。以西千六百九十六年创之，至七百十四年乃讫工。盖非有嬴政、杨广之暴虐，必无长城邗沟之巨工，而吾今以竞欧人者反赖有此也。然则孔子之贵卑宫而戒峻宇者，殆有鉴于封建诸侯而有为言之哉！

此山最奇伟惊人者，山颠赫高厘士之台池也。自汽车远望，其台如垒，屹然山顶，皆如层云；陂池数十，层级而下，白波飞射，下至亚利自宫为八大池。林木草树，浓绿蓊荟匝四山，幽奇令人艳羡。今亲入一一游之，益令人适适惊绝，即欧美亦罕觏也！ 陂池数十白波飞射

台趾百丈，作十二角形，前突后洼，内外四成，每成绕台。磴道斜上各半周，其台其阑之石，皆作嶙峋不凿形，一高一下相衬。全台上下假山之阑皆同，突兀嶙披，即此亦一异观也。两成合处作一圆，阶下有穴可俯也。第二层作通廊，第三层作室圆，窗深皆四五十尺，石皆宏巨不削，环中十丈而空之，下作池蓄水焉。绝顶四层，作大平台，可百步，但空其中，可瞰下池耳。每石广四五尺，登楼八百级，经久皆半低陷，亦可见游者之多也。周步台

上，四山回迎，左右峰夹峙如门，形胜极佳。台左角有室，为运火铁管上下处，台旁作数塘，蓄诸山之水为池而灌下作瀑者也。台颠正南处，更作方塔七层，环石柱作梯而上之。至第五层，仅作圆孔二尺许，直梯而上，幽黑相摩。至第六七层，可容六人许，有小窗尺许，可周览风景。此第六七层幽黑者非他，则一铜杖也。赫高厘士作此台毕，又上作塔，乃于塔颠自作其大铜像高十蔑度，倚杖望天，神气飞扬，其杖高十五蔑度。其无道至矣，然奇伟亦甚矣。令其兼有秦皇、汉武之地，不止作中天之台已也。

赫厘高士自作铜像

自台上而俯瞰，则直山而下数里，水池数十万管，并喷射于绿树幽林中，诚人为之异境也。正台直下作八池，左右两平台，又稍低远，左右两台在上，可步可坐，环以嶙峋高下不削之石阑，在下望视，则正作四峰拱形也。连正中作飞瀑之石流，下为五岩洞，作庵甚多，每庵一白石像。前为椭圆大池，遍岩洞间，皆作铁管于石像手口中，有人司之机，一宣放，千管并喷，如珠如雾，几不及避。至第二层，岩峰前池，庵中石像，左骑马，右踏虎，能吹角作响。每岩高四五丈，八池上下凡八百四十二层，每层高七尺许，亦作七级，共约六七千级，中作水流三，各如山形，每数十层，则作池蓄水，池中并有水管，随时宣发之，大发则万亿管并射矣。至第六池，广数十丈，池上岩如山形，左右石峰嶙峋，旁则渐下，绿苔小松缠之。正面作五岩，皆列白石像，石峰藏庵甚多，昔皆有像，今多失

台下八池

之矣。法路易十四宫石像，多自此移去云。此池旁有食室，游者多憩食于此。万松弥山，雨后温烟凝绿，幽胜甚。下数里许，至第七池，则渊渟泓浩，广大如陂，绿草成茵，芳树如幄，正对囚拿破仑第三之亚利自宫矣。池中有长桥小岛，白鹅唼喋其间。池上有亭可坐，数里间芳草繁花，绿松古树，中引溪流，或如瀑响，曲折而下。或积石作滩濑，或堆土作坛坫。处处置铁几设桥，倚阑藉草，深林无际，泉声鸟声，树影波影，相交于耳目，如山阴道上，应接不暇。左右高处作石渠，引水高数丈，辟门十数，如临深崖，望如宫阙。左右各疏大池，置水管，以宫中之图考之，古今三改。然大致论之，则引百泉以泻瀑，筑多池以蓄水，置万管以喷水，则与法路易十四花赊喇之宫同。而冠山抗殿，绝壑为池，则幽胜远过之，不可以道里计矣。人为之宫园观止矣。 路易十四宫石像

亚利自宫左旁里许高冈，为螺韵卜垒。万松夹道，烟径森森，宫左为花厂，崇丽如广殿。又前为袄祠，又前为克兰大客舍。花径幽深，绿阴弥道，盖无在非幽胜之境。时已夕，宿克兰客舍，甚伟丽，盖各国贵族来游多居是也。

亚利自宫依山麓，复上则正对赫高厘士台下之七瀑池，而前直临威廉舒市邑者也。殿阁高壮，前后作希腊式，亦极宏巨。耸几十丈，左右二大球，前门惟君主来人，而以后门为正。宫前茵草百亩，正对大池，上览八百馀层之瀑泉，最为奇胜，昔囚拿破仑第三在此，德主、英 囚拿破仑第三之亚利自宫

王来游皆居焉。自后门入，有半壁绣室，以待外王。二室壁几，一蓝绣，一绿绣，桌皆文石刻金。由拿破仑食殿入红绣室，而入拿破仑卧室，亦半壁式，壁幕门金漆，作多幅形，阑内作床。今德主威廉，亦宿于是，恶言拿所居而讳之也。下楼入半壁室，有赫高厘士像，黄袍大红套。有其先公十四子女图。穿黄缎小室，有来因邦加拉父像，三十年战图。今德霸世为铺加拉父像，铺加拉父亦兰加拉父之比，亦如吾之伯子男也。穿赫高厘士书室、球室，西一千七百八十六年者，陈器皆其遗物，白幕金饰，左右二黄炉，上置石像。穿宾殿，壁以黄文石为之，甚丽。壁作多庵，皆文石。炉上置像，其壮丽与大国王宫竞也。

螺韵堡

第七池旁穿林时作石峰嶂，皆堆成者。深林幽径，蟠曲邃密，则见垒形突兀，迥出林表烟间。此垒制作精妙，实为所见各德垒之冠。垒名螺韵堡（Looenburg），创于嘻顺之兰加拉父非特力第二，即兼王瑞典者。其垒塔高下方圆，凸凹幽深，皆极奥妙，惟图能略见其表，非笔墨所能形也。逾桥入门，城堞二重，有堑，亦有坠闸杀人者。东北南三门同，内作敞地十馀丈，西夹阑置狮。乃入门一方室，有七尺圆桌，嵌十二团乐弦，中团作画精甚，盖西千五百四十二年物。各室壁画及几，皆十六七纪之织画，为兰加拉父家人所自制。所绣人物，颜色丽密绝伦，有木几镶银花者。入一室为兰加拉父聊波织画，其镜作金画，二百年矣。有小室置卧榻，织锦帐被似中国。三室左右有窗，可望外，有门可出，墙外隙地甚幽。出一圆室，遂登楼，自长房入方室，壁皆作斗室画，每行五幅，顶亦然，甚精异，皆千六百零八年织画。有中国画桌，三百年矣。一文石画橱，一皮画桌，皆以四美人作柱。又入一方室，有五百年前织画，作耶稣像者。有金银织之圆桌及织画床，尤华。有选侯威廉第一书桌，上作数十小橱，以贮诸臣章疏者。有一金柜。又入一方室，近内作阑，为兰加拉父夫人榻床，刻小像甚多。壁有一千二百四十七年始侯儿时像，陈二中国金花漆桌，甚精工，乃明时物，在中国反不得见，弥可珍矣。

中国画桌

中国金花漆桌

登圆塔

登圆塔二层，壁遍刻小木甚精。上下层皆隔一窗为门，其间即藏橱，一以弆珍器。登菪顶层，藏大画、酒杯数十，高尺许者甚多，闻制以金，今失其制法。有阿剌伯杯一，波斯杯一。右橱为嗹尼士杯，其壶大尺许，古玻甚多。桌有三角式者，塔外廊阑，可俯望万松裹碧也。对阶左室，藏先公甲仗，有一千五百二十年赫高厘士威廉金甲，及死时黑裙。有三十年教争瑞典将军之甲，有名将巴宾威甲，夫人马利亚马甲，其馀铁甲刀剑，皆十五、六、七纪物。观农人战具，以钉木相拍者。比室为庙，甚小，而文石刻峨特式，甚精。玻皆十四纪物。有先君赫高厘士威廉第一卧像，下为其冢。有西一一二四时荷兰免地伯木像，极精矣。又左为路德昔日讲亭，其乐管十三纪者。有一六一七年诃鲁班画，甚精。自此出北门矣。其上平台高塔秘室，诡制异式，非笔所能刻画也。欧人垒制多精妙，而若此比者，只奥京恪慎堡行宫及西班牙一宫垒耳。

卡筛霜市

卡筛霜市民十五万，倚山开市，然博物院、戏园甚丽。市中亦有行宫，高仅二层，威廉临幸经市，必少驻跸。后有敞台俯敞地，今德主威廉，必倚台而演说，民甚喜之。此行宫为嘻顺兰加拉父孤科士威廉第一所筑，在西一千七百六十年也。凡廿二室，其舞殿为其子威廉第二作画，穹文石壁，绿石柱刻花文，木地精丽极矣。两铜炉刻美人一，灯柱甚大。其旧食殿、新宴殿皆文石壁，有八面镜屏，每面七行四列，每镜大五寸许，照之可作百人。其炉有金疏帘，其楼梯文石列柱，刻像甚丽。入小廊路，以四色文木砌花，但此已费四万，穿馀室皆同。环以黑花小木柱，础以文石，每室费一万二千。正殿有室，座门皆镂金，绿绣壁，文石柱，但文木刻花地，亦费一万二千。各像座瓶皆金，几有冕形，有旁坐一儿，昔俄帝来游陪朝，坐于此。欧土诸侯国君之尊大，可窥一斑。穿各殿，白文石柱红绣壁，今德主威廉幸时所居，其榻皆黄绿绣顶白绿花。有画作索格底就讯状，判官马索，皆袈裟偏袒草屦。一画作其讲于衢，有座，一人跪听之，皆袒肩露足。后吾游雅典，益追思之也。此宫在市，至无壮丽之名，然尚精妙乃尔！德之诸侯奢丽，真不可思议，而民之苦酷亦可推矣。

诸侯奢丽而民苦酷

冈下为歪路诗渠迦腻宫，宫横列，中为圆室，宫前敞地百丈，列石像甚多。前左右为长池，嘉木列荫，周围百顷，体制闳伟，今为公园。嘻顺人以其灭而隶于普也，刻病卧之狮，以志其亡国之感焉！此宫已废，今为花木所，

歪路诗渠迦腻宫

其最有名而以奇丽为后人所宝护者。宫旁二百年文石之浴室也，大数尺耳。上圆穹，以一大画石为之。下分七幅白石，刻美人。顶孔刻多小孩，皆玲珑精绝。壁间五色文石作庵，刻突像无数。中浴池水管二，环白石几刻像十二，四面各三像，其文石以小片贴成。此浴室为兰加拉父卡罗作于西一千七百二十年者，精丽乃为全欧所未有。以吾所游大地，惟印度、蒙古帝宫浴殿闳大过之，而刻画尚不如。印度人最讲浴室者也，何问其他，德之古迹精妙者，诚不能尽也。

威廉士打路宫

距市五启罗迈当，当山麓处有威廉士打路宫，西一千七百五十三年嘻顺兰加拉父非猎第八所作。万木浓郁，夹道弥山，芳草芊芊，倚坡凿池，旁带百顷。昔有百喷池，今废。然虽旧废，而风景幽胜，令人忘世，欧人园林之胜，固有自来。所游埃士拿公之离宫别苑有四，亦皆长林丰草，中间大池，自然幽妙，既考见诸侯贵族之闳侈，因推及吾春秋之世，及一切封建之制焉。宫中旧式，但髹白，不见异，惟内有数室，以绿衬白，所刻门屏、穹各异式，花枝鸟雀，皆以一木制成。其滑敦堡王女来宾之床，白帐，刻木作花，并枝间一鸟笼，同归一木所制。拿破仑弟赊隆王此时其床亦精，湖青作门，亦皆一木刻花。一室遍悬其族亲像，有金鸟能自鸣。有萨逊初制之金磁值十万，有紫磁今不能制云。其作一车二马形者，可考其制。

中国屏帐中国画

有中国二百年前物，其屏帐皆中国，亦悬中国画，皆明世物，皆亚欧新交通之物，亦可珍矣。一文石室为嘻顺贵族女所居，甚美。卡篩霜宫垒佳者凡六，其一垒远，吾不及游矣。嘻顺灭其遗宫，今皆隶于普王，地近柏林，景复幽胜，而宫泉林苑之精奇几冠欧土，盖不知几世几年，积欧土封建之精华而作者。此为关封建之事，故不隶于普游，而隶于《侯邦问俗记》焉。

吾于欧土封建旧物，考求至多。法仅九大侯，而二在荷、比，一在波多，奥仅一公，后为帝矣。惟德之封建绵亘千载，至今尚成二十四联邦，而佛兰拂为其朝会之都，佉论为其东方都市，若巴威、萨逊、滑敦堡、巴登四大国，益更华严矣。萨逊公馆之美，既久著于欧洲，而嘻顺实与争雄。其馀潘士歪、埃士拿、可逋可大、吕觐诸邦，吾皆游之，与来因河、多饶河、帝罗诸垒，于今联邦，几游其半，于其封建之遗迹，亦粗知其大概矣。今欧美豪侈之俗，皆出于封建，今人所震为文明者也。而其淫侈虐民之政，吾中国二千年久无此梦，亦可为论欧政俗者考也。

豪侈之俗出于封建

从法国入德游

丁未十月十三日，从法国入德游，经难施、蔑士、沙自卜之大城，夕十一时许，至巴登邦加鲁士雷京。法境皆平原，自近巴登境渐见山，松岭耸而平，河流回环，野甚洁除，峰峦极秀，颇如江浙。寓迦玛尼亚大客舍，正对车场，巴京第一大客舍，厅亦甚佳，浴室尤大，寓客仅数人，气象寂寥。呼电车无之，觅马车亦须久待，其视柏林之嚣繁乎，小邦与大国何远也。

巴登之游

巴登虽公国，而为德四大邦之一，与巴威、萨逊、挖敦伯之王国齐名，并千年旧邦也。法境人物不足观，一入巴威，便觉秀朗，盖倚山傍铺敦湖，地势致佳故也。北欧文明，先开于铺敦湖，故巴登与巴威尤秀美。其曼海为大市，巴登之巴登，尤富而文，宫室精丽，人谓为全德冠。其地有温泉，夏时游客尤夥。巴登公盛饰游戏具以广招徕，每赛马出游，以大车载舞女，上下围以生花，招摇过市。大家世爵，皆争饰花车，载以游观，故花车无数，夹道人家，亦挂花叶助兴，观者如堵。其赛马为欧洲第一，英、法各国王侯及柏林与德列邦王公皆集马，埒最精，马亦最骏，赌亦最大，有赌至十万以上者。德帝亦时来会，士女缤纷，衣香花影，杂沓于湖山佳处，遂为大观。盖小邦无他大政，故其上公作湖山主，特妙为游乐之事，以广招游客而兴盛其地，因以富乐其民。故大国则竞争势利，小国则竞争乐利，皆于列国竞争之世乃有之。中华一统大国，不尚竞争，不尚繁华，令民尚俭，百里间老死不往来，诚不能知有此义也。盖中国赛会、演戏等事，虑民淫逸而浪费，其家主虑有接亲友酬饮食之苦。欧美人无之，但欲邀致外国游屐，以收其客舍舟车购物之利，美术日新不穷，小邦君躬为会主，视为大政，亦有味乎其为之也。

北欧文明先开于铺敦湖

花车

赛马为欧洲第一

欧美以旅游美术之类为大政

巴登公国千年矣，开基于西十纪，当西千六十年封侯，其新京当为大地第一，制为一圆规罗盘，道路如线，最内半线为公宫，内半为都市，外半为园林，森绿数十里，诚大地所无也。名迦鲁士雷，乃今巴登公所营之新都。廿年前人民仅一万七千，今启新都，忽已十四万五千矣。游之如大都会，道路亦广洁，宫室极庄严，小国乃能

巴登新京为大地第一

若此也，然非启新都，亦不能得此瑰妙诡异也。

巴登公宫

公宫规模闳伟，过于列国王宫，盖后起愈胜也。西千七百零九年，巴登公卡罗非特力建之，其详见于图。宫前斜作八字，门中及殿上皆建崇塔，宫前敞场百丈。左为厩，前为世子戏园，内圆外方，后园西门，林木苍荟凡里许。其体制与印度总督衙同也。世子府楼阁四层，甚伟，而刻亦精，园林极大。其旁为战事死者之坟堂，列以长廊，中立圆堂，围以铁阑。

巴登公陵寝

乃观巴登公之陵寝，长林夹道，坟寺甚新，峨特式，红石磨莹，公新死葬于此。花圈数千，前有公子像，盖前死而葬于是者。巴登上公尊富，礼与各国王平等，此上公名非特力第二，年八十二矣，曾与威廉第一会兵破法，卒于波敦湖中埋铙岛行宫。此岛大半里许，只一行宫在焉。

波敦湖中行宫

周以林木，湖波漫绿，为湖中第一胜地，吾尝望焉。公柩自湖中运至京，其妃世子步送登舟，都人家皆黑布缠叶以哀之。直至公宫，旌旗掩映，武官前导，金棺累饰丈许，六马衣黑衣载之，棺前有八人，执其遗物前行，妃及世子随柩，各国王公及送葬使为第二队，本国大臣世爵从其后。世子以至世爵，皆戴绿绸，衣灰衣，世爵皆金饰兵服。于是马队步队拥后，大概礼仪亦同中土，惟临丧而金绣服，不如吾礼之用素服得宜尔！

美兰顿塔

有美兰顿塔寺甚新丽，塔顶白石瓦，以金饰之，鳞鳞而伟异，美兰顿者，路德之友，改新教最得力者也。为此地人，故隆其记念也。

公园大数里，内有三湖，波光烟艇，缀以亭榭，堆石作山，置亭其上，蹬路回曲似中国。有茶馆、高塔数座，喷池高至数丈，此本上公御园，今施之大众者，最大而有名，游者人收银一擘。宅舍多新式，甚妙丽，一将军宅雕镂尤精。以大原平廓，土木相望，德国建筑之精奇，实为万国冠矣。其建筑学校甚宏大而佳，不减柏林。德之都邑，莫一不有建筑校，他国则除大都会外无之，此德建筑之所以独胜也。 巴登公园

过一兵校，长数十丈，三层宏伟。小国武学，乃亦精修如此。

石筑一狱，如垒形，亦壮丽。驱车周游，及于原野，松林中新式之屋栉比，新气迫人，何与沄境之远也。

近巴登、滑敦伯两国间，有栾赊多父大城，人二十馀万，多富室，德人赛会多在此。刁士堡人十万，而工人已廿馀万，以近山多铁矿，工人皆铁厂之工也，吾未往观焉。

巴登人民百馀万，地分四州，州长命于公。政府五部，一民部，二兵部，三外部，四度支部，五法部。德诸邦各国亦多有驻使，故有外部焉。上议院二十八人，下议院八十六人，世爵百数。

十月十六日，自巴登京往揩鲁壁垒，盖拜认阿留轩利先公之垒也。分封隶于巴登，仅百年耳。始筑于西一千二百十二年，毁于法路易十四，然德名垒，以此为最。地两山夹匿卡河，最为扼要。吾驱车渡河桥，环视风景苍然， 自巴登京往揩鲁壁垒

思我赤壁也。下有西千二百三十五年古寺，马车崎岖而登垒，倚山临河，石壁崭然。垒外今多依山之人家，垒门内古木遮天，蔓藤碧绿遍地，此藤名挨文利，十二纪物，今大若树，高数丈，人皆摘其叶而珍之。过汲井，古石亭粲然。东有方楼三层，千四百十三年所筑，为茶亭，败础遗砾，甚荒凉也。今以为公园，长路夹树千万，红叶满山，石蹬倚崖，来游者多学生，可俯瞰山河城市，至为佳胜。

诗人赊父像

有诗人赊父像，以赋此垒最有名，如崔颢之黄鹤楼矣。小桥俯视五丈有水，下为狱，逾桥入垒门，门有雕像，高二层，垒内如吾国城内，门上作尖椎垂下，以便杀人。门内石廊，一室缠垂藤红翠。一室为博物院，多织画，古石像十馀，皆罗马及法名将相像，杂尘埃中，皆十六纪前物。一室室顶为雷摄去，正殿四层，盖十五纪物，德王非特力第二所筑。列户之柱，皆刻人狮像，或盾形，极庄严精美。一室以宝石为灯，光闪如电，各宝物皆为路易十四取去，置于花赊宫矣。下数十级为橱，有高墙，亦十六纪所筑。殿外临崖旁三层之六角塔为书藏，十四纪物，今为路易十四炮所毁，层壁突兀，颓垣披离。正殿有庙甚新，下有酒室，学生所修以饮酒也。其酒桶可容六万加仑。下室有古大酒桶，可容三十六万加仑。桶形如侧鼓，有机管，可引酒上注桶。上有舞台，下有人像名偏歌路，其人能饮十八加仑，地下平石，以待醉者之卧。古俗荒酒无道，犹可见其遗迹也。

古大学

此地有西千三百八十六年大学，盖最古之迹。楼三层，高三丈，旁堂甚小，层层甚黑暗，而学者尚之，爱其古也。教习一百五十，学生夏时二千馀人，今冬时一千六百三十人，学科与柏林同。俾斯麦、今帝威廉第二，皆学于是。今大教习名遮厄，师生皆居外，讲堂二十三。此校古朴已极，吾遍游全欧，未见其比。板楼板室板梯，皆甚卑小黑暗，室小六尺许，极似吾粤书馆。而板扉内外门及路，刻像殆遍者，皆极粗恶，盖学生犯罪者刻像于此，以示戒也。初望之，如入野庙，牛神蛇鬼，满目狞怪。以其数百年，故德人宝之，以示进化也。其升级考室桌皆古坏，惟一演说堂稍华耳。依此而言，吾华旧物，亦应珍之。德学生好斗，面无刀痕者则以弱，为人所轻，吾甚怪之。来此垒下山边，有学生公会，舍矮小无楼，白灰甚朴，乃十五纪古僧舍，学生留其迹，不少改也。入门即食室，亦朴极，桌上刻字皆满，俾斯麦与今相蒲罗亦有题名在焉。入正堂为学生相斗室，有医者护视，壁列诸帝像，壁饰绿红，地铺沙，旁置锡床。相斗之具，自刀剑、技毽、手袋、沙袋遍一壁。视地沙斗处，血痕犹斑，盖适斗去也。乃卧锡床，医者裹创疡焉。今帝威廉，昔亦斗于是，为巴登今公所伤其臂，今以电机嵌而屈伸之，然犹双手不齐，时时置手于他手上。巴登公则去其卵，不能育子。德人之好尚武如此，宜其强也，然真战国乱世之事也。入古寺，西千四百年所作，然甚高矣。其柱千三百六十年，古画甚多而佳。

俾斯麦威廉第二皆学于是

吾华旧物亦应珍之

游古审院，高四层，亦西千三百十三年物。渡匿卡

游古审院

河，有十六纪之桥。桥尽为古垒，乃扒拉颜侯看那司多路所作。沿河人家屋舍，园林楚楚。近垒冈上有非罗娑父里，译言哲人里也。昔哲学家多居此，故以名。草树婆娑，山河环拥，亦佳胜处也。

自揩鲁壁垒往士笃吉

十月十七日四时，自揩鲁壁垒往士笃吉，汽车行二时许。道中多山，松崖翠壁，河流回绕，光景可人。夕六时，见倚山烟筒弥望，人家蔽岭，则已至矣。士笃吉为滑敦壁王国京，居民二十馀万，人家皆斜倚山，道路广洁。有一长街，三启罗迈当半，屋宇高广，不减湃认，但差小耳。德有三王国，自湃认、萨逊而外，惟滑敦壁称王，人民五百万，其声名虽远在湃认、萨逊下，而诸公国莫能比焉。即观其京，过于瑞典、丹墨、荷兰、比利时、班、葡远矣。德人之善治都邑，诚大地所不能及。即车场之宏敞，全美已少见，马车一绕，只有叹美。其咦域街及喱拉壁街，皆富贵人新第宅，结构精美，皆至新式。吾向谓汉堡宅舍甲天下，由今观之，园林自是汉堡为胜，第宅则在二十年前，式已旧，若论新异，二街实后来居上。德人善为室，各都邑皆日新月异，以吾所见埃士拿之新舍，巴登之巴登、喱士巴登、曼海，皆新异甚，皆胜柏林。若十年再游德之都邑，其新诡当又不同，今吾所见日多，且不敢甲乙之矣。

道中所过大学、中学、音乐学、兵学、营筑学及各公司，皆方广宏伟。藏书楼三层，夜灯炯炯，读书者未收

游二王宫

也。王宫有四，吾游其二。一为古宫，今施作博物院；一

为新宫，营筑于近年，故体式弥精。其二宫一在山上，一为别墅，园林绝胜。若以大小适宜论，在邑中者，竟可谓此王宫为欧土最美可也。

第一宫为十一纪物，制甚朴拙，厚板为楼三层，盖滑敦伯先君初为地主所居也。楼上有王库，岁入五兆。中庭有其开创初祖先公衣霸乞像，有德主墨西密怜封衣霸乞为滑敦壁公图，西千四百九十五年也。墨西密怜冕而衣大套，幕中正坐高处，衣霸乞跪于前，而德帝亲为加冕于首，百官陪位者皆跪，幕左右卫士，执旗者四。典礼严重，极似中国，可考见其册封诸侯之仪焉。盖衣伯乞自县君升封为侯，传至拿破仑时，以助拿帝，与湃认、萨逊并封为王，遂传至今。下数十级为王加路陵，棺上有石像，宫门高三丈馀，守门人肩金斜遍。入门一大室，为古武士斗处，有十字军时之盾，皆作十字。有十三四纪石弹。有十五纪兵衣及绵纱袜，衣甚长。至十七纪，兵衣渐窄妥，然皆有辫。有战法师丹之兵衣及弹，与威廉之兵衣。此宫累有增修，至十四纪加饰，至美，崇隆五六丈，如城，四角着高塔，雕峨特式。今施为武库，有中国旗枪在焉。有宝星制甚详，分十三等。官得第三等以上者，岁给俸二千五百，其兵得金牌者，月给永俸三十五元。

衣霸乞像

王加路陵

中国旗枪

第二新宫高二层，作门形，敞地前作大照壁，制乃类我国大衙署，为全欧所无，盖西千八百六年作。然则吾制固非尽非，但土木太过劣耳。自旁门入，门内置古金烛台十，高丈许，以今用电灯，故废置于此，以美外观。室重

新宫制类我国大衙署

门洞辟，凡数十座。一正室，金缘白，有其先公雅特力战画。一室有教皇赐其先公金花图，亦跪受。一室白下蓝上而白盖，配色甚佳。各室以五色缎裱壁。一室有埃士拿垒图，一室有俄王衣凡织画，一室拿破仑尝宿焉。登楼左入舞殿，穿宴殿乐室，存灯十万。穿一长镜殿，入一黄文石室，有一金银盘。有椭圆五色文石宴殿，过于萨逊、湃认王宫远矣。惟其五色文石，皆作片瓦粘壁，或无力耶，抑作新式耶？有路多父帝入士笃吉图，有西千三百八十八年战士厘路图。右室有王全家像，其室乃在一隅，六角，楼下各室皆白。惟公主厅及卧室甚丽，几橱床皆饰金，其门不知为门，以镜为之，甚诡妙。宫前百步敞场外，为崇隆列柱，屹然百数，望之华严，如中国照壁，然皆列肆也。其前敞场作公园，华表喷池，铁儿乐亭石像，红花畦，绿草坡，列树成行，士女杂沓，益助繁丽，此又新式矣。

王常居乃在别墅，去此新正宫不远。前作宫而后作园，中作圆池，列植南方棕葵大叶树。四周以长廊数百丈，廊中作崇楼，此亦类中国而欧土未见者。其一宫楼三层，林木苍蓊，前有大潮，道夹石像，皆甚深秀。观其新式，采自中国，故为欧人所无，德人之讲求新异，此亦其一斑矣。

道中新式屋甚多，即市长署崇塔屹屹，白石为壁，刻镂新异，亦全德所少比也。

大审院方广宏伟，前临公园喷池，甚修饰。

中学校甚闳丽，其前公园林木外绿，喷池花畦内错，亦可人。

苏哩度屋左右崇阶，中作大圆穹，左右斜环之，制颇佳。其先公衣霸乞卧像后有侍者，石刻极玲珑。先公埃观像在山，崇级百数，三成而登，林木夹之，游人多赏览焉。又有先公基士多父像。 衣霸乞等人像

公园甚大，尽畦，多植小松，堆以石，与美之哈佛公园同，亦新式。山上有射圃，道屈曲，中有亭，缀以松畦，山颠作楼，游人甚盛。猎舍松径森森，高垒十丈，下有板屋，甚萧散也。其十七纪之屋，多金字形。然西千三百九十三年屋式，已有用峨特式，已甚佳矣。 公园

百货博物院，楼三层，左右作崇塔，颇严庄，与铸金局相对。 百货博物院

其袄祠以士的父寺最有名，前有诗人诗喇像。而约翰尼士寺，半岛临水，临湖中作喷池，环以林木，至为佳胜。啤结庙亦雄伟。

公园亦佳，闳整，花畦林木楚楚，烟觐水池，崇阶如环，林木蓊蔚，尤为游人所聚。

道中俾斯麦纪功碑建于陂上，隆崇十数丈，式如亭盖，四方百步，周以铁阑。自汉堡望碑立像以外，此为工细矣。德都邑皆有俾士麦像，皆宏伟绝伦。蜀人思诸葛之德，何其远也！宫前威廉第一金立马像，后作华表，前作二狮，甚狰狞。毛瑟枪即此部厂作，工数千，去此仅二英里。惟越日来复闭厂，又当复反指鲁壁乃能去，恐往不得视，徒费二日力，甚悔不一视也。制电车厂甚有名，工人 俾斯麦纪功碑

二千，制表厂、木厂工人皆数千，并有名。山多矿产，金、银、铁甚饶，故多铁厂也。

地分四州，有兵七千。政府有财部、兵部、外部、农部、内部、法部、铁路部七大臣。以区区小国而有铁路部，何况我中国乎？其世爵贵族五十，内有四歇叔、二科士。歇叔即英之刁侯爵也，而今人译作公。科士如伯爵，俾斯麦及今相蒲罗，即封科士，英人译之为偏士，以有土之君故也。中国人误译为亲王，则甚谬。

自士笃吉京往乌弄

自士笃吉京往乌弄，亦仅二时许。沿道皆士不士哗路山，土人辟山园种树甚多。午行二时而到。寥寥山市，乃无马车，一无可观，惟屹然一古塔矗市上而已。乌弄古为大市，当西十四纪时，为往来波颠孔道。人民廿万，今仅七千，市廛寥寥，亦多破落，德境最无足观，仅以一塔名而已，亦可见人事之变、盛衰无常矣。以其渡波颠湖道至顺，故顺来游，不意僻地车期至疏，竟候晓七时乃行。汽

乌弄之塔

车行一时许，即乘湖船而至刊士丹士矣。乌弄之塔，十四纪物，峨特式，尖棱万千，亦与佉论塔略同。后二塔不甚高，门前独塔高一百六十一蔑度，深一百二十三蔑度，广四十蔑度，为欧洲寺塔第一高者。罗马彼得庙圆穹，尚为第二，而佉论塔为第三云。大端分四成，每成五六丈，四角各有塔，宝相最高十一层，上又三层摩霄矣。每层作棱式，而门前雕镂之精不若佉塔远甚。殿庭上盖交纹，高廿馀丈，窗皆五色玻，中庭九拱十柱，柱大丈许，并十馀棱，每柱一像。上作门，极雕镂，高五六丈，馀像二列，

圆楣刻像三重，每重层累十馀像。门作三间，每间二层，每层又作二层，出入之门，当其高大十分之一而已。一横门中作梟，分为两间，上列像二重，殿壁间刻像无数，并精严，然亦欧土峨特式二大寺之通式耳。

萨逊游记

戊申四月十一日，由奥国迦普士拔还，再过萨逊。汽车晓行四五时，每时六十启罗迈当，十时至奥士式。见噎路比河流甚狭浅，多以匾底船载货。吾国内地多河流，正可造此式船，以便输运也。夹河皆山，肥嫩绿缛，山颠并种苹果、舍利，遍地饶果树。至波顿伯，乃入萨逊境矣，关吏视物而税之。 由奥国迦普士拔再过萨逊

往闻萨逊山景甲德国，吾两过之，未尽揽胜。今自南境入，夹噎路比河，壁峭立如削，绝壁方平堆叠，如一一方砖砌成，无异人筑，间有圆立如柱者，凡数十里，诡异甚矣！桂林笋矗，萨逊砖砌，皆为奇绝之山，而笋矗尚多，砖砌尤罕，行遍大地，只见此耳。其最妙异处，曰筛拿色地泊，石壁呀开，长桥架木，壁洞幽窅，折中着楼阁，望之如神山。自是山势益平，与城垣堤岸无少异。然垣下夹河，皆有人家，至卑论拿，开大原为大邑矣。遂再至萨逊京厘爹士顿再游焉。 萨逊山景甲德国

是时萨京开赛马会，各国良马咸集，别毛色，审蹄鬣，分闲列厩，凡以万数。然地球马种无逾阿喇伯马者， 萨京赛马会良马咸集

吾亦未知大宛天马比之何如。然凡有沙漠之地，马足踏久，遂成轻瘦，以传种焉。吾观马既多，遂颇解事，凡碧眼、峻耳、昂首、细头、长颈、平腹、瘦蹄，神气清跃，为阿喇伯马传种者，必为佳品。乃预第良马甲乙之等，而吾仆密记之。已而斗赛，略皆不失，其失者仅颠倒乙甲，要不至误入丙丁也。吾相马益以自信。昔马伏波善相马，当时诏铸铜马式，置宫门外，其奏章尚存，惜金马已失矣。然马援伏处中国一隅，固不若吾周游大地之博。吾北边蒙、回万里之地，最宜牧马。昔唐时太仆张景顺牧马四十万匹，雄视北漠。今吾与强俄对壤，应牧马三百万匹，以凭视中亚细亚，而改种之学，赛马之会，应致意焉。

吾与强俄对壤应牧马三百万匹

道广洁，夜灯辉煌如昨也。再饮于公园旧馆，则林亭少易矣。萨逊营筑术最有名，前此匆匆观会，未及领略，今一一观之，其体制之精博，刻镂之妙美，几可谓为冠欧洲焉。盖其先王路易慕法路易十四宫观之丽，乃欲争胜。及奥古士庄兼王波兰，益好壮夸丽。其王宫先为斗兽场，乃西一五二二年筑者，后一六八五年增修作宫，今为博物院矣。前宫门前有华表崇楼三层，后门以塔观耸矗环壁，厚数丈如城，城上层楼，左右凡四，凸凹异式，以俯临内外。皆绿铜作瓦，刻像作柱，藻档衔兽，备极刻画，今斗兽处改为花畦矣。然以欧土之绘镂，兼中国之庄严，欧土各大国王宫，实少比之也。其西一六六五年之戏馆，云屯神拥，簇出天半，与旁之古庙及建筑会馆，金顶辉然，皆临河邻比，在今王宫外者，并萨逊建筑之杰构，吾国若开

营筑术最有名

吾国开营筑学宜摹仿

营筑学，所宜摹仿者也。博物院绿地白间，色甚雅，有十三纪之磁，为德国最有名者。有刻文方钱甚多，大有二三寸者，厚二三分。名画甚多，吾两读之。其山水画有租赊安顿可贺，深妙迫真。其人以西一千七百六十八年生，一千八百三十九年死也。又亚罗巴及卞罗律域二人皆佳妙，吾今犹神往之！ 租赊安顿山水画

再游萨逊王宫，观其宝藏室，所值八十兆云。入门有二金盘像，座刻甚精，奥古士多座尤精。一室藏牙器数百，牙船大数尺，一人举之。一室藏驼马卵及蚌，亦百数，有作尊镶银者。一蚌船精，且大同牙船，有文房四宝、牙珊杂宝作刻像浓深。其一大尺，镶银杂宝。摩色花卉作桌者数四矣。琥珀柜五尺许二。一炉以红文石白磁刻像及花，上五座以杂宝石间珠，华妙甚，盖一千七百八十二年者。珊瑚食具。一以文石刻鹦鹉。其银器数室，有柜，以杂宝镶之，有盘碟百数。一杂宝石镶银镜，有大银盘滴漏，有刁多劫尾所作宝石镶银刀。一大金表，有时刻日月最精者。杂宝香奁，刻楼阁，顶刻美人及鸟，盖西一五四年湾士歆尼士制于暖壁者。入大石室，柱皆红镜镶之，藏尤珍品。 再游萨逊王宫

杂宝石器无数，刻奥古士多像尤精。刻金小盒，缀杂宝，尤精，十六纪架厘几父所制。有突人物之宝石画屏，十六纪士抡士卜制。有镜架置象牙宝器百座，瑰珍千品，刻画大小入微。饮器佩带，以珠为之。一塔钟，金架，银镂人物。楼五层，窗百数，精甚，奥士卜制。晶器数百， 杂宝石器

镶于镜面，一晶尊，镶杂宝，值六万。晶球六寸，能照人。一室文石地，金门，柜尽藏金器，有王波兰时之杂宝冕及球杖，顶作蓝，袍绣金花。一柜藏金刚石二，剑柄一，红宝石大寸许，士马辣绿宝石大寸许，沙快亚碧宝石大二寸。滴加连一百九十，大半寸者十五，茶器一座，金牙磁文石镶之。丁灵伽制金殿一座，值十九万，西一七零一年作，八年乃成。印度式陛廊仗马华盖，皆以杂宝为之，极庄严。一埃及华表，以五金宝石刻画人物，如此者华表数四，皆丁灵伽作，有像存。萨逊国今不过五百万人，如此小国，而王之宝藏如此，可推封建世之贪虐矣。闻王一岁甚少入视，王子时来一观，则与我等耳。

中国织画磁器

王宫古奥士多室，旁有中国织画。其塔室遍壁上下置各磁，值百万，皆中国、日本及萨逊磁，以万数。萨逊磁不佳，皆白花人物，如瓦。其朝殿、宴殿、舞殿皆边的问画，壁以文石镶摩色画。左右三间缘金兰，甚华。一白殿极净妙，士焉所以后室，白镶金红壁。小舞殿黄白壁，上刻金。内宴室皆织画，有拿帝赠王波兰红袍白袖，其日用银器，皆西一七一七年者。胜突厥鼓四，汤盂四十四，刀叉一千八，式一百八，擎盖一百六，花盘一千七百四十，西一七五四年者。银桌四，蕉兽为之，灯六百，茶具一柜，外金内牙，镀金者。一橱则奥古士多王波兰时一七一七年物。碟二百四，刀叉八百，又食具及盘皆全金也，共值六兆。一室磁器食具肖中国，摹龙凤，亦一七一七年者。萨磁须下有星形则真物，其制磁在埋士拿，王之白磁人物者颇佳。碟各碧绿异式，花叶颇奇，有卉字者，一七三一年制也。有冕者，真金为之，各异号，有叉字者真品也。有磁五色，文石塔座置食器，有加冕图，一八零六年也。凡各银磁具，皆先王奥古士多物。其人好大喜奇，尝作大饼，重五千磅，长六十尺，以五千六百卵、三千二百六哥伦面为之，载以八马。其切刀尚存，饭单三千六，小国君侈如此，亦可惊矣。吾万里大国帝王，乃逊之，其民艰哉！然欧人工艺之精，今日文明之盛，则造端于是也。美艺院在河边，极精，中穹镶铜，金顶，上立女神。

德国车有行二百四十启罗迈当，疾杀飞鸟，只供调兵。 德国汽车

萨逊女优楷尼曼茉曼，在纽约每夕八百，在美吾尝听之。

萨逊邦猎色市记

十月自瑞士入奥国波命，遂还游萨逊之猎色市。非都会而为市者，猎色实为全德之冠。人民五十馀万，道路广洁，屋宇尤瑰丽，殆过于柏林、汉堡，而争胜于免痕、佛兰拂焉。甚矣，德都市之盛也！其市长署有新旧二者，其新署雄丽奇耸，殆为寰球第一。德、美市长署皆竞新奇，而德尤胜。爹一士顿之高耸，士笃吉之精美，佉论之古丽，汉堡之庄严，皆卓绝，远非美之所及。而猎色市长署，几可与比利时法部署争雄，虽各国王宫，无一能比 游猎色市 新市长署寰球第一

之。盖德人既妙建筑，而猎色市之富，足以举之。其八面高楼华表，既极雄丽，正面八层以上，乃作表观，刻镂三层，翼以双塔，已高甚，其中高塔更雄耸入云。见图自详，非笔墨所能写出也。旧署今亦更新，红石列户，如古垒，亦复大佳。其大审院方广雄壮，中方塔绿瓦，高甚。外有敞场植花，亦为全德冠，几几比于比利时之大审院矣。其大学亦复方广精严，堂中楼上环廊，可俯视，皆作绿瓦画壁，虽非精丽，而甚新鲜。学生四千人，时方就讲，解外套入，甚彬彬也。其教科与柏林同。当大学之前，为敞场喷池，全市游人所集。左为书藏，右为戏院，前为博物院。公家最要之院宇皆聚于此，皆备极壮丽。旁为新庙，皆庄严，总总新丽华严之楼阁照人而已。其音乐院与旧藏书楼同式，稍小，然去他国，尚为极丽者也。

大学方广精严

道中所见

道中所过，如兵校、营建校，皆规模闳绝。兵校三层，长几弥街。一公司制极奇诡，四角有塔，中为四圆角，外作半月，下则列户数百。公园名约哈拿，大二十馀里，望极无滞，林池、溪沼、草坡、亭榭、游船，幽胜宏雅。约哈拿盖名女地，为其所施也。其动物园堆石为山，高五丈，峰峦高下，岩涧曲折，洞路窅冥。此则类中国，而精肖过我，虽不能比汉堡动物院，而亦目无馀子。其馀百屋，列廊耸垒，如敧破，如庄严，皆精妙。盖后来居上，日构愈新。德国结构之精，诚无与抗行者也。道旁有胜法华表，女神在颠下，四方作威廉第一、俾斯麦、毛奇及萨逊王像，戈旗士马森然。此市制纸、制琴、制皮、制玩器遍于地球，而印书肆亦皆出于是，为德最大者。惜是来复日，皆闭户，不得游也。

附：补埃士拿游记以下二记无刊本，据上海博物馆藏抄件补录。

埃士拿一小公国，而公之私富三百兆。有大行宫十五，小者不计，皆钟鼓帷帐，不移而具。其猎林亦十五，每林十数里，而暇则纵猎鹿兔焉。近欧洲君主皆以猎为乐，吾尝游其猎宫，林中见鹿无数，绿草成茵，曲池幽静，他国君主时来日猎而游焉。以小国公如此，可推见春秋诸侯国旧俗矣。小国宪民供给其君亦苦矣。今埃士拿公岁俸百八十万，其娶夫人亦加供百万。闻今议院以既须供给本国君公之重费，又须供德联邦之公费、兵费，苦甚，将议减之，又足见封建之民之苦矣。今以埃士拿地不过吾一大县，而民供全国经费外，又给其君俸百万。其猎林占地无数，设吾中国二千县皆改诸侯，其费甚相等也，则吾一统之民之乐如何可推也。然人各有习，埃士拿之民，语及其公之物则欣欣然。若嘻顺之君被废，则立病狮像以自伤。那威自立国，必迎一王而厚敛以供奉之。今欧人之好自立者，必欲别立君以自为一小国，而不欲合于大国，固旧俗使然，故其爱君甚也。奥各洲语文不同，其好自立尤甚。若波兰之为人夷灭，以异种故，为人轻贱蹂躏，则必以万死争自立为能免。若那威、瑞典人平等无异，何必自

游埃士拿猎宫想见春秋诸侯国旧俗

立，而嘻顺之并于普，久同种族矣，更何必伤于废灭乎。然德人如此也，盖故家遗族遗民，不忘故国，不忘故主也。人之情也。故宁糜身破家，以爰其国，供给其君也。

抛士歪公国记

游抛士歪公国

四月十六日游抛士歪公国。自柏林十二时行，四时到其京潘士歪地，甚陋，道泥泞不整，一切公私屋三四层，皆旧式，卑不庄丽，甚尘黝，盖一出普鲁士国境，即不能大治矣。古屋凡数十街，有十一二纪者，层甚矮，有四五尺者，层突外有一二尺者，亦画花。盖地处土中，无大工商，民贫国小，不足回旋故也。然有大街，颇似柏林之连顿，人民十五万，占地甚宏阔，人家多园林，公园甚多。而丫路迫叻大公园甚大，绿树幽秀，水桥四绕，有游河之船，听人乘游，士女如云。公园外有敞地，立先公骑马双像，公宫高三层，横可数十丈，四兵持枪守门，比之各侯邦，亦不为庄丽。潘士歪公为汉那话王族，汉那话王以助奥战，奥败，汉那话国灭，而公亦遁，去奥不敢归。俾士麦恶而不立其子，以觅论卜公子摄之，在位二十年矣。至今潘士歪实无公，以故君尚在，故仅号公子君，此亦欧洲之特制也。养兵九千，有兵寺。其地分域最多，然在公国实为大者。惟地虽贫瘠，人民甚秀，妇女尤丽，红色照人，与柏林不远，而美恶相反，故知生人在水地也。潘士歪妇女颜色殆冠德国，与来因河竞秀矣。大道有十一纪

妇女颜色冠德国

寺，甚古，高五丈馀，瓦甚异。先保连寺颇佳，外有花木盛绕之。十四纪之蔑爹离寺，亦甚古式。马颠尼寺，则西一五六七年者，门刻人像，甚拙，可笑。亨利狮故宫犹存，石筑，峨特式，不大而颇精妙，前临池，先公威廉像在焉。霸亨利狮尝王波缅，争德王而败逃英，尚公主生，后子孙久王德者。与新市长署相对，此署新壮，胜旧署多矣。旧署筑于西一六八一年者，峨特式，亦不恶也。有西一五二之门，刻镂甚精，重檐皆突，每突拱刻像，甚恶。有古市七层，戏院颇多，大者甚闳丽，在公园口，尤便走集，士女游观甚盛也。

然虽小国，犹有一大学焉，创于西一七四五年，先公卞路第一也。白灰二层，甚朴，廊列数像。藏书楼以木架为之，与仪器室皆甚朴。建筑院陈器亦无多，盖小国力薄故也。工科器仅三橱，实只与高等学同科。学有工、农、化科，教习二十七人，学生六百人，多英、美人，一俄，一日本，每时脩金一墨，每季一百七十墨，最俭矣。国岁助四万四千，盖既名为国，亦必名为大学，若吾国之大，而亦仅有一大学则失矣。校长殷勤赠书而别。停车场壮丽，环以水木，小饮候车。七时行。吾好观德之小联邦，恍然游春秋侯国，时回思古书所言，盖醰醰有味也。 小国犹有大学

丹墨游记此篇作于1904年，据上海博物馆藏抄件。

丹墨游记（一）

六月廿六日宿德之汉堡，廿七日宿德之畝路，皆德大海港也。详见《德国游记》。

是日恭逢皇上万寿日，在畝路大客舍东望行礼，举酒恭祝圣寿。十一时乘汽舟渡波罗的海，暗涌甚大，呕者满船。五时船到丹墨国岸柯梳海港，乘汽车行二十英里，至丹京哥本哈觐，入大客舍。是日以祝万寿，置酒陈花，店主人特为设龙旗焉。

自畝路渡海至丹京哥本哈根

特设龙旗恭祝万寿

丹国蕞尔小国，又在北带，平原极目，只有荒寒，虽当六月，亦原野枯索，似燕、晋间九、十月时。屋小而矮，无楼层，皆饰白灰，极似吾京、津间风景。虽小麦有

蕞尔小国生人少乐趣

秋，而林木亦矮小，民惟畜牧，羊牛被野，因出石打油，以为生计，生人之乐趣少矣。其与法、意、德、荷，何止万里计。车中遇丹人祁罗佛者，昔商北京三十年，曾与购物，今既富而归，犹能操北京语，招待极殷勤，预招往宴馔，曰："游我欧土，食则无可食矣，惟观则可观。"二语真道尽。吾遍游欧美各国，穷极其客舍、食馆、贵家之饮馔，皆欧土第一等者，皆不能烹饪调味。每日出游甚乐，及饥归而就食，则不能下咽，冷鱼干脔，几不能饱。虽两年来日以客舍、汽车、汽舟为家，习之既久，而仍不能下咽。记昔在日本，其文部大臣犬养毅请食，曰："贵国乞丐之食，亦比我日本为优。"虽出逊词，而吾国饮馔之精实冠大地。祁罗佛久于我国，故深悉之也。

吾国饮馔之精实冠大地

登客舍高塔

哥本哈觐京甚精丽，道路虽小，能如柏林、巴黎、匈牙利、瑞典之广，然甚洁。所在林木蔚荟，绿碧纷菲，近海旁公囿大道尤葱秀妙丽。登本客舍高塔了望，全京在目，楼阁五六层，皆红砖瓦如新，然新屋则白黑为多。海口甚深固，近海处有长塘如湖，以备救火。人口六十五万，几占全国三分之一，屋十馀万落，故楼舍极望，居然大都会矣。

自丹京至海口

自丹京沿海岸至出口处，绿树芊绵，与陆地之荒寒极相反。海岸园林，楼阁相望，花影旗影，海波浩渺，茶馆酒店，长桥画舫，皆辉煌妙丽。近海多浴亭，浴者无数。对岸即瑞典。将近海口，冈陵坡陀，直望极绿，而皆有楼阁掩映于山原间，与海波深绿相映，风景佳绝。各富家巨室皆有避暑宅在此海岸，王宫亦在焉。此真欧洲之胜地，自瑞典士多贡及瑞士、那威外，不可得也。

游动物园植物园及大公囿

游动物园、植物园及大公囿。动物园布置甚好，且过于伦敦，在欧洲亦为上者。馀两园林木森蔚，皆有湖溪洲岛，布置佳胜，风光绮腻。近海公囿引水回环，长堤铺沙，馆楼临海，花木明漪，尤极其胜。欧人之于公囿，虽小如丹、荷、比，而广备游乐，以便都人士之卫生。于都会极贵重之地，占地动十馀里，不少惜费，其布置幽雅，亦与各大国争胜焉。

游博物院

游博物院，拖窝顺所赠也。此院本其宅，拖窝顺赠于众，没于一千八百四十四年，即葬院中，悬其像，以留纪念。欧美人多舍宅为公益之馆，盖与之子孙，未必能守，不如公之众人，其大众恭敬纪念更久大也。也〔以〕算学计之，子孙之与公众，人数之多寡，记念之久暂，德泽声闻之大小，皆相去极远，不可比较。而我国人乃不知取其大者、远者、多者，而笃守其小者、暂者、少者，何其愚痴哉！颜之推所谓子孙亦天地一苍生也，我当爱之养之，而不必专为作马牛焉。吾见南洋富人某俭啬起家，一钱不舍，积数百万者，身死骨未寒，而其子好博，已散尽矣。又见吾邻乡林姓，子既尽父百万之业，因思葬父之棺敛值万数，乃掘棺与所敛而售之，一月博尽。则何若分其家业之半以公大众，以为学校、博物院、公囿，俾大众歌舞而敬念之乎！美之富人迦利忌施二万万为藏书楼，凡千二百所；士丹佛施全家产千万为士丹佛大学。美哉乎！积

欧美人多舍宅为公益之馆

而能散，姓名馨芬，传于大地，何其智欤！吾国人宜何从焉？此院所陈埃及画，希腊、罗马石像以千数，皆灰泥所为摹仿，而非古石，乃拖窝顺一人手作。画与像皆佳，兼通一切，诸艺足以不朽，况又公于众乎！院瓦用蓝铜，上盖写邦俾五色画，各室作黄绿色，遍塑罗马古神数百及耶氏十二弟子。又有英诗人摆论助希腊独立像。其墙作亚力山大攻巴比伦画，其铜瓦器甚多，皆拖窝顺所藏，国家为推广之。我国之大，以文明自号数千年，而无一博物院以开民智。欧美人每问吾国博物院，吾为赧然面赤，奇耻大辱未有甚于此者。国衰即不顾国体，我四万万人独无一拖窝顺乎？此今所祷祀求之者也。

拖窝顺画与像皆佳

我国自号文明无一博物院以开民智

古物院

院旁为古物院，有西历前三百年物，当我秦汉之交，此时丹墨尚在石期，石物无数，一切刀釜皆是。有古垃圾，为数千年者，多古食物，可考焉。以石为柜，甚多，有方有长，皆刻圈，有蜡石者。一舟以火刳木为之，而空其中，内有死尸，未知何世。一木如前，而穴其中，甚小，仅容一人。呜呼！我之石期则为燧人，葛尔丹之石期乃在我三代后之秦汉世，而今葛尔丹墨能自立，能开明至于如此，我老大国，乃远逊之，中国人可以愧死！有二千年大银瓮，刻人物焉。有大铜饮器，作兽形，亦有用犀角者，亦镶铜。此想在森林多兽之时，《诗》称“兕觥其觩”，又曰“饮彼兕觥”，又曰“酌彼大兕”。任郑玄、陆玑以来笺注疏图，皆是空释。今乃见实形，固知礼制出于进化之自然，万国相同，非由强制也。此兕觥皆一千或八

礼制出于进化之自然

百年，当我南北宋世，是丹墨开化之周朝矣。有古剑长四尺者，甚有六七尺者。斧甚尖，不作平面形。戟两头一叉尖，其柄饰螺。刑具贯手以大横木。有大鸟长七八尺，四爪，尾如牛，爪执戟，盖木作者。至其十五纪时，牙骨造像甚精，如十八纪时，用中国牙刻之塔，垂旒极细妙矣。有圣祖所赠刻丝之画及宋刻漆盘，甚珍重焉。其金塑诸像似中国，其钧炉及万代僧正冠服亦似中国。其一千六百四十二年所制之刻花橱榻及织画极精，则开化矣。织画乃欧洲十六纪各国所最擅长者，其床顶盖皆作□字形。丹墨货币一金钱约近二钱，易克郎二十枚。中金钱易十枚克郎，重约二钱，以英金镑易之，仅十八克郎而已，每克郎易白铜钱名靴者百枚。欧洲银制，无论轻重率易铜钱百枚，故银货轻者费省，银货重者费重。轻莫若法之佛郎，一英镑易二十五，重莫若荷兰之□□，一英镑易十二，而仅易百钱以购物则同。故荷兰最不善，而德、奥居其中，丹、瑞亦未为善矣。凡马车出京外，收税每马四十八靴，电车每二时十靴。

中国刻丝之画及宋刻漆盘等

丹之农工商。丹产物销流于外国者，牛油、鸡卵、豕腌肉、啤酒。夫区区牛油、鸡卵，全丹以富，薄物奚可轻哉！欧人最重丹之不打，译即牛油也。麦仅足邦人食而已。其商货殆皆德人，英、法至近，亦几绝迹。盖德与丹近海道，往来不及半日，而又勤俭，善得人意，今已驰骋五洲，何况望衡对宇若丹墨者乎！丹为平原国，故多大农，亦有小农。地每方尺约值一克郎，富过百万者仅四五

丹之农工商

十人。其俗岁入二万克郎者，乃得车马、园林、游宴，齿于上流焉。然丹除啤酒厂外，无大工，养民惟在农牧而已。其有地二三十英亩种麦养牛，出牛油者五十万人，亦可谓富矣。有大船厂，可制万吨者。惟无枪炮厂，盖国已太小，不必深备国防也。丹入口货四千五百万克郎，出口四千万克郎。

宰相兼外部大臣颠沙约见

七月二日三时，丹宰相兼外部大臣颠沙约见。外部署临街，甚小，体势不壮，直如寻常民室。楼二层，门甚清静。登楼，一役领入客座，客座遍悬前大臣像。然与英外部署之闳伟崇壮，真若天渊矣。座客候见三人，颠相事毕，先领入书室，颠相握手慰劳，年四十馀，殷勤意甚厚，问："久闻维新之名，今喜见面。中国既大变，政党之事能行于中国乎?"告以政党唐、宋时有之，当戊戌我皇上变法之时，将开议院，后虽新政推倒，而今已复行，不久必将立宪，则政党将即出矣。此为欧洲至新之政，而实我国唐、宋千年之旧法也。颠君曰："今宜多遣少年游学欧洲，彼此交通政俗为宜。"答之曰："吾国今派游学生于各国甚多，非复昔比。"颠君以学问盛名，由大学总长，丹王最喜之，新擢为相者。吾因誉其学问声名，颠君甚讶吾远东人能知其名而良喜。与吾女同璧以英语问答，喜谓曰："吾未尝见中国女子，得见甚盛。"乃约见丹王之期，颠相谓王年老矣，倦见客，然政权在我，当为请之，并问所欲，告以欲视学校及狱。颠相乃以文告狱吏及校长，约日游焉。吾赠以古磁杯一，受之。

游的亚泊译大囿也。囿凭原阜，极望坂陀，松林大六十馀里，绵渺无际，牛羊鹿饮讹其间以万亿。茶馆花木相望，甚幽。中有行宫，王时来猎而息焉。宫仅二层，门墙甚朴，地不铺毡，人皆可入憩息，听人卖酒食于下层，王来则在上层。一堂数室，五色玻窗，有梯登楼巅，如富人别馆而已。登楼北望，海波浩渺，岛屿交错，天风浩浩，诚避暑之佳所也。王与后来猎，饮食亦取于下酒店而算价焉。

游的亚泊译大囿

游王宫见丹王。遵海而游，夹道皆人家林木，碧波渺㳽，风景幽绝。先至太子宫，园林深蔚，中有白屋三层，仅如人家。前对海中灯台、炮垒，乃人工所筑者，费数百万。过去为王宫，甚朴，气象寂寞，林木丛深。有四卫兵持枪守门，红衣黄肩，挂斗方黑毛毡，见人辄高声呵曰："勿近我王，则从我尸过。"其严警若此。然不过体制如是，非诚然也。一红衣仆出诘，告以欲游，许之，前导。宫为白楼二层，左右各五窗，中一门甚小，深广不过数丈，王宫之俭陋，未有若此者。宫园周数十亩，宫后略有花木，仅如乡曲富人而已。盖丹墨社会党甚盛，王畏其攻，故不敢峻宇雕墙。英、俄后归宁，亦居于此而已。市中有王宫，甚艳丽，然不敢启以与人游，亦恐民党攻之。盖民权太盛，丹之为王亦甚难矣。宫前立前大臣请免农税之班士多父像。一马厩，有楼而甚陋，御马八十，荐秆同各国厩，后与公主小白马各一。车仅数乘，黑箱而朱轮。王亲兵凡二十人，全宫工役五十人，导游者为御前仆，盖

游王宫见丹王

丹麦社会党甚盛

事王二十年矣。游毕，将登车出，王适还宫，乘马车与其少子之妇并坐，盖德公爵女也。其王弟对面坐，一红衣御者驾，黑衣仆并坐焉，与常人同。既下车，其御仆告王为中国某人。王见吾中国衣冠，额手，王因下车，免冠答礼，其王弟亦下车免冠，王子妇笑点首。吾女同璧已坐马车，不及下，王亦向璧免冠。其谦恭简率，殆与中国一县令等。既吾饮于市楼，王子希腊王以归省，徒步过楼前，与其司法大臣偕行，丹民习见之，盖亦如县令之子为他县令归省者同耳。其与德帝之盛王者威仪、御舟、御车皆自特别，大有中国帝者气象，何相去之远也。国土大小异，则其王者威灵气象亦相远若此。未游欧者，想象欧土王者无能，推知其简率至是；徒知欧人简率者，又未知德帝之具王者威仪，有中土气象；更未知印度总督之出也，清道而驰，树竿路左，禁车马行人，既而百马先驱，红旗疾走，大车槛槛，后从车十数，又复百马骑队，负枪护从若是，其警跸呵殿，庄严若是也。自吾国帝王外，地球上未知突厥、波斯王之出何如，然未有若印督之盛警跸、绝行人之威严也。嗟夫！吾皆见之矣，此亦君民政化进退之一大事也。或者待同种人，则吏民莫作君王看；而待异种人，则威严若天神耶！然则此义须待大地混一、种类合一之后，乃能如美前总统哀斐孙之徒步即位也。虽然，丹墨实不过吾国一大县耳，王何云云。吾昔游印、藏之间，哲孟雄王接我于车站，及访王于其宫，虽稍有仪卫，亦如荒市之一古庙。又访爪哇之井里复，王宫禁如吾守令衙，此

邂逅丹王

丹王轻车简从

殆吾土司之比耳。然如丹国与吾国通聘之文明国者，亦复尔尔，亦可谓近于民哉！吾国守令呵禁而出，至督、抚则武夫前呵，从者塞途，旌旗马队相属，抑何过于欧洲王者之甚威严哉！吾国之吏也，不知如印度之待异种耶！抑以临同胞也，吾官吏之尊严至矣！民情不达，有同聋瞶，此或当禁之耶！日本明治元年变法之始，即禁亲王大臣喝道，其有旨哉！然吾国历朝京官，唐、宋至明，皆有仗卫，而本朝亲王大臣久禁喝道，数百年矣，与民平等久矣。朝士徒步游宴，视为寻常。盖数千年中国官民平等，且先于日本，未有若北京者。盖一君积尊日削，臣下之威以独崇一君主故致然，此亦升平之一大事也。

吾国守令督抚出行过于欧洲王者之甚威严

吾居数日，游丹京毕，未得颠相复信，未知王见否，既已请见，不候则无礼。既而以王已见过，不复稽留久候，于来复日十二时行，往挪威。而既行后，颠相书来，王约于来复一日十一时见，则在波罗的海舟中矣。到瑞典后，客舍主寄到颠相书，则王约见之期久过。只得复书以有事告谢不恭之罪，请转告丹王。后还时，道过丹墨，再约颠相见，颠亦两日不复，吾不能久候，去而至柏林，又得颠相约见书，并谢赠器。盖于丹君相累失其期，甚愧之。然行人无事游览毕，安能空坐客舍而为一见一微乎？吾固无如何。然在大国若英、德等礼法极严，颇类吾国，则万不可矣。

与丹君相累失其期甚愧

是夕阅马戏，太子与妃在焉，仅正中楼上一小室耳，戏园亦规模甚小。阅杂剧，戏园亦甚小，惟设桌，得饮

阅马戏杂剧

食，价亦至廉，在欧土中为最便。阅剧所以为乐，各国之禁饮食，不得把酒领略，时或忍饥渴，殊未完全其趣味耳。

天文台与古庙

王宫前有岛，为天文台，盖三百年前物。城市中有古庙，绿铜为瓦，白室，石为柱墙，亦三百年前物，久废。一富人修□，瑰丽夺目。

游画院

游画院，画亦颇多。丹墨画淡而颇能迫真，有荷兰二百年前之廉伯远画，极有神。前画着色深，过于德，而太黝黑，损采色。

游市厅

游市厅，四五层，壮丽过王宫远矣，费八百万克郎。入门墙，用那威绿云石，如山洞。内门之人像服甚怪，盖千年前丹国之审官服也。门内敞堂，而上圆穹，周以楼，环步有廊，可俯临下堂。墙壁窗皆新异，亦皆用绿云石，光泽可爱。此为一千一百六十八年，必湿僧正鸭必吝所创，今廊上写其事。楼上周墙写花树鸟形。登一楼，有海神结婚图，神尾作鱼尾，盖丹国之名事名作也，殆与吾国《柳毅传》娶龙女无异。观市长厅及市长题名处，墙亦用绿云石，宴厅、舞厅极长而壮丽，遍悬各国绶章。其藏书楼分四室，桁头饰金，刻金字，依人生之次第，如中国之辰龙寅虎之意也。中西俗多相同者。桁头在书架上，聊以为饰。其议厅极壮丽，电灯似印度，多新式。议员桌面有墨盒，可反在桌面如镜。其办事房朱肝色，上下三层，中用玻璃，其土木工匠皆刻像于梯，以鼓舞匠人。旁室置救火管，以备不虞。此救火楼高十馀丈，丹京建筑此为最矣。

各国之大学校、市厅皆宏大，过于王宫，甚有股票市易所，亦多过于王宫者。其国制度，惟财力是视，绝无限制，故民间各得以其财力相竞。而一市之公所、公学、公市、公博物院，尤其所致力。故争奇竞丽，而国体壮焉。我国于宫室之制皆有度限，几间、几架、某色、某花样，皆按品为之，不得过度。在古者封建虐用其民，虽文王之圣，庶民子来以筑台囿，故因诸侯、大夫、士之等而为之度，所以禁其虐民，此先圣不得已之意。今日即极无道之君公士吏，岂有用匠筑屋而不给工值者乎？夏裘冬葛，时世变异，而犹泥守古礼，限禁森严，致民不得壮丽其室，而国体之觳觫枯落，因之为人所轻，在昔犹可，当万国竞争之世，则极耻辱矣。今中国宫室之卑污不洁，殆有甚于野蛮，卿士第宅及官衙之湫隘尘秽，若不改乎，非特为欧美所不齿，亦野番所见轻。吾游爪哇之梭罗，彼土番之都也，而宫室极似吾北京，墨西哥亦类吾北地，而两处之洁则过我，岂不大耻哉！

大学市厅宏大过于王宫

以中国宫室卑污为耻

［上缺］行经练兵场，兵房无多。盖全丹国兵仅二万，国小立于诸大〔国〕之间，只与比利时、瑞士等，在万国公保之列，无所施其用兵，故兵制不必完备，而民得以休息，亦乐矣哉！

练兵场

出丹市一启露外，每启露当英五里，当中里十六里半。视丹国旧屋，高丈许，瓦斜下几及肩，窗仅尺许，屋上有烟筒，数尺，如下形［图略］，吾观法之旧京亦近是。伦敦

丹麦旧屋

百年前屋，对街之宅可手易巾，其狭可见。欧洲近者室屋宏丽，皆在百年中。所以在百年中者，以华忒既出机器后，国民富源大进而得之。然欧美新世界，固非一人之功，然华忒之力，实可谓有八九分也。物质之利用，机器之发明，以数千年前圣所极力经营而不能至者，一华忒生出新世界，所关岂不大哉！

马嘅汉臣招茶会

七月三日，丹之诗人马嘅汉臣招茶会，以我问乐也。汉臣有中国学癖，生长于丹，无华人学校、师友，乃借字典而识华文，略以字典切音而作华语。丹之公园有仿中国宫室者，一曰“与民同乐”，一曰“射圃”，皆汉臣所写，深古似六朝前书。丹有中国人十馀，皆作厨或船工，否则优人来演剧。所过者汉臣皆能礼接而优待之，故皆感之。甚至其室所藏皆中国物，亦可谓有奇癖者矣。汉臣为文学世家，其职在大学校司藏书，其祖若父皆音乐名家，其祖更以画名，曾为丹王图画著名，其姑亦精于乐。是日所集多丹名乐人，各奏尔能，且品题而论之，甚乐也。

论乐谓歌音奏曲操器德为第一

其论乐谓歌音、奏曲、操器皆德为第一，而意次之；歌则瑞典亦可称第二，丹第四，法第五，馀国相等而英至下。今德人翻士理士地，欧人号称音乐大王者也（FranGLiszt），晏屯阿盘士丹，俄人也，乐大家而次之（Ant Rutrinstein），德人兀咳滑那又次之（Riehard Wagnerk）。以我所游各国，皆闻其歌乐，诚德国为冠矣。瑞典之歌，高唱入云，顿挫浏亮，真可绕梁三日。不知古之秦青何如？盖瑞士在六十度，地度极高，故歌喉亦极清高。此诚天然，无与争锋，虽欧土各国犹甘逊之，况于吾华乎！

以吾国论，吾粤人以粤语唱歌，不能成声，童幼作歌，尤哇哇不可闻。而北京十龄童稚，声清似钟磬，其作歌曼声，响压行云。即粤人作北语亦能清冽，盖粤城在廿三度廿九分，北京在三十九度五十九分故也。吾国俗乐既淫哇靡靡，西梆则乱躁紧急，古乐平和，而置于万国竞争之时，失于缓弱，不足以厉人心而扬士气。且欧美通行之琴，备八十四律，高下、短长、大小、清浊无不具备。其作弦也，又复去丝而易以金，每弦必加重弦，以厚其声，故至美备。我之古乐，自伶伦截竹，以竹声度调，以长短分为十二管，而十二律生焉。乃以五声和十二管合为六十律，后世加变宫、变徵二音，和十二律，共为八十四律。汉后乐律渐废，然至晋荀勖时，尚存清高、清角、清徵，其音之繁备，适与今西乐相符。及隋时，郑译得琵琶于西域，举世好之，于是以琵琶为乐主，以度众调。琵琶仅四弦，每弦七声，共二十八调，盛行于唐世。虽有八十四律之雅乐，以其太声希味淡，在魏文侯已思卧，况唐世乎！故唐《礼乐志》纪唐世以雅乐为立部，伎在堂下；俗乐为坐部，伎在堂上。其轻雅乐已甚，人间更不行。至辽耶律德光入晋，尽取乐器而北，于是宋世雅乐遂亡，而中国三千年八十四调之古乐遂绝于人间。宋世复以管度调，而二十八调亦绝，于是工何士尺上合并清浊为十字调，合凡勿之变声为十二字调，李照加四清声，为十六字调出焉。至元世仅馀九字调，明宁王权制玉笛，为七字调，于是宋

吾国音乐不足以厉人心而扬志气

十六字调亦俱失。以八十四调，而所馀仅七调，不周不遍甚矣，况能该备万物之声哉！于是中国之乐扫地无馀。明世昆曲虽兴，颇得和平之旨，而无蹈厉发扬之气，此中国所以弱也。朱子以古乐不存，而俗乐淫哇，又庄士所不屑道，故不复讲。歌尤古者所尚，孔子与人歌，善必和之；子游治武城，以弦歌为美化。而今绝于士人之口，几若歌乐皆优伶贱者所为，士君子不敢试之。歌舞既尽，礼乐皆衰，故中国于今，几可谓为无歌乐之国可矣。

孔子六艺以乐为一

孔子六艺，以乐为一，其言治国尤重之。既非墨教，何事弃乐？不意宋儒汎扫之至此也。今西乐之琴，既和且平，可谓得雅乐之意。乐以人声为主，今人声之高下、清浊、大小已备，于今欧美通行之琴无以外之。然则先圣虽作，必不能有以其外，只有同符合节，然则可谓吾辽世千年已亡之雅乐，而今欧人续之可也。故西琴者，吾直谓之古乐返魂焉。中国古乐亡于隋，唐代以龟兹之筝、琶，皆非为我物。然则今乐之宜扫荡，而宜代以西乐，吾直可谓之逐去异族而光复可也。今欧人他乐有铙、鼓、角、吹，虽粗厉猛起，乃我汉世军乐，亦可谓之复古。且置之万国竞争之世，以乐感民，奋厉廉峭，乃以发尚武之神。吾意孔子之称太公之发扬蹈厉近之，此周之所以兴也。可不慕乎？

今乐宜扫荡宜代以西乐

中国为五千年文明国，吾于故物无不欲其保全。至于歌乐，吾则一概汎扫而更张之，摧陷廓清，比于武事，而以西乐代之。惟孔子之乐有石声，乃欧人所无，故《韶》

乐以击磬为主，《尚书》夔曰：吾击石拊石，百兽率舞，庶尹允谐。笙、镛以间，鸟兽跄跄，《箫韶》九成，凤凰来仪。此乐以石声之磬为先，竹声之笙、金声之镛间之，末乃吹竹声之箫。凡此数乐，皆至清之声，故闻《韶》而不思味，其声眇微渊永，则磬之为最异之乐也。吾遍观万国乐器，无用石者，此真太平之感德，而非今欧人国争粗厉猛起之音所能望也。此声久废，吾欲推求而张以八十四律，则庶几盛德太平之音复见，以传于后太平世乎！然此渊永眇微之音，亦非今日与国民共之者也，故西乐决宜尽行也。

万国乐器无用石声

西乐决宜尽行

游大学

游大学。规模虽小，而藏书楼甚富且古，盖筑于一千四百七十七年者，在欧土诸学，此亦古矣。有藏书三十五万卷，每年进入书五千册，有抄本三四千。当一千七百二十五年遭火，至一千八百零三年重建。校长导视，所藏古本甚多，有其十三纪古文名哩刊士歆父（Runskigt），字画甚古，略有近西里亚之文。盖当时丹墨土人尚自立，而未服于日耳曼也。

游人种院

游人种院。古物甚多，有初游南美、非洲之物。南美人舞掩鼻，忌其臭。一南美四百年前女像，颜色如新也。坤兰岛人物甚多，皆衣皮，驾独木舟，然器物亦有可观者。兽皮种类甚多，中国磁及各物亦多有焉。吾未得游坤兰岛，亦于此略觇之，丹之属地今只有此。衣皮男女，其于美国之纽约欢娱挨论百戏院见之，甚类中国人，疑吾种之漂流至此者也。

游非牵慎医院

游非牵慎医院。丹人以医有大名于欧。创治疯疾者，各国人皆多往学焉。院甚大，多花木，导游者为其弟子。其治以电，卧病者于榻，而以电机注之。此疾吾中国尤多，必当派人往学，吾请之非牵，甚乐从。闻其电治亦须经月或数月，其药室医居皆甚洁也。

命相出自王权

丹命相出自王权，则类德、奥、日，不类英焉。国人分三党，一为自由党，一为保守党，一为民党。今相颠沙，乃自由党，以政治学名。年半以前，宰相嘘令为守旧党。前相噫士托执政十八年，最有才，丹人推之，比俾士麦，但生于小国，不克大振耳。岂亦子产之流耶？然执政之久如此，其才略亦可想矣。

游社会公司

游社会公司。丹社会党最盛，其公司四层，甚壮丽。亦有妇女聚会者，皆列几无数，正西有高坐，以演说焉。其俗倡自由，于欧洲各国为最甚。工人皆欲为议员，故惰工不作，致工业不振。其党魁敛其党众之财，凡有工者，每复日必有所纳，故甚富，有大力。其贫无工者则济之，有罪犯则救之，既以财力合其大群，又以辨攻养其气焰。粗工无知之流，亦日以攻难政府为事，政府畏其焰，而不得收其用。其情形颇有吾美国各堂号之风，官不能治之也。工人之强有力者，坐食不力作，而富人畏其胁，心知不可，多俯从焉。盖以国小之故，党人既据太半，则占全权，其情势几陷于无政府、无君之状。丹志士宝星某，即为是店主人，痛恨之，乃至谓自由党魁诈诡可杀，丹之不治，一切缘由，一切罪过，皆自由所生，其言甚深痛焉。

盖宝星某为大富人，家豪百万，与政府有交，或受党人之胁其财，故云然耶？抑彼党魁之敛其党财，而号令其党人，济其贫而救其难，党众听其令而纳税焉，是亦一党之政府而为君者也。但彼于党中，若自为一国云尔，乌能无君、无政府乎？而与其国君及政府为难，至于农工不振、百政不兴以累败其国，是则何为？故为政如张弓，如权衡，在于轻重得宜。君之专制固未善，而社会自由几陷于无政府，惰工不业，失为民之职，亦未见其可也。吾固主人群义者而无政府、一任自由之事，吾终以为必生乱而不治也。今此义甫萌芽，而丹党人之害政已若此矣，亦可以鉴矣。 党人害政

丹人女工月三十克郎，男工二十至四十克郎，作工八时。

五日游看泊，乘汽车一时许至。沿道松林青葱，游人甚盛。沿海岸皆茶馆客舍，而楼阁艳丽相望，长桥临海，游钓如云。茶舍外花木幽妍，花间设坐，临海波光明媚。丹人有法秀才，延其室茶话，乘马穿林，花径煊闹，玫瑰大如碗，华屋明绮，纱窗帘槛，出妻女鼓琴相见。下临海岸，曲径通幽，花木扶疏，临流有室，把酒吟眺，其乐无量。晚归海岸，酒楼明绿，三层楼堂祓丽，望海山一碧，汽舟呜呜，临流望远。食有鱼虾，把酒大醉。至十二时乃乘汽车还。小国人能自为桃源致乐，爰得我所不可忘也。对岸为咦慎泊，约三万人，四十年前为关船过收税焉。 游看泊

咦埠牛油厂，二麦粉厂。

丹人小学额八年，七岁入，十四岁毕。入高等学，国 丹人劝学

家助学费。各国大学皆收费，惟丹不须费，惟听讲及化学药料稍收费，其劝学至矣。

游监狱

游丹墨狱。颠相先行文告狱官，狱官约期，由颠相复书。乃依期往，至则迎入。此狱筑以红黄砖，新丽非常，门楼若垒，一人持枪守之。门旁为囚之亲友探视室，黄墙灰地，棕毡甚洁。道空地铁栏，绿草夹道，小树如剪，整洁非常。狱四层，狱室三百，长一百五十尺，狱门厚寸许。囚室甚宽广净洁，粉以绿灰，床溷皆白铁为之，机可开合，与富人同。枕亦用机，褥则用秆，木台几皆钉墙，可开合，浴盘亦有机开合之，有橱置书与食品，整洁甚矣。囚无事，教以织棕席。横于门有铁栏，振机上则铁栏起，可召人，拔机下则锁二重。狱楼有半壁堂置琴，有女弹之以娱囚。浴室人各隔板数尺，有机为水喉，囚皆易衣而浴。浴室地日洗一次，洁净可鉴。教堂亦人各一数尺小室，鳞次而下，并髹朱干色，讲者高座，可一一俯望也，此各国皆同矣。厨瓦用绿磁，墙及地用白磁瓦，广大而精洁，则王宫富室不若矣。食有牛鱼和以薯，每囚各给酒半尊，晚食给酪，有大铁甑为之别。一铁橱储食物，以待有事者。煮茶之锅，净白洁甚。此则欧土平人所不如，我国大富贵人亦无此洁丽矣。病室尤洁而精，室广七尺，深二丈，玻窗、铁床、文几，其玻璃以钢煮者，鞭敲不裂，盖防醉者也。屋盖用爻字形，极文美矣。其浴室用白磁瓦，尤精美矣。洗衣室广七八丈，壁亦白磁瓦为之，运机以洗，有机桶置琉黄以局衣，有大机管在地下以通冷热水。

楼大二十六迈当，窗一迈当，馀地四十一迈当。因暇以时许之游憩，憩室如钟表扇形，中有小室，一守者可四瞭，外为园墙，内植绿草，式如下［图略］。甚雅洁，如斋居矣。夜以三夫巡守狱外，昔有逃者，然非外人所能劫狱也。

此狱筑于一千八百九十五年，于今八九年耳，故丹壁如新。此为最重囚者，而室之明洁，院之严丽，真我国富贵人之所无。且即以欧美论，亦无其比，全美我游之，见狱甚多，亦无其洁。此院费二百万克郎矣。欧人王宫铺设自丽，若建筑之壮则尚逊之。欧人之于狱殆竞洁斗丽，后来居上，几若公囿、博物院，然其恤囚之仁政诚仁矣。然厚待之如此，亦已过矣，其意在竞美，而非谓恤囚也。虽然，囚者但以耻辱之，令彼无游观之乐，在太平之世亦有宜然耶？抑刑措而无待于竞狱之美耶？ 恤囚之政亦已过分

吾游丹墨狱，华严若天堂。壁瓦皆绿白，砖石尽红黄。花径夹铁栏，绿草植道旁。囚室广而洁，白铁作溷床。一一皆引机，橱几陈书囊。虚室真生白，净妙倚绿墙。倦则游憩室，草树有新芳。时上藏书楼，或者入琴房。妙女扬明睐，鼓琴声铿锵。食则有牛鱼，茶酪试芬香。夕赐酒半樽，薄醉可徜徉。其厨及浴室，华整何堂皇。费金二百万，伟哉大道场。严丽冠各国，欧美无可方。欧土各王宫，逊此妙严庄。况我富贵家，享受远相让。吾想太平世，刑措无锒铛。假使用狱囚，乐过今君王。以其备神机，必非今可望。地狱与天宫，定相本无常。视其所生世，苦乐与 游丹麦狱诗

相当。此狱过帝殿，何其耀炜煌。信哉平等仁，恤囚惠以康。不过禁游佚，示辱不飞扬。回顾吾国人，室屋卑污方。秽恶交腾蒸，疾病多疮疡。贫者杂犬豚，矢溺共糟糠。家文下有豕，古训尚未忘。不知卫生法，况识安乐乡。狱囚更何论，瘐死幸有丧。狱吏问我国，狱室可清凉。吾颜如渥丹，忸怩无可藏。相去何太远，天壤乃王郎。我实政不仁，宜其国不强。颇闻欧人风，竞侈为荣光。争夸恤狱仁，过丽得无亢。罚罪似赏功，差等无杪芒。吾未敢谓然，悬此待禹汤。

游旧狱 更往视旧狱。驱车行十馀里，狱前有西一千六百十九年之古庙，多古器物。高塔十馀层，前堂楼上为乐室，雕文木悬空中，乐管二寸许，大者百千数，精妙极矣，下以二象承云托之，此雕刻甚有名，盖荷人缓哈芬一手所作也。一艺之精，于薄物能久远传其名如此，此欧人劝工之良法欤！有前王歆士旃第五像，上盖用铜作星形，甚瑰丽。神前有四神女，刻四木为之。其银烛台似中国，三百年矣。有石盘贮水，以行洗礼，盘边刻花，盖西一千六百年者。栏干用瓦人，皆数百年古物，甚朴雅可观。

狱前有古屋二层，乃三百年丹之古式。屋甚低，而瓦甚斜，可考旧俗也。

海旁有一岛，昔东方人曾来商于此。

旧狱今为女狱 四时，狱吏同往视旧狱。黑暗而灰沙多裂，板道上下崎岖，与新狱相去天渊，亦可见丹之进化矣。今为女狱，自八个月至终身囚者皆在焉。昔女囚甚多，近则日减，今仅六十人耳。厨甚洁，浴有长盘，以机管引水，每复日一浴，惟甚暗矣。藏书室、教堂同。更有学堂，入狱而学者，年自十四至四十。自三年半以上之重罪者，不得与人共，独居一卧室，不与人见焉，惟作工与人同室。重罪者卧室二桌，有铁床，可开合，广四尺，深五六尺。终身囚室广六尺，深丈许，以其终身囚，故大之也，门上有窗以通气，有水管可浴，有桶以便溺，有小橱置物品，有炉，见客至避出，以白布掩面，全其耻也。其二三年囚者在一大室，共作纸工。轻罪有两人共一室者。管囚室皆用女工为之，囚室皆有椅桌而织网。病室甚洁，人各异室。有体操室，外有草树，有痛者陈长几卧焉。有子者置别室，有弄具卧床与子共之，限一年其子出，可谓仁至而义尽矣。有博物院略贮图及作工绳网诸样。视诸囚拓摄，囚貌甚恶，宜其得罪也。问于狱官，皆下胎、奸杀、偷盗之罪云。惟小儿不拓相，以全其廉耻，待其改过，意甚厚。有古刑具，悬绳及藤为鞭焉。食堂四人共一桌，每人牛酪一，面包一，牛油一。其游地种草，式同新狱。惟槅室昔用白玻，能见守者，今易灰者，不能见守者，而守者居高能瞭之。

七月杪，自瑞典归，四时乘汽车，夜九时到丹墨哥本哈觐，欣然如见故物，即游公园。口占一诗：

游哥本哈根诗

电车驰骤电灯明，丹墨重游更有情。百万人家成乐国，公园游冶六街平。

百戏园

丹墨百戏园，楼阁数十座，花木深曲，柳塘水榭、茶室、船舫临之，电灯万千，游人如蚁，百戏并陈。座落皆卖茶酒、架非，置几千百于树下，盖欧土之通俗也。有日本茶室，重楼如日式，吾品茗于是，有中国乌龙、雨前、龙井等茶，游子久不得尝此味耶！坐小舟至深处。携女同璧步行花径中，幽深少行人，遥望楼台、花径、松塘，乃甚似吾西樵山北之银塘故乡澹如楼风景。澹如楼者，吾先中丞公名国器，曾为广西巡抚所筑，环二塘二堤，倚松台而临榕径，四面人家相映，藏书数万卷于是。吾少年自十四岁至三十岁读书于是，晨雨夕月，携册而吟，徙倚徘徊者久之。自蒙难以来，久无乡梦，岂意绝国有类乡园，恻怆感怀，为之歌啸。前度来游，今兹重到，益增相思也，诵示同璧：

怀旧示女同璧诗

廿年读书处，忆我澹如楼。飞阁临波影，圆窗照道周。横塘堤树密，对岸画堂幽。岂意长飘泊，离乡已十秋。丹墨公园水塘曲，依稀似我澹如楼。十年久绝乡园梦，万里来为波海游。花径同携歌旧曲，柳塘小棹泛新舟。电灯千亿游人万，泽畔行吟独起愁。

游故王宫

游故王宫，在西十二纪，于今六百年。红石筑尖塔峻耸，林木浓郁，花径幽幽。宫内陈古物甚多，铺设皆旧制。

公园

丹京公园凡四，百戏园在大市通衢；一在海边，洲渚秀绿，风景绝伦；一在往挪威泊船之海边，疏落之趣，粗备游赏耳；一在京中心，以种花为主，有玻璃大花房，园穹长堂，敞墀百丈，崇阶数十级，壮严如大殿，殿前引水为湖，曲环为溪，堆石为山阜，纡回曲折，植花种树，掩映溪山之边，置几安小舟，甚幽邃。

丹墨游记（二）

六月在伦敦时，英士大夫多往避暑，难相遇，闲居无益，乃乘暇决游北欧诸国。六月廿六日夜，自伦敦诗士大客店行，循波罗的海南岸，假道荷兰，由丹墨入挪威至瑞典。汽车以八时半开，十时至规牵巴拉海口，易轮船渡海，风浪甚平。船中四人共一室而上下床，不取床室者，坐待天明也。 行北欧道上

廿七早四时半到荷兰境之佛拉乘海口登岸，行李皆须交税关验视，亦不甚启验，以白灰画行李，放行颇速。巡警兵碧绒衣密纽，衣制又异。于是上汽车行，此海口距荷京吃仅四时许，本欲游之，以待归时便通，故不往。所经荷兰境，土原平坦，田畴肥美，宫室、道路、堤岸皆整齐净洁，树木夹道，所谓“两行秦树直”也。牛羊被野，自英境繁嚣来此，觉有清整气象。至十时出荷境而入德境矣。荷虽蕞尔，然能治其国，谁敢侮之？此次数时间一经游，未能深知荷兰政俗，然已尝鼎一脔矣。 道经荷兰

入德境曰哥，关吏视行李略同。大约过都越国，车期迅速，行李以少为贵，其日用者皆检存一二箧，不待用者皆寄之。否则赶车期不及，反须车场久候，徬徨无聊也。自荷入德，车中仅一睡觉。又入别国境，语言、文字、政俗、服制多有不同者。故欲阅历者，游欧最妙，以一日数 入德境

时许，境界新异，足以发皇耳目而开辟心思也。若游美国，日夕所经，处处相同，则无甚趣味矣。彼则政化相激，风俗相通，人人有自立之心，国国有相师之意，故能相观而摩善，竞争而变上。欧洲之所由强，实由此也。且其海港汊沍，既南有地中海矣，又北有波罗的海，皆港岛错杂，如自鼎峙，故亘古未有一统之者。罗马昔号一统，除意大利外，则自高卢、西班、不列颠，皆羁縻之荒地。北境战垒，不能出丹中波河。若波罗的海南北地，则未尝一问津也，故谓欧土亘古未尝有统一也。以角立竞争，是以成今日之强也。然或以竞争致强，乃欲裂中国而为列邦，以内相竞则惟欲促其亡而已。今之竞争，既合大地为一角逐场矣，则强大者胜。若又内裂，是不欲竞争而欲内乱也。近者又多欲辽东别立国，原出于欧土荷兰、比利时、瑞士之体，皆与中国今情迥异。中国人种、历史、政体、风俗，皆宜于一统。不知者误采欧土之义，则不知时地迥殊，徒自割裂，以弱其势。亦犹昔者误言革命自立，而师法美、法，同皆误于欧人之迹，而不审时地也。今学者多读西书，辄有此谬想，皆不解中国事势而误中国者也。

欧洲亘古未尝统一

中国宜于统一

抵汉堡

自英伦夕泛海，晓到荷兰，巳刻入德境，午后到汉堡。太白诩“千里江陵一日还”，此又太白所未知矣。汽车中口占：

汉堡道途诗

海舰朝穷荷兰国，汽车午入汉堡途。绿芜千里田园直，红瓦万家楼阁殊。林木夹堤露高塔，牛羊被野傍平湖。早闻汉堡称繁丽，会看飞花夹市衢。

挪威游记

此篇作于1904年，据上海博物馆藏手稿。

由哥本哈根往挪威

七月六日晓起，自丹墨京哥本哈觐乘汽船往挪威，海口即在京，九时由马车下船，十时行。两岸数十里，岛屿相夹，绿树芊绵，红楼相望，风景至佳。北为瑞境，南为丹境之看薄。渐出海口，诸山环抱，甚窄。出海亦复万岛千洲，苍翠迎人，坐船上一路看山，乃亖佳处。惟加拿大自湾高华出域多利岛，又曼梯柯仙罗论何入美之千岛，日本九洲将往马关处，有此佳境，全地球亦难得矣。船愈行，山翠愈佳，岛屿愈奥。惟惜岛山太平，不甚诡异耳。欧人盛称挪威之山甲天下，我未敢附会，然凭海千里，山岛回环，兼海山而有之，实为幽胜。凭栏饮酒，复得鲜虾，与璧女及罗生文昌对酌而乐。罗生前在槟屿相见，今五年重见，睹我发白而叹我增老。追思数年来国家多难，龙血玄黄，今幸中国不亡，已为幸事。感怀身世，叹息弥襟，口占诗示罗生及同璧：

海道中示罗生及同壁诗

频经国难忽华颠，南北重逢已五年。美酒空为人送老，飞舲且作客游仙。好山缥渺何成住，大海盘旋几变迁。且喜奇才能磊落，又来弱女慰缠绵。罗生年弱冠，中西并茂，尤通泰西哲理，志节磊落，佳士也。

抵歆士遮那

三时船到挪威京，名歆士遮那。举目朴陋，巷几无人，楼层卑下，道路狭隘，风俗朴陋。乃至人种面色亦复暗枯黄瘠，不甚红白。行经全欧，宫室壮丽，道路恢宏，人面桃花，红白相映，不意挪威若此。欧土乡曲吾未全到，实为全欧都会人物之至劣下者矣。挪威京人二十五万，然登公园高塔之颠，以望全都会，则二十里中，红楼碧瓦与绿松翠桦相映，空地至多，故园林与楼阁相错，海汊深入，岛屿环前，苍翠满目。而海波拱抱于前，若一天然之湖，则其佳胜大观，虽瑞典京尚逊之，何况他国？又可谓全地球之都会第一焉。盖挪京者乃天然最胜，而人事逊之者也。至人面之枯黄，疑山谷崎岖，平原鲜少致然。惟瑞典亦岛屿至多，而人至秀美。同居北海，同在比邻，而人色至相反，此甚怪异，更当有故，非旅人匆匆所能得矣。

入住克兰大客店

入克兰大客店，此为最大店，而价甚贱，人仅三克郎耳，盖地瘠民贫故也。客店甚都，门有园，园有亭，绿草红花，廊幔临之，甚雅。惟取一水，点一灯，物物皆分别计钱。吾取热水洗面，又携茶叶，但取热水冲之，皆计半克郎，全欧无之，盖亦穷地之所为欤？大道仅一，此店前为议院，旁对王宫、公园，邻为博物院、大学堂，又过为公戏院，一切大观公会皆聚于此区区矣。小国寡民，北鄙僻壤，袖小不足回旋，殆无如何。故游观全京，一日可尽。

游博物院。院门墙纯以绿云石为之，光翠夺目，实为欧洲第一。绿云石盖挪威土产，故易办也。其盖白灰饰，墙皆金饰，亦甚丽，馀皆用黄砖，甚美观，然终嫌规模狭小耳。院中古物无多，皆循例有之，惟吾华之衣服及墨甚多。最古旧伟大者，彼九纪一古船，乃其王劫于海贼而葬焉，各遗物犹在，乃二十四年创得者，盖千年物矣。船长六十六尺，广十六尺，板板相衔，已能如今欧土船式，木料已黑如炭矣。购其图归，古船有板屋盖之，别在博物院外也。 游博物院

游画院。画甚少，绝无佳者。罗马石刻皆非真物，不过以灰摹之，与丹墨同。盖小国所无如何，仅求形似，以广见闻，虽美之纽约、华盛顿亦如此矣。 游画院

沿道左右小岗，松翠青青迎人，山石荦确，林木参差，与铁磴相映，则夹道岗陵石林之美有过人者。过大学堂前，规模颇壮阔，观其藏书楼，甚狭小矣。学生皆避暑，以司空见惯，亦不遍入学舍矣。 大学堂

再过为王宫，据冈陵高处，由大路直上，俯临巍峨。宫石筑，三层，方形，大十馀丈，门有前王石像。宫外广地甚多。入宫略穿诸殿室，皆不甚华，逊各国王宫远甚。以闭宫门时至而出，然亦无可游观者。小国之行宫，仅同富室而已。宫外为园，亦御园，亦民园，仅以木栅别之， 王宫

有门可出入。御园群花满地，广长数亩。民园古木参天，广长数十亩，松林中有亭焉。外有花畦列左右，长十馀丈，玫瑰杂花甚盛。吾倚栏而睡觉，但闻鸟声，几忘人世，岂知其为挪威王御园欤！

挪威自立

今挪又自立国，迎丹王孙主之。曾几何时，国土已易，转瞬浮云，真同一梦矣。

欧洲小国自立甚易

按：欧之小国自立甚易，以其有大国翼赞之也。盖自日耳曼封建之世，其分合已多，视为故常。挪本自治，仅同一王，井市无惊，兵戈不动，只是内有民议之哗，外有强邻之助，瑞王自度势力无可如何，不得不听其自立。瑞、挪言语本自少异，合挪于瑞，不见国大，分挪自立，只自蕞尔。若强国则以其分之，愈小则将来取之更易。然则挪威人民之自立，亦未见其大益也。此次德、英两大力赞成功。夫匈牙利与挪威同体，然匈牙利自立之难，而挪威自立之易，则以所隶之国，一为强大之奥，一为弱小之瑞故也。在德国日倡之大义，则务合众小为联邦；在德国赞助之力图，则分弱邦为独立。同在北欧，举义何其反欤！德人最有合并之谋，德王尤具英雄之略。闻奥之诸部，德人犹频唆之离奥，是何心哉？司马昭之心，路人知之。大约欧之分小国愈多，则德之以联合为吞并愈易耳。挪之小人岂有远图，乐一日之自立，而忘将来之吞并。不观于高丽乎！当乙未之夏，煌煌然夸诩自立，称帝号而纪建武矣，以为脱中国之轭矣。不及十年，并于日本，乃始悔误听之诡谋。高丽名士李晚与吾言，吾国人始皆不知日本之诡也，方谢其扶助独立之力也。此则挪威他日之悔也夫！

方今大地交通，万国交迫，强凌弱，大并小，乃日相吞并之时，观春秋至战国之间，即今之世矣。自此以后，二三等之国皆渐即夷灭，惟强大之国六七存耳。是故当今之小国灭亡，亡也；扶立，亦亡也，不过诸大诡谋播弄之耳。或各国相竞，不欲偏有所益，以为均势之计，如瑞士、荷兰、比利时是也；或取诸异种借为渐削之图，如希腊、埃及、罗马尼亚、布加利牙、门的内哥是也；或两雄交争借为屏蔽之地，若突厥、阿富汗是也，然总皆诸雄在欧之诡谋耳。若在余洲，则除英、俄相迫而留阿富汗，俄、日相迫而留高丽外，皆草薙而禽弥之。观扶高丽之独立，而阿富汗、埃及可知，待权势之既到而一旦取携焉。因是以推匈牙利、苏格兰、阿尔兰不能独立，而希腊、挪威之苟存性命于乱世，不日不月，死亡无日，可预决也。齐桓公一面灭遂灭谭，一面封卫救邢，是何为哉？故吾未见挪威之自立也，见德之吞并而已。嗟乎！方当春秋之世，非有晋、楚、齐、秦、燕之大地，岂能久存于战国哉？智者因往推来，亦可鉴观矣。

方今强凌弱大并小有如春秋战国

夜游百戏园，甚小，游人阒寂，布置亭院亦寥寥，观剧亦复小班数人，观者无几，不意小国寡民并游戏之力尚不及也。其与匈牙利之标德卑士同为附庸，而闹寂若天渊矣。

夜游百戏园

七月七日游公园，园围冈陵上下，最据全都之胜。入

游公园

门为池，林木铁磴绕之，坡陀登冈，茶馆数四，所谓哈觐屋是也，有图在焉，与松柳相映。再上则花畦石像，拾级登椒为蓄水池，有大喷水管焉。后亦林木森秀，嘉葩夹道，又复坡陀而下矣。蓄水池作机处，上为高塔四层。俯瞰都城，一一在目，海岛百千列于前，青山四周抱于外，人家万户，楼阁鲜新，与风柳相映，光景至佳。凭眺山河，累经立国，感不绝于予怀也。公园之冈阜，从后山至中处，蜓蜿委曲而下，渐引上，此阜履端居正，昂然全都会之中央。后山列峰如屏，左右夹护，如环海水，回抱成湖，真天然之地也。相其阴阳，观其流泉，陟则在巘，复降在原，顾盼乐甚，颇惜冈顶凿此大池焉。向谓瑞士、瑞典可作大公园，观挪威都城亦然。

议院　议院在吾居大客店对宇，将行游焉。白石筑之，规模极小，尚不及英、美一邑之议院也。两议厅皆在楼上，上议院尤小，仅二三丈，如寻常人家厅事，仅列二十四几，然皆半璧形式，甚新也。式如下［图略］。小国薄力，只得如此。挪威民权甚盛，此院虽小，然彼一国政权法律所自出，亦未可轻视之矣。

游劝工场　游劝工场，门亦以绿云石为之，极华庄。楼场极新，古物亦多。小国有此，亦可观者。

自挪威往瑞典　自挪威有船可往北冰洋，时适无船，遂于七日之五时半乘汽车往瑞典。上等车价五十四克郎，二等三十四克郎，一夜可达瑞京，租床每一床二克郎。

自挪至瑞千里，坡陀相属，松桦蔽山，时时有湖溪相映带。人家楼阁作红黄色，皆以木为之，下层小而上层大，下用全木枝砌成，交角处互穿其端，此乃瑞、挪堂构之特式，盖其材木极多故也。外以红栏绕之为园，皆据冈颠，或临水湄，多在林木深深中，景色佳绝，自入欧以来惟瑞士有此耳。

挪威京沿海岛屿无数，其东北海旁，楼阁连绵，风景至佳，有石如屏，峭绝。

瑞典游记

此篇作于1904年，据上海博物馆藏手稿。

七月八日晓七时，汽车自挪威行抵瑞典京之士多贡。始以为瑞、挪同国，小国贫民，必不足观。验行李讫，甫出汽车场，流观道路之广洁，仰视楼阁之崇严，周遭邂逅士女之昌丰妙丽，与挪威几有仙鬼之判。岂惟挪威不及，乃可称为冠冕欧洲，虽英、法亦远逊焉。宜其能以小国拔起，昔服强俄，而今辖挪威也。盖瑞之人种秀出，其辖那也，几与英人之辖印度同科。今那虽自立，而瑞人之明秀不群，实非那人猥琐所能望。虽生同欧洲，风化略同，而城郭人民之气象则相去远矣。乃叹强国上邦之有自来也，中国人一游高丽、安南而见之。 自挪威行抵瑞典士多贡

亦入克兰大客舍，亦瑞京最大者，一人一日一室仅数克郎。结构宏丽，舞厅、宴座及上室皆黄缎绿绫被墙，花木间之，庄严华妙，即饮食烹饪亦过他国，盖皆欧土大国所无者，而价甚贱，盖僻在北鄙之故耶？客舍临湖，左旁 入住克兰大客舍

为博物院，右旁为小公园、公戏院，院旁为议院，下隙地亦为公园，花木亭台皆临湖。过桥则为王宫，乃与吾客舍正对，皆环湖而居。湖中汽船往来，湖边电车飞走，即举目间光景已大佳，为大地所无矣。客舍旁一公园，有瑞之英主查路士十一铜像，二百年矣。像无须，持剑东指，相貌雄伟，即霸北欧而胜彼得者，环以四铜鼓刻字。园中花木扶疏，临湖设几，吾后自岛还，频息于是。客舍有四马大车，分六槅，可坐十馀人，每客三圆，车夫红衣执鞭，每日于十时遍游都市及园林焉。高坐游盼全都，在他国亦同之，然无佳趣。在士多贡则寸寸皆兼城市山林、湖海宫馆之胜，为地球所无焉。

查路士十一铜像

兼城市山林湖海宫馆之胜

城中七岛

城市之中凡七岛，通之以桥，王宫据中岛，法署一岛，公园一岛，馀列旁岛。人民二十八万，人家十万户，楼阁鲜新，海波荡绕，山石荦确，桥梁纵横，水木明瑟，楼塔与林木、湖山相参差掩映，而道路砌石，夹植松桦，整洁甚矣。其居楼皆六层，无一家少有高下者，皆髹新色，无一家少有全旧者，虽贫民下户，皆租危楼，垂纱窗，一律妙丽，盖其国律不许贫民自筑小屋焉，故其华严整肃。虽以纽约有廿馀层楼阁之峻丽，而接邻比舍，或一二层矮屋秽室错杂其中，则不美观甚矣。盖美听自由，而瑞行干涉故也。然瑞典以此楼阁遂冠绝美欧，加其公囿之清瑟广漠，岛围湖水，而湖水复围岛屿，如此展转相望不绝。瑞人既生当海山佳处，复擅点缀，沿岛夹道茶馆酒楼百十家诡制异色，清歌妙舞，杂沓于其间。至夕则电灯万

贫民下户皆租危楼

乙，裙屐缤纷，出游则画舫沿湖，泛浪于一千二百岛海波、山林、楼观之间。以京邑而兼山海岛桥之胜绝者，天下无有，应以士多贡冠绝万国，独步无偶焉。华盛顿号称幽丽，柏林号为整严，比之有天人仙凡之别。下视巴黎、伦敦、纽约，湫隘嚣尘，真若地狱矣。美哉！士多贡乎！观止矣，蔑以加矣！清瑟固天然所产不待言，何以小国薄力，入口货十倍于出口，而楼阁道路乃亦冠诸全欧乎？吾益以赞叹瑞人不绝也。甚怪交通数十年，而中国游人及群书无称之者，亦异事也。意者如日本人诮吾国人大陆尘土不解风景耶！十五月明，坐游舫，乘电车，步长桥，饮茶楼，得诗： 以京邑而兼山海岛桥之胜

环湖据岛开都会，汽舫湖桥处处通。瑞典一千二百岛，楼台无数月明中。 茶楼得诗

晚步游厄架园，湖山相间，岩石沿路，绿树深深。行十馀里，足甚疲乏，少憩茶亭。门外壮丽异常，以板画战时穹庐状，入内则藤架花棚，置茶几焉。再入为花园，百花繁盛，海棠大寸馀，红素芳菲，种极繁茂。有菊枝叶如苹，数枝并上，种甚新异。不意汗漫邂逅异境，盖瑞京园林傍湖沿山，游之不尽者也。 游厄架园

九日游博物院，壮丽见图，古物甚多，其石期之古屋存焉。在石山中斩石为之，以石板环外，上盖亦用石板，前掘石为沙地。又有堆小石仔为屋，如蚁穴然，而空其中，乃一古坟也。 游博物院

又一博物院，昔赛会所也。连楼通贯，左右环长廊，

皆石筑，备极壮丽。外为花圃，又外绕石阑，极新整矣。四大石柱上有园穹，或方棱，地板砌方纹，纵横相间，如各国王宫式，胜英国博物院之简俭多矣。其埃及、希腊、罗马之古物皆真者，此尤远出丹、比、那威之上，盖瑞典人无不隽胜者。今又新筑一博物院于思间慎公园外，红石伟丽，将迁于是，益瑰伟矣。

游思间慎公园

游思间慎公园。以一大岛为之，有铁轨车可忽尔登颠，亦有大道层级，石梯曲折而上临。正面有大酒楼，旁有石亭，此外入门之路甚多。岩林山石，楼阁参差，池桥曲折，牛宫鹿栅，瑞典古屋旧装，洞獠山人，野兽珍禽，无所不备，而山上山下，深林曲径，丛木灌莽，怪塔惊泉，若在深山中。忽而登高望远，则都会万家，城市人烟，与岛屿、海波、山石、林木相杂沓掩映。环岛以湖，环湖以岛，湖岛展转相环无尽，以映带于王宫、法署中。城市山林，不可方物，可谓大地幽胜之第一者矣。柏林动物园遍摹万国宫室，自是地球第一，然幽胜则不如此园远甚。此盖天然，无可与争锋也。宋人或称临安西湖，然不能比此万一矣。全园有图。

是日登园中山颠之五层高塔顶，远望城市海山，大雨迷濛，云烟出没于帝城双凤阙，春树万人家，林木海波，一碧万绿，光景尤为奇绝。塔颠平台高层，周窗坐以中国磁磴卖茶焉。倚窗望烟雨之变幻，傍晚不能去也，可谓绝境矣。塔有图。

有近俄北冰海之猎论人夫妇二口，席白熊皮坐，其国三尖木栅屋中，其屋骈立，木枝斜倚而成，亦有门掩焉。其人极似中国种也。中悬筒以贮水，下焚柴而为暖，亦以为炉食焉。上空通如霤，盖太古之屋进化必经此种，美国之土人多然。亦有图。

瑞典古屋甚多，皆布置于林池中，至幽胜矣。自十二纪至近十七纪，可考进化之序焉。一二三纪以前，古屋高数尺，环屋边以板为床，亦若木箱，有帐垂焉。床有毡，有灶能通气，窗高尺许，几及梯皆以一木为之。其一间近屋，盖高七尺处为阁板，亦为床焉，四面有槽，悬兽皮。其一有中霤，一切用器皆以木工，甚钝拙，惟烛台以铁为之，可开合焉。其茅屋四周作小房，农家养牛马，室蓄禾草，秽陋皆具体矣。养蜂、牧牛皆有缩型。中作大院，以小石压屋极，又压以柴，正面红板。屋高七八尺，小玻窗与中国北土甚类，上板有红花，仍用茅盖。至近二三百年之屋，则雕镂为床几、柜橱，磁铜为杯盘，屋高丈许，厅房数四，虽远不及今，然形式略具。入门为门房，后为厨，左客厅，右饭厅。饭厅后分二室，前为书室，后为卧室，板瓦用鳞。其屋守护者，或男或女，皆衣当时之服，所以教民知今日进化之安乐，又以知人道之日进日新，而不可守旧自闭。虽游观乎！用意深远，欧美之善于诱导其民，多类此。

古屋

人道之日进日新不可守旧自闭

有二石岛，数石洞，养白熊，甚皎洁。海狗有池，其馀珍禽奇兽皆以木栅置深林中，若自然也。

有瑞之古塔，黑黄色，全塔皆钉，无层数，亦诡异

古塔

矣。循园而周行，凭阑倚石，处处异观，寸寸佳胜。忽而俯望，城市无尽；忽而深入，山林无睹。其泉激而成之，茶馆酒寮相望，以待游人，行行不忍去。至夕饮于正面黄楼酒馆，侍女皆能鼓琴而歌，瑞典歌声最高，响遏行云，得未曾有，为之把盏而醉。出望繁星丽天，电灯遍地，环匝戏院歌楼茶园声乐蔽空，盖所谓乐国乐土非耶？乃一一循视诸茶园酒楼，花木夹道，楼塔诡丽，廊亭迤逦，不可胜原。都人皆在树下电灯白绿几中坐而听乐，有拓影，上黄下绿之楼阁，妙丽可见。不意小国之布置，乃能华妙若此也。人称巴黎繁盛，岂有一二清丽如此？乃下山寻道乘汽船而归焉。是园于来复日及来复六日有跳舞会，在平地之坛，有图，吾数游是园尝观焉。璧女遗金柄伞于园，隔旬有尼路顺氏之兄妹拾而还我，其俗之美亦可见矣。

大雨登思间慎公园塔顶，四望瑞京在山海中，烟云出没，波涛浩汗，楼阁迷濛，光景奇绝，天下所无，因感天人之无尽也。

登思间慎公园塔顶诗

瑞典公园奇丽绝，海波都会互回环。金银宫阙排云里，缥渺林亭出世间。岛外有湖湖外岛，山中为市市中山。独登高塔苍茫顾，烟雨迷濛天上闲。

游王宫

十日，游王宫。石筑，四层，长方形，据岛临湖，最奇伟矣。四周穿室为殿，与意、奥、德各国相同，不复叙述。惟有正殿是即位、开议、行大典礼之处，宝座在正中，五级而上，左右列直几，坐亲贵大臣，长丈馀，衣以黑花线，宝座上有宝盖。前左右楼廊环窗，皆有坐凭阑，左右有其先王祖若父像，并刻功臣焉。此殿深四丈，广二丈，甚小，然其庄严少类中国焉。其前楼后及太子居之一室，遍挂鹿角无数，盖太子所猎者。有一织绒画，值五十万，颇佳丽，闻织七十年乃成，一存巴黎，一存湾，一存此殿。有波斯王所赠之宝石剑，攒众宝石为之，甚贵重焉。

游罗丁堪行宫

十一日，游罗丁堪行宫。乘汽舟行数十里，岛山明媚，海波灏演，舟泊宫前。涟漪青碧，正对长桥，松林压丘蔽冈，万绿无际。白石为宫，深六七丈，中三层，凡十三窗，左右二层各七窗。前为宴殿，后为藏书楼，有前王路易十五及查列斯十一、十二与其后像，胜俄彼得而霸波海者也，英姿飒爽。王与俄战图尚存，然画笔甚板。普之非立特烈大王像亦在焉。今王少年二十八岁之像亦在焉。古女后之髻垂蔽耳，甚似中国今妇女装。所有各画，多皆瑞人丝路话所绘也。穿数殿，经食殿至王后之画殿、寝殿，其帘幕几壁衣黄、蓝、红，皆同一色，而每室异焉。寝殿白顶蓝板，磁灯以花为之，出中国。有中国磁炉，高丈馀，皆有人物，甚贵重矣。黄缎皆瑞人自织，甚类中国。宫后有花园，甚大，芳草红花，石像列焉，芳菲萧素外，此则绿树无际。宫外有茶馆，憩而小食焉。此宫清胜，亦各国所无，盖瑞典之地随所布置，无不佳绝也。

中国磁炉等

泛舟游湖

十二日，泛舟游湖，出至海口，凡二百馀英里，一千二百岛。岛岛相望，海波澹荡，松林深翳，中有人家，红楼白阁，抗山临流。当临流处，花畦松径，石堤木桥，时有亭幔，陈几榻于中，夏时瑞之士女各避暑居焉。岛岛如是，有数处大市，有客店可居，每复日有汽舟游焉。沿途人家多处一泊，风味酷似瑞士故居者。往来亦甚便，汽舟以八时开行。每食人七十钱，而有二十二品，多鱼虾异物，咸酸皆备，其价贱而品多，味亦新异，盖欧土所未见也。欧人之食水族多鲜食者，几与日本同，医者于卫生不禁之，想以其凉血易化耶！凭船阑，抚山海，其乐无量。盖大地之内，未有京都而在海岛者，又未有凭海有千馀岛之多者。或有之，则在蛮烟瘴雨之地，否亦绝少人烟，安得千岛楼阁相望者乎？虽瑞士犹逊之。瑞士胜此者，在夏时雪峰照耀耳。二瑞皆绝景，各有短长，无可轩轾焉。瑞士居欧之中心，天下多盛称之。瑞典僻在北鄙，游者少，故不甚称焉。逋人天幸，得以蒙难之馀，穷极绝域之胜，放浪海噬山陬，以陶写其天。则吾华自古之羁人谪宦，足迹所未至，耳目所未闻者，皆吾为之先焉。每读灵运泛海、游山诸什，东坡黄、惠、琼、儋诸作，辄以万里贬谪，江海萧条，发其骚吟，写其身世。后人过其遗迹，为之想象，流连其艰远。以鄙人视之，则诸老犹未出户庭也，则吾虽放逐，岂非大幸耶？凭船阑饮酒，得诗二章：

千岛楼阁相望

凭船阑饮酒得诗二章

瑞典一千二百岛，岛中处处有人家。荡船曲曲屿塞路，穿苇深深鱼上沙。松林掩映红楼阁，矶石攲斜翠柳花。波光山色绿无际，载月归来醉蟹虾。

穷发投荒荡汽舟，赋诗横槊几人游。青天一发通中土，大海洪波又九洲。各有开天新世界，颇思故国旧风流。谢公山贼惊开凿，屐齿伶渠限一丘。

光绪三十年七月十一日，在瑞典申堪海口，得翁常熟五月凶问，大盘陀石上，望北海哭之。海风怒号，海浪汹涌，青天惨惨，若助吾哀。一老不遗，为中国痛，非徒感推毂之私也。

长天黯黯海萧萧，欲溯凄风赋大招。东望江南云 哭翁同和诗
断处，空将老泪洒寒潮。

吾于丁酉冬，为德人索胶上书不达。十一月二十日津海将冰，十八晓束装而行，马车戒旦，仆夫在途，先一日 追思与翁公交谊
投书翁常熟辞行，告以中国即灭亡，眼看各国兵之入京，吾不忍见，决出旧中国而觅新中国，不复再还。翁公退朝，即来追亡。吾已拒驾，翁公闯入握手曰："君不得行，今早高理臣有章荐君，吾白于上曰：'时局艰难，非破格用人不可，康有为之才过臣百倍，请加大用。'上甚眷君，宜留勿行，即行亦追回。"吾感其意，乃呼仆解装而留，遂有戊戌变法之事，而翁公与鄙人亦几死于是。盖上与翁常熟为二十年师弟，最为敬信，而翁公生平公忠谨密，未尝妄荐一人。故上以信公之故，过信海滨鄙人，其称仆太过，吾何能任。盖元臣好士爱才、推毂之溢词云尔。然以荐仆，故己亥废立未成，于庚子正月十日荣禄几杀公，临朝明降诏书，以误荐鄙人为罪，革职编管，公遂终身废弃。救国无功，徒累知己。方冀光复重逢，岂意哲人遂萎。望海陨涕，哀思难任，续诗二章，更续哀词十二章。以无关瑞典事，不复录入。

续哭翁同和诗二章

海山凄断海风酸，忽听山颓最痛辛。誉士岂闻才百倍，救公何止赎千身。萧何能荐登坛将，王猛曾为入幕宾。岂料七年悲党狱，竟成千古痛维新。

昔为胶州北上书，冰河凌晓赋归欤。追亡竟累酂侯履，变法真成商鞅车。党锢千秋话苏马，波涛万古泣徒胥。房州未出应难瞑，救国相望恨有馀。

移居稍士巴顿岛大客舍

十二日，移居稍士巴顿岛之大客舍，有湖岛焉。距士多贡三十馀英里，乘汽舟渡海，由汽车一小时可至。道中冈峦林木杂见，海波楼阁，人家合沓。烟岛途穷，见大湖，海波渺莽，左右岛山皆玲珑。楼阁红、黄相映，起于五云，而中央小岛通以三桥。岛皆松林，中有酒楼，杰阁岧峣，乐亭铿锵，平台石阑，可以望远。环岛砌石为径，夹以花木，亦有盘陀石无限，可任坐卧，以听波涛。岛尽处有小室，山石荦确，疏篱临海，芍药满崖，居此听涛，尤为幽绝。有芬兰老妇养病于是。湖滨沿山筑径，篱落参差，花木扶疏，处处有几可坐可钓。筑长桥二，以通海浴之室，男女各有场所焉。男浴场中围海水，周以环室，浴者人五钱，凉浸如冰雪。客舍明黄，为楼四层，前为五塔，嵯峨开敞。舍前敞地百弓，植繁花，设长几，通于茂林，临于湖滨，开牖凭阑，但见海山楼阁松翠与波光云影相荡而已。日携同璧扶杖行游，偃石听涛，乃至月出，或四更未已，几忘人世，何况飘泊？罗生文昌曰：“吾他日得使瑞典愿足矣。”同璧曰：“大人何不居此？”吾乃抚石悠然叹曰：“天下山水之美，瑞典第一；瑞典山水之美，

瑞典山水之美稍士巴顿为第一

以稍士巴顿为第一，而吾得之。苟非中国忧亡，黄种危绝，则此间乐不思蜀，吾何求哉？可老于是矣。吾本澹荡人，拂衣可同调，平生雅性，志在林泉，讲学著书，本无营宦，遭世不宁，濡首救溺，几陨其身，庄生所谓大惑不解者哉！吾生穷理眇极人天，亦何所不忘，无如躬遇故国之危，不忍之心，无由自遏。孔子曰：'吾非斯人之徒与而谁与？天下有道，丘不与易。'佛曰：'吾不入地狱，谁当入地狱？'救众生者诸圣，入世皆缘不忍之一念而来。然人世之进化无穷，道终未济，岂有止哉？惟若中国小康，略能自立，则吾种可存，亦何烦吾之劳心苦志、舍身以殉乎？吾其将择大地之湖山至佳处，徜徉终老，以息吾魂灵而乐吾馀生，则欧洲之二瑞，其无以尚之。东坡曰，我本无家更安往。临睨九州，回头禹域，则又凄怆伤怀。故乡其可思兮，亦何必怀此都也。"相与叹咏，留连竟月而不能去。

故乡其可思何必怀此都

稍士巴顿湖岛杂咏：

稍士巴顿湖岛诗五首

岛石峨峨绕短松，三桥架浪汽船通。华严楼阁相望处，澹澹微波夕照红。中岛。

怒涛拍岸苇花幽，石径繁花着小楼。行遍岛桥欹石坐，海波渺渺岛云秋。岛尽处小室坐石听涛。

携女扶筇沿岛行，松枝碍路石纵横。行来岛尽盘陀上，坐听涛声看月生。日夕绕岛，听涛待月。

玉面霓裳侍女游，牵花坐石小勾留。摘花簪犬亦新趣，临海徘徊图画幽。书所见。

两园东食又西宿，千岛朝游至暮归。绝好海山行汽舫，百千楼阁对斜晖。吾居湖滨客舍，食于中岛酒楼，或游于千岛海中。

看剧归来夜渡航，汽车百里度重冈。楼台无限山无数，岛屿环湖月似霜。自瑞京看剧，夜十二时乘月归。

勾留稍士巴顿二十日有诗

居稍士巴顿垂二十日，海山幽胜，别日烟雨迷离，徘徊不忍去。

海山第一冠欧洲，二十日勾留千岛游。烟雨濛濛如送别，凄凄波浪打矶头。三桥独立为多时，回望楼台岛树披。绝好海山为永别，最难烟雨又迷离。

瑞典外务大臣格拉谦约见

十四日，其外务大臣格拉谦避暑还，约见。偕罗文昌、周国贤及璧女往。外部署二层，甚小，与丹墨略同。守门一人导登楼，即握手相见，能操英语，称中国为数千年最文明古国，甚幸得见，惜往者不甚与欧土相通。闻吾变法甚喜，谓戊戌政变固闻之而不知其详，因问焉。罗文昌告之故。吾美瑞典京风景之佳，为万国冠，所奇者，道路楼阁之广洁壮丽，从何处筹此巨款而为之，想得力于银行。格大臣答曰："然。"因出瑞典政书二大册以赠。因问何所欲，必竭力。吾乃请见王。格大臣曰："王尚未归，须待西九月。若能待，至时当介绍见。"因请视狱，诺之。谓告狱官约时乃告。又与同璧言："始见中国贵女，甚喜。"再谈数语，吾辞出，乃殷勤握手别，送出。一堂遍挂前大臣像，指一像告吾曰："此吾父也，昔曾为外部大臣。"吾因颂其风毛世美。吾是时欲游突厥，托格大臣告突公使，即代致书。归半日，即遣人将所赠书至，吾以珐琅一瓶赠焉。

十八日，游新旧两议院。旧者甚隘陋，费仅数十万克郎，议院体方，同伦敦，最不妥。今新院已改半璧式。盖遍见各国议院甚多，只有英伦敦、瑞典及加拿大之阿图和三者长方形而已，馀无不半璧圆形者。新院在王宫旁，甚壮丽，筑十年矣，今尚未成，盖所费需千万克郎。欧土各国于公馆日竞壮丽，其逊色者，亦必改筑，以为国光不少吝，亦以见保全国体之义。但吾国公馆苟且粗恶非常，且从何筹千万巨款而营之？瑞以小国而公馆无不宏丽精美，此最可令人用意而求其故者也，其详见吾《理财救国论》。

游新旧议院

吾国公馆苟且粗恶

游大学校。白石四层楼，甚峻丽。甚新而颇小。学生七百，教习四十人，脩金岁三十六克郎，学规及诸学皆同德国。其体操楼甚敞，品物亦备，环壁木架无数。又有大学，距京二百里外，临海风景清幽。吾以瑞典学非精深，不复远视。闻瑞之人士至高等者，皆游学于德，此等不过具体，几如高等学而已。小国寡民，固无如何。而与丹国俗，凡中小学必习本国语言文字，其所以保守国粹以教国民，自立之具犹斤斤也。壁有王子作一画，甚佳。

游大学

游音乐院。吾闻瑞之音乐极精，几及于德，曾累观剧于公戏园。园费百万克郎，外为茶馆，绕以花木，而临于公园。然园不大，坐客不多，不能比英、法三分之一。然音声要眇，高唱入云，哀歌激楚，实吾生所未闻。尝见其

游音乐院

观罗马王剧

演罗马王一剧，盛陈仪卫，皆罗马古衣冠。王与后东向而坐，群臣偏衣霞帔，西向鞠躬而立。两大将争功，欲娶公主，至动大兵以要挟。王不得已，割公主所爱之婿而别嫁之。公主涕泣，固请不得，乃与所欲嫁之夫泣诀，又为王逐，公主誓不他适而自裁焉。情意淋漓，顿挫呜咽，哀声凄怨，感人心脾。其刻划神情，摹写光阴，天地山川，宫室草木，以电灯之忽开忽合影之，以帐幔之忽垂忽卷现之。故忽尔开幔，但见殿阶月落，独立苍茫；忽尔开幔，但见山洞幽林，伏地若死；忽尔卷幔，按剑殿门，怒眦发指。而后徐徐引唱，皆去貌取神，如读屈原骚，如听刘琨笛，如听孙登啸，如闻杞梁哭，如怨如慕，如泣如诉，哀思一缕，怒气千寻。或声遏行雷，或细咽柔丝，□□间关花底，幽咽流泉，杂沓变幻，为叹观止。吾想吾国古人所极意形容乐歌之美，今乃真闻而见之。故谓中国他事尚或有可存，惟戏乐则太钝下涩涩，无一可比人者，当泛扫一空而甘心折节，舍己从人，尽以泰西为师，更无疑义者。吾以暇欲学乐，欲觅教者，来此观乐，学生百九十七人，皆女子也，岁脩十一克郎，上有广座如戏场，女师导观一切。或谓学乐必宜在德，乃舍之。

戏乐当以泰西为师

游育婴院

游育婴院。院皆红墙黄板，妙丽甚矣。院外敞地，杂植花木。院三层，游廊亦多置花，以悦婴儿也。院长，医生也，一正二副，谓未尝见中国人来游，喜而导游。各室每婴儿一小铁床，白毡、软褥、小枕。每一保母育一婴，或二三婴不等，皆饲以牛酪。凡保皆由自己发愿，不给工资，惟其有子者许入院，八月后可永在院教养，此其利益也。婴凡二百，有生而送入者，养三四月，听人取养之，闻皆野生子为多。有一婴貌甚英，啼甚大，英物也，可爱甚。大者有十馀（令）〔龄〕，则读书矣。膳室及厨，广大而精洁。见此如见大同世也。

二十日，游恤贫院。院高二层，皆整洁异常，垣墙、道路及地皆洁，地板用疏，浴厕皆如富贵家。病者二十五人，木床、白毡、厚褥甚洁。其内伤在高层，闻十不得一愈，岁割二三百人云。医共四人，日视二次。其老人别一室，有九十馀岁者，熙熙甚乐。室尤雅洁，沿廊及室窗多陈花木，无一不洁净。凡贫人五百五十，二三人共一室，人日给费七十二儿，儿即一钱。皆国给，本人不须出。看护女二十九人，岁费二三十万，皆支国帑。此院五十年矣，仁矣哉！如见大同之世也。今虽未至，然美意良法如此，亦可谓升平世矣。西俗，当壮年穷奢极欲，尽其所有，绝无盖藏。居室则华，几去收入之半，虽俭于食而嗜饮酒，德、法、美尤甚。四十馀足多肿，已难作工，五十后无所归，遂入院，以为俗焉，英、美尤甚。瑞国贫俗俭，尚能力作，故入院者无多云。此其得失与吾国最相反。其老者偶与吾言，辄甚凄凄，伤无归。吾国老人有盖藏，有子孙敬养，似胜之。此当更细考而较之也。 游恤贫院

廿一日，游制磁厂。本资仅一百五十万克郎，其去法之赊话厂远矣。磁名猜难，固出吾创制也。吾欲编考欧洲磁制如何，厂主导游，遍观其制法。第一曰滤泥。以磁泥 游制磁厂 滤泥

置池中，以五机滤之，以渐由浊致清，至第五机如清水矣。机有如风扇者，以布连夹为之，盖泥清则器美，此其本也。一曰凝器。置磁泥于型，一人以电机转之，高下方园，长短大小，惟意欲其合度。以一线割之，置圆石板上，即成器矣。其欲起线批橙作诸花样，以机引刀惟意。一曰印花。置磁泥于土型中，数转即成，每一花当有一型，但当制型无数。土型多两合者，以便开合而置磁泥也。其有耳者，亦置泥耳型中，印之即成，乃粘合之，简易甚矣。其为碟也，置泥机下，压成平饼形，易置型中，以机转之，一人以刀修其边则成矣。

凝器

画花

其印花以铜板刻花，湿其纸，以覆铜板上，以擦粘之，则花印入纸中。剪纸如碟形，而覆碟面，又擦之粘之，已乃洗之，纸去而花现磁碟上矣。画花着色者，用数人而不用机，工费稍昂。其画线也，执笔既定而听机之转，则圆矣。此院例，凡作工者终身不许出院，虑泄其密诀也。欧美竞工，多有如此。

大碟百值两克郎，小碟百值一克郎半，价甚贱矣。一入炉，先置瓦器中，盖之，乃送入炉中。盖磁见烟即黑，盖之以避烟也。炉大丈馀，甚洁。所游各国制磁大概类此，其精妙处则在滤泥、选色、画花，此其高下之别也。然法赊华之磁，各国无及之者，彼其色之艳美，或有药料配合之，而不传于外也乎？

赊华之磁制法不传于外

游贫学院

游贫学院。红砖壮丽，层楼周抱，敞地开通。盖瑞典公馆，无不美观者。其东座先筑于今十五年，正座十年，凡费三百万克郎。浴房甚洁，冷热水管皆备，其不薄于贫学者如此也。贫儿凡四千人，日食于家，晚食于学，男师一百，女师七十，岁费十万克郎。学室讲座与诸学校同，皆国家给之，衣则自出。有练枪室，惟兼作木工，日以二时。其作木工，先剪纸作样，然后削木，俾儿童长大解匠事，以便谋食也。吾游美国，凡小学、中学皆有制木、制铁诸工。欧人则文美高尚，富贵家不屑匠事，故寻常中小学无之，盖类中国。此美人工艺所以独出冠万国欤？方今国争，吾中国所逊人者，最在物质。儒生高蹈空谈，皆拱手雅步而耻工作，乃以匠事付之粗人。岂知今日物质竞争，虽至浅之薄物末技，皆经化、光、电、重、图、算诸学而来，非不学之人所能预，而乃一切薄之不为，故全国皆无制作之精品，何况有创出之新奇哉！夫自华忒既出，世界大变，今世之汽舟、电线所以通大海、合大陆而为新世者，非有他也，物质工艺为之。我人无一能是用，全国致败。昔诸葛之治蜀也，史称其工艺技巧物究其极，故能以小拒大，力支累年，从可推强国之赖工艺矣。我国古者非无神奇之艺，其在周末。宋偃师之胶漆为优，墨翟、公输之斫鸢天上，始皇骊山陵墓之机，张衡之地动仪，武侯之木牛流马，南齐祖暅之实先制轮船，宇文恺之行城及图书馆开合门帐之金人，元顺帝之自鸣钟，凡此不胜数，而皆不传于后，则不尚工之所致也。且今考校欧美之得失，亦可鉴矣。今若知病败之本，当亟改之。今举国学校虽尚西学，然崇虚文而弃实艺，犹之昔也。应仿美国例，凡一

一切中小学皆兼金木之工

切中小学皆兼金木之工，庶儿童幼习之，壮大自然，其慧术者自能推悟而创新，其愚下者亦可通一艺而谋食。进退皆得，可不务哉！

游监狱

廿七日，外部大臣格拉谦以书来告，约游狱。先视轻罪之狱，室依冈，颇新丽，盖一千八百九十六年所筑，费卅六万克郎，广容百人。狱长迎于门而导游，极殷勤焉。有牧师室，无讲室，牧师来，开半门听之，仍锁半门。有医室，医每复日来视二次。狱室广六尺，深八尺，床可开合，耸起为桌，无橱。门有上下，小玻窗大寸许，以撮光灯照自下，而自上窗视之，囚举动可全了。此狱重罪不过半年，作工者给以所售物之值三成。晨给面包一，午给餐，然较丹墨之丰洁则远矣。女狱稍广，方九尺，有囚终身者，则弑夫为多。浴厨之室皆洁，然厨甚小矣。狱中工皆以囚为之，无不作工者，盖以无用为用，又使习于善，用意至美。狱门板横竖各一，坚固已甚。其狂病者别一室，四壁用软皮，免其撞头也。食物用软几安置。狂人来，试之，乃移之狂室焉。

渡河游大监狱

车行数里许，渡河至大狱，据冈营构，重修已三十馀年，规模甚壮。狱官正、副二人，室甚洁，而地无毡。入门有亲友探视室，甚小，以铁方篱隔窗，可望而不可亲也。囚来，入量身室，度其轻重短长焉。狱式用扇样，可周了之。浴室甚劣而洁，浴者易曳履乃之。狱室大小同，多一小桌，有书以读，有水以洗，有灯以照，及盘梳擦食器溺器各事，身有悬牌。体弱者置之窗大之室。囚见客来，皆蔽其面。每囚门挂一牌，第一行人名，次罪名，次坐狱年，次入狱时，次现在年月日，下号数。晨五时起，六时礼神，七时作工，暇教以体操，夕八时睡。游者憩扇式室中，高处有亭，可周了，囚不能佚出。有琴室以祷罪焉。囚多衣白。有学堂，自三十五岁以下皆须入学，每复日读二十时。狱有救火水管，以备不虞。病室甚大而洁，医室有割台，药房药水咸备。狱可容五百囚，今囚者二百六十八人。此狱久矣，有新筑者费百万克郎。狱长告我曰："瑞之刑法昔只吊死，六年前改用斩决，因犯罪者多也。"

盖刑罚世轻世重本无定律，视民俗之善恶以为进退，要以惩不轨而导之善而已。即在美国号称轻刑而西鄙之，东方并吊刑而无之，重罪只囚终身。柯利觐州其都会曰西林，昔亦无吊罪，三年来又重设之。吾视其吊架犹新也。盖制刑在适民俗之宜，而不得以轻重论也。或者不察，慕文明之虚名，以轻刑为公法，不日审其政俗之程度如何，而概以轻律行之，则人冒禁而犯法益多。吾问美国杀人者罪不死，又陪审员权重多受赇，故奸人因律之轻也，作奸犯法，杀人无算，但有金钱，可必不死。即吾国旅美之人，敢于白昼持枪杀人于道者，亦美之律太轻致然。而昧昧者徒传闻欧美轻律之文明，而不知彼欧美一国一州中各自异制，且有前轻而后重者。一孔之夫，以耳为目，不察国俗之宜，而徒以虚慕为实事，以此为政，岂不大误哉？凡今人之虚慕欧美而不审情实如此甚多，此非闭户读书高

刑罚要以惩不轨而导之善

谈阔论所能，当于游历亲考而目睹之，乃为得也。

游煤灯厂

游煤灯厂。厂甚新，宏伟壮阔，其高入云，凭河设栈，红砖长桥，远望甚丽。用本九百万克郎，每日烧煤二百墩，可点灯一万，工人二百五十。铁管周遭屈曲无数，方式大炉数十，高皆丈许。烧者取汽而弃其渣，所用皆英煤也。瑞国小民贫，少大工厂，此其最伟矣，盖国办也。

游藏书楼

《本草纲目》

中国人来瑞典阅书自我与同璧始

游藏书楼。石筑整丽，楼外敞地，花木楚楚。插架环楼三层，书三十万卷，抄本七千，有中国书数种，见李时珍《本草纲目》。有机印字之第一本，出日耳曼之夔顿伯，在一千四百五十七年，我国出于宋世，则远在我国之后。疑马可波罗得之我国，或十字军展转传于阿剌伯也。有手写金字耶氏经，乃一千五百年者。又经一册，大二尺馀，多图画鬼神，甚怪伟，闻大地上仅得数本，此其一云。又睹一千二百年之乐书。阅书者列桌数十，其中为路。七时燃灯，阅书者尚数十人。阅书期晨自十时至三时，夕自五时至七时。管书楼者请吾书名于簿，谓东方只见日本人来，未有华人到此。交通久矣，以中国人来瑞典阅书，乃自我始，女子自同璧始，岂非中国之大耻哉？

游铸银厂

廿八日，游铸银厂。厂不大，方四五丈，机四五器。先以银条长尺许、厚数分者，以数机引薄之，凡二十四次，乃以铁管压入一范，即成钱而落于地。铸钱仅银八成，以二成铜入之乃坚，其印王面及年月也。一机管有上孔，置银其中，即溜下机管，以次印之。凡已印，即溜下，有一规尺推后钱入前孔候印，凡自上管溜下，两推乃至印孔，以上下皆有机管，故一钱之两面皆同时印就。每分时可印六十，一小时可印三千六百，岁铸银钱二三百万，金钱一二百万，铜钱千万。工人仅三十，机器值三十万克郎。银条色黄不白，蒸银至软，以琉黄及醋与水和银，置转桶中，二十分时即白矣。凡蒸二次，费半时许出，置铜盘中，以火布抹之。

熔银法，置银尺许长盂中，凡三时即熔。金盂则高数寸。有称十馀，以玻杯贮油或火水渣为权，有长铜丝如□形置油中，以视轻重。英国之称，则重者溜东，轻者在西。

游木厂。此厂之著名能制屋，远寄数万里，皆可以屋式与之，即能照式制料，可开合而运之。盖瑞典举国多桦，与杉甚类。既饶木材，故有此异制。工人五百，本四十万，总理人出屋样甚多相示。乘汽船往视木厂，厂后小山松柏，林木参差，人家掩映，无不新洁。步行至申悲壁乡市，板室布幕，杂陈食品，与吾国乡曲之墟市相类，他虽木屋，然甚辉丽。入一茶屋候车，崖壁倚松，陈绿几白桌，亭架诡异，杂植花石，盖虽穷乡小市，而布置华异幽曲，中国之名园有不及者，乃叹瑞人之善于园林居室也。出车场，工人数千，皆自瑞京归者，甚文不哗，远胜英、德、美国，可见美俗之善教矣。此乡距京六英里，盖瑞京屋租贵，故工人日晚散工后远至乡落，屋租可省，大都会率如是。此乡之屋创仅数年，故皆新丽，工人频迁，闻久居者少有至三岁。 游木厂

欧人居民有如泊舟

吾国旧论治民必用土著，今欧人居民乃如泊舟，此真最相反者。欧人之宅于乡市也，有利则就，故成聚甚速，利尽则散，美国如此尤多。吾华则不然，既宅之也，则营久远而传子孙；子孙复守祖父之祠墓，虽远营利而必归于其乡。故聚族而居，他人不能入之。其繁寡盛衰视其子姓，皆待之数百年乃见，故无三二十年骤盛之乡落。及其子姓之极繁盛也，一族十数万人，或千数百聚处蕞尔之地，则又户口充盈，人满为灾，而各恋其兄弟、亲戚、田园、庐墓，不忍迁居而远舍之也，故无利亦不散。在欧美，专以赴利为主而生计兴；在华人，专以合亲为主而人道厚。一急功利，一尚仁亲，有齐、鲁之分焉。急功利故富强，尚仁亲故贫弱，此亦其一端耶！若其本原，则尚有二。华人远走数万里而谋食，非不急功利也，而一有族制以系之，一别男女而艰于夫妇提携，此所以不能不思乡欤！欧美父子不亲，更何族之合，男女无别，故得相携，随意远游，但计养生之乐，他无所系顾焉，此所以轻去其乡，而便于迁徙也。圣人之立法也，亦难矣哉！扶东而倒西，故无无弊之法，是以难言之也。当大地交通竞争之世，则善徙者，其于趋利尤猛而易胜耶！有合族之法，则人满而必就空地，又势之自然，此即华人与欧美争殖民之权力也。其互有得失，可以此定之。若夫大同之世，人不独亲其亲、子其子，则今日未至其时。然欧美人者，亦渐趋就是势矣。是则天乎？

（旁注：吾华聚族而居）

游浴堂

游浴堂。入门，池沼花木，极幽倩。堂馆、室屋、阑干、几桌皆饰假文石，诡制异状，无不新奇。色皆以绿，最宜人目。环浴池以更衣房，上下二层。浴者解衣，自楼上跳池中游泳，皆赤体相见，英人下体则裹小袴。美人浴池皆赤体，男女同浴，乃至大学校之胄子亦然。此真蛮俗也，宜其好淫欤！此地男女异浴，其女室闻更丽，群女解衣同浴云。有高等浴馆，皆白石为之，崇楼三层，极洁丽。人各一室，有人为之浴抹，收一克郎。楼上有大浴池，方广数丈，亦伟构也。

入其荐仆馆，楼高数十级，圆转而上。墙饰假文石，五色迷离，陈设清雅。虽贱工尚如此，虽瑞典之贫尚如此，此则吾国必经久远而后能及也。 入荐仆馆

瑞之郊野，碧树浓缛，绿草芊绵，千里相望，无寸地芜秽丛杂恶草者。盖其国法，人民私地，夏时必割草二次，剪剃芜恶，无有少留，否则罚其人。公地则公费割之，地方自治者理焉。昔孟子曰："入其国，土地辟，田野治，则有庆。入其疆，土地荒芜，则有让。"以此觇国，善哉！呜呼，若瑞典者，可谓田野治矣！能治其国家，谁敢侮之？单子入陈，陈之道路茀秽不治，单子曰："陈将亡矣。"吾国田野奚若茀秽不治，念之可惧，无田甫田，维莠骄骄。彼小国乎，有人矣哉！昔吾居印度须弥山之大吉岭，夏时舍前岩岸，草茀秽杂，亦有吏告，令剪除一次而止。吾游瑞、奥、德、荷诸野，亦复芳草尽绿，无少茀杂，英、意次之，盖各国亦必有吾"周官薙氏"之政而致罚焉。我国人野茀无所督罚，真自由哉！是以至 法定人民私地每年必割草二次

此不治也。然美之野亦不治，颇多蒋秽芜杂，但其市里稍治耳，亦国太大，而难施纤悉之治欤！然则吾国之道野不治，必在一统之后耶！

遍访民俗

吾居瑞稍久，暇则遍访其民俗，自犹太人居一二街市稍秽嚣外，馀皆静洁焉。吾特觅其贫民之居，则衢道广洁，崇楼六层，五色相间，白纱垂窗，吾东方之王公不能望焉，深异其故。入室而视之，择其最贫者，人户各占二室，一室置几桌花以供客，旁间设床；一室置儿女床，及杂衣物与厨焉，厨灶食具皆洁白整齐，虽儿女太多，时有杂乱，然亦不恶矣。地或有旧毡，或棕毡，或席，然净板为多。窗则家家有纱帘，以崇外观焉。其男子无室者多不设厨，而食于餐店。其餐店人二十几，有牛肉一片及面包、牛奶矣。其六十几者，陈设更整洁，店中厅陈团花之高下坐焉。其贫人室租高下不等，而二室月租约十数克郎为多。欲入室观者，非有熟人请托人情不可得。故马车隆隆，遍走瑞京，但见高楼临大道，以为潭潭府第，不知其为马医走卒之所居也。瑞人之能力于国体亦甚矣。闻其国政不许贫人自建室，皆富人筑室而租赁之，故能尔。此政干涉太过，于民或有未便者，然于国体之壮观则甚美矣。方今万国交通竞争而互较，既未至大同太平之日，必非可自由之时，则瑞典乎！吾有取云尔。

不许贫人自建室

薄游市里无微不入

薄游市里，无微不入。观乎男女剃须剪发梳髻之肆，亦复刀叉纷纭，香油错杂，器具繁多，室屋雅洁，闻梳髻有二克郎者。以吾京师王公贵人，而理容之人秽恶不可近，乃扫面拂须，为之掩鼻，吾向苦之。盖文明者繁多美妙之谓，野蛮者简少粗恶之谓，此真吾国所大愧者乎！何一切之粗恶也。

前所观荐人之馆，岁租值八百克郎，凡店肆月租值千者，筑屋须二百千。瑞人甚贫，而楼阁壮丽，新者相望，则银行之为力也。盖有银二万，与工匠订筑十万之屋，屋成则以屋贷于银行，得八万以给匠价，则此屋遂为己有。因卖于人，待价而沽，可得厚利，否亦收其租而纳银行之息焉。国家以纸币与银行，多无穷之转输；人民以屋物押于银行，得无穷之利赖。展转增长，而公众之艺业，农工商货得以销售于其间，此其以小国能立而又壮丽之所由，虽得百数十里，已可令民富而国治。此其妙法，真吾中国人古今所未解者，故挟数万里之广土众民而民贫国匮，司农终日仰屋而嗟无术。甚哉！其详见吾《理财救国论》。 银行信贷

瑞京国立银行一，民立银行二十六。金银钱与丹墨同，亦用克郎，铜钱名儿。铜钱凡三式，有一儿、二儿、五儿者。银钱四式，自十儿、廿五儿、五十儿，至百克儿则为克郎矣。大金钱易十克郎，小金钱易五克郎，英金磅易克郎十八。 货币

邮局二千五百，寄费凡重半两者十儿，四两半以上二十儿。 邮政

瑞典百物价皆贱，牛肉一启罗即二磅值一克郎半，羊肉一启罗值一克郎三，鸡大者一克郎或七十五儿。 百物价皆贱

瑞人工价甚贱，日约一克郎，人一日之食用约半克 瑞人工价甚贱

郎。其男女仆二十馀克郎，仅半于欧土各国，盖民最贫故也。

入少而税重民甚苦之

瑞民之贫，以人之少而税之重，民甚苦之。吾所过丹墨、荷、比及瑞典各国，民无不苦税重者。盖大国之民，工艺盛而商业多，易得入息；小国无之，而百官有事，军兵、学校、遣使、行礼百事皆比于大国，皆俭之无可俭者。盖以小家支持门户，乃最苦之事，故小国之民甚苦。又欧土名虽有公法，若民间交际，则工商之间大国皆占利益，居游谈色，气象亦带豪夸，轻蔑小国，而小国之人则局踏旁坐，俯首不置语。吾于舟车间睹此甚习，极类吾国乡曲大姓小姓人之风，此亦天然之公理，无可遁者耶！吾国人欲分土自立，甚有至欲分乡自立者，不独不知今日黄人之见忌，异于白人之内争，抑知欧人小国屈辱已甚耶！不知而妄言者，谓之妄人而已。夫妄人亦何伤，其如碎裂故国而召瓜分何！

比利时游记

此篇作于1904年，据上海博物馆藏手稿。

自柏林往比利时

光绪三十年甲辰八月十三日，在柏林遇六烈士蒙难日，酾酒客舍，设位而祭之。祭毕，匆匆登汽车，往比利时。十二时开车，十四日晓七时到比京。入克兰大客舍，当门列柱，巍峨甚壮丽，前有华表、喷水池，为比京最闹处。比京名比苏士，其国人自言波路赊路。其国名英音读曰比利朕，当时吾国译为比利时，法音也。

比京人口三十馀万。楼层甚矮，楼阁亦仅四五层，道狭而泥泞。又地据丘陵，处处高下，少有极平处，马车历碌不宁，上坡尤苦。自英、德、法诸大都而来，视之直若僻郡荒村矣。即瑞、丹国小，其都邑亦严丽闳敞远过之。比国风俗、语言一切皆法俗，不审都邑何以污下若是。比利苏距巴黎汽车仅五时，往伦敦七时，距柏林十九时，荷兰腌士淡五时。其昵于大都会若此其近也，然而无由振也。比利时不贫，得无旧居已久，难改动耶？

比京自一二闹市大道外，稍北上，近法部署，即寂静少人行。吾以马车难行，下车而步，极目道中，乃至无一人，真类荒村矣。偶与英国教华文之博士斋路士谈比事，斋笑曰，全比人口不如吾伦敦，复何言？其轻视若此。强大国之视小国，真如抚婴儿。然比京之荒落实可笑事也。国小民俭，道秽屋卑，惟通公园处有两三大道，夹植林木，直望十馀里。夜驱车游之，电灯相属，稍为可观。惜树下不植草，有沙泥污而无绿气，不如德、法，为可惜耳。富贵人之第宅皆居此道。

（与斋路士谈比事）

游其全京市，寂静无可观。惟克兰客舍前后稍闹，戏园二，食馆数四，稍有巴黎之观，饮食美而价甚廉。八月十六日，女儿同璧为其母张夫人寿，张盛筵，设繁花，陈四人食。如英谚之穷奢丽，所谓饮三边酒，食蚝者，仅费四十三佛郎，在美金不值十圆，若在伦敦非三四镑不可，美国非六七镑不可矣，岂亦国小民俭使然耶！克兰大客舍每人日不过十二佛郎，其他游冶、观剧、车马、购物类是。推斯而言，则派学生可大省费，莫宜于比矣。驻比杨使谓每学生二千佛郎已足，诚然。杨以书奏力争以省帑，甚有见也。比国室馆最妙丽，过全欧者，则五色画玻也。经过之处，凡门屏、墙壁多有之，有作山水、人物、楼台者，有写孔雀翠羽一大屏者，有作花卉一枝者，五色缤纷，光彩华艳，鲜新夺目。盖比人自制之专长，而各国不如之者。虽以美之繁富，皆用净白玻，惟纽约始有五色玻，制甚精而价昂甚，惟大富若迦利忌之流乃能用之，通

（游全京市）

（食美价廉）

（驻比杨使奏请派留学生以省帑）

俗皆白玻而已。意之威尼士实创画玻，而施之室壁，不如比之美盛。比之五色画玻，将来必通行各国，吾不可不派人往比学而自制之。

欲派人往比学制五色画玻

比之建筑著于天下者，莫若此署矣。将至比京，远望即见之。地据冈颠，前临敞地，纯以白石为之，高四百馀尺，门有崇阶四陛，皆数十级，然后登楼。当阶下处，左右立索格底、梭伦等像。楼前廊临外处，深窅如岩洞，而能四达。入门，堂中闳大，深广数十丈，柱大丈馀，高十馀丈，圆穹之顶，高四百馀尺。三戒数转百级登楼，中奉公道神象，执权秤以视平也，故吾大理亦曰平审院。二十四院各异式，藻井墙衣皆以精文木为之，并高大隆崇，所费二百兆佛郎，号称天下第一。然所见欧美各国大审院，实无有比其壮伟者，比人有意以比胜人者也。然小国寡民，作此伟构，以縻巨费，何为哉？置之蕞尔比京中，甚觉不类。小池不能容大舟，但觉突兀恢奇，如穷乡之有孤塔焉。在中土视之，不伦不类，政体几同游戏。而彼国俗之好竞美，不复自揣，各发愤以自见其奇，故时时有瑰伟之异观发生焉。若此署其一端也，吾国断断无之矣。问比国之胜，只有五色画玻、司法署两者诚为异观。此外，则公囿亦稍大而已，馀不足观矣。因占一诗：

比之建筑著于天下者莫如司法署

比利苏中何所有，五色画玻司法衙。画玻光彩天下无，法衙崇闳万国蔑以加。吾忆酒楼八尺孔翠屏，垂碧一枝葡萄花。翠楼红阁临湖野，士女倾盖写丽华。艳光照眼忘不得，比国门屏遍家家。美国工良民

咏五色画玻司法署诗

繁富，只用白玻净无瑕。制画玻创威尼士，未施门壁岂如比耶。他日画玻世必重，比为先师吾可夸。法衙崇壮四百尺，圆穹高高摩云霞。杰构斫磨皆白石，柱大盈丈人惊呀。广堂可舞十丈旗，重楼崇阶百级拿。小邦乃睹宏巨制，有若蛟鲸友鱼虾。只此二事实瑰异，馀者无睹同泥沙。人工物曲不见美，道秽屋卑更攲斜。

虽有制铁，难比英、德，大国小民，俭其如他。

游襟罢公囿

游襟罢公囿。大二十里，林木荟蔚，马路回纡，广大净洁。其中茶亭、酒馆，布置妙丽。即近园之道路、室屋亦皆广洁艳妙，比京可游观者无如此园。小国得此，可谓竭力。自画玻、法署之外，若公囿、议院、博物院，此亦可数者也。

游博物院

游博物院。院前花木浓郁，地甚空旷，院颇闳丽。盖筑于一千八百七十九年者，去今不过二十馀岁，以新筑，故壮丽也。其门前巨柱陈设，且甲于各国。正堂圆穹之大，有若汽车之上盖。屋制颇佳，下多雕刻之古石、华表、牌坊，惟其摹罗马石刻，皆出人力仿制，非原石也，正与丹墨、挪威同。小国力薄，聊存具体，以博异观，无可如何也。颇有埃及、希腊人物，及意大利古织料。埃及

苏格拉底像

裹尸之布，似吾夏布，今欧美国人仍甚重吾夏布也。见索格底像于此，短面、大鼻、广颧、大目、阔口，状貌颇怪伟，惟两足登屦而露指掌，衣不缝而缴绕，如今印度人之衣。所见各国希腊诸哲像皆然，即罗马像亦多同者。然则

以衣冠论，希、罗不若我远甚，盖犹不免野蛮之制焉，此亦希、罗文化不及吾国之一证也。《意大利游记》尚未记此。

希腊罗马文化不及吾国

累数大石为屋，而穴其前，盖为恪慎臼洞也。有罗马之黑白棋子，如中国。此院昔本大赛会所，圆穹上为绿瓦，三层白石，塔前分两门，中作拱形。门前有大池，池前左右立二华表，上有金人。

游议院

十六日，游议院。筑于一千八百二十年，费佛郎五十兆。小国有此，甚伟丽矣。与王宫相对，御园、喷水园即在其前。下议院亦半壁式，上议院华丽，几冠欧洲。其上圆穹皆金饰各徽章，半圆壁立故西班牙世爵、才人、名士，盖比尝属于班也。楼二层，上下柱及灯皆涂金，正楼左右为王及后坐处，地小而玻窗甚窄。而议长厅甚丽，上议员坐室挂古织画，陈花砖，其馀一切座落、房炉皆以五色文石为之。不图小国有此丽构，虽德、奥几当避舍矣。盖比国政权皆在议院，议员不止操立法之权也。故其政党之魁为相者，实握全权，盖指挥议员而收政柄，比王仅供画诺守府而已。盖欧洲君主立宪之国，比与英、意议院最有大权，与德、奥迥异。故国民极力经营议院，而王座乃屈在左右室，则各国无之，伸民权而抑王体，至此极矣。此座虽小，故而君民权力进退之间，亦立宪制中之一大掌故矣。欧洲王者若英、意、比，不过有虚名荣礼，若其用人、行政，皆相臣决定，而奉行签名，又一切皆取王命，此极异之制度。在吾中土，则为汉献、晋恭；在各灭国，则为安南、高丽之王；皆大不祥之事。然在欧洲立此新制，可免革命争王之惨祸，亦无一相篡夺之变，于过渡之世，曲尽其宜。此真异想天开，为中国数千年思想、书籍之所无，而屐齿未经者矣。其论已见于英议院，今不详。

信馆　信馆，石筑，甚闳壮。医院之外院甚大，花木甚繁。大袄祠凡三色。吗利袄祠筑于十二纪者，体式瑰异，最有名，此又比京之丽观矣。

公花园　公花园，长方，数百丈。花房伟大，如大殿，甚丽，圆穹端丽过王宫，有图。有爪哇之大莲叶七八尺者，以暖水养之，上盖玻亭。又有印度之五色圆藤花，及槟屿之猴子、罂果，亦难得矣。此园道所必经，累日数游之也。

工艺　昔闻人称比京最长于工艺，乃遍问无所得，仅有机制五色纸灯盖及织纱二厂而游之。其制煤汽灯心也，体类小球如纱，盖以泥为之，烧之不灭，其光如电，可耐六月，比人甚矜为新异之制。然吾在英、德、法习见已久，视为寻常，不意比人闭塞无闻，犹以为其国所新创也，盖不远游者多若此。其织纱厂女工二千人，盖通疏之纱以供帘幕及女衣肩领之用，销行于欧洲，甚有名。其价昂甚，一小物尺寸辄索百金，盖以用手织精细故也。不知以手织纱，乃中国最精之技，价亦极贱，而殷殷以难得独有之工语我，亦可笑也。如我国纱工采各国纱幕、女领、肩挂之制而为之，则必有大利。在美芝加高市，见牧师杜威自立之地，亦以织纱为大利，况吾国之夙擅长乎？此工商务所当留意也。比京自二者外，无可观矣。若其煤铁诸厂，皆不在都，未往观。

游画院。寥寥小室，数十画，又无佳品，尤可笑。而入者人收佛郎一枚，吾携四人行，相哂可值购其画也。遇中国派学生数人，略问之。小国力薄，真无可观者，甚误为前人笔记所绐也。 游画院

以比之玻厂、煤铁厂最知名，皆在沙护华埠，乃访之。汽车一时半至焉，食于客舍。奥人罗蔺通五国语，来从焉，舍主令其将马车导游。先游制玻厂，炉大盈丈，先置玻料及药料，熔一片，乃引出炉口，大若五六寸长椎，以钳频反复打之，即引成数尺圆式大玻，再入炉荡之，成平玻若纸。作色玻者，则预加色料。作画玻者，以画纸粘玻上，烧之即成。以钻石破玻，若破腐，立分为大小片矣。厂室三十七，工人五六百，大工时工人八百。 访沙护华埠之玻厂

乃游铁厂，厂名苏色地玛尸呢路（Soetite Marcinelbt），广五百迈当，工人五百，规模极狭小。吾曾游克鲁伯厂及英诸铁厂，工人数万，此仅得百之一。然乃比铁厂之最大者，乃知向所闻比国铁厂最大最精之误。吾国于制铁学、制铁厂皆未开，学比亦未尝不可，然小国真无可观者。彼限于地，无可如何。我若讲求制铁，必当从英之柏明谦及拉士贡，德之克鲁伯与美之必珠卜诸铁厂取法耳。必珠卜今开一制铁学，欲聚天下之铁学而讲求至极，则学于必珠卜，其必有可观乎！见《美游记》。 游铁厂

游滑铁卢擒拿破仑处。中道经滑铁卢，平冈斜绕，广原迢递，长松成行，直望数十里。丘阜之上崇塔嵯峨，纪 游滑铁卢

功之山高数十丈，山以泥土筑，盖武观之义。石阶四上，有石狮表焉，记擒虎也。有英将军惠灵顿像、普名将褒路咠像，擒拿破仑者也。又有拿破仑跨马及其将护［嗤墟］与呢亚及襟波郎三象。其联军擒拿之画甚可观，皆作拿帝纵马而人马辟易状。其一将追得者举手为礼，有却至免胄趋风之意；其一诸将骑马夹追拿帝而不得遁；一为拿帝军中夜巡地，秋树萧瑟，一将返枪指之；一为拿破仑夜宿之农家，屋楼二层，次日就擒，今农屋存焉。拿帝跨马像，愁容可掬，气象凄惨。此役死者五万人，登览徘徊，犹想见旌旗蔽山、士马相鏖之影，为之慨叹。拿破仑有勇无谋，其始渡海入埃及，不因天大雾为鼐尔孙所获久矣。甫定班、葡，未能安集而归，乃伐奥、普而坐听英兵之复入班也。三入奥京不灭夷之，而娶奥女为后，以示亲焉。南欧之业未定，乃北伐强俄，深入不毛，致遭诱伏。于是普、奥皆起而随英、俄之后，卒为虏囚。

拿破仑仅比中国项羽

昔阮嗣宗登广武而喟曰，时无英雄，使竖子成名。若拿破仑者，英名盖欧洲，今无知之流更有谬称为圣者，自我观之，真竖子耳。盖拿破仑在中国仅项羽之比，且酷肖焉。其勇冠三军，所向无敌同；其纵奥不取，与收汉高而复纵之亦同；其滑铁卢之败，与垓下更同；其率亲兵，四面触突，杀敌数千人，而自谓天亡，非战之罪亦同；其起家布衣，弱冠为将，卒霸天下不成而擒尤同。惟项羽无文治，而拿破仑有政治才能，修法典，此胜于羽者；而羽悲歌自刎，不受擒辱，则又胜于拿矣。且拿之用兵亦正与中国同，以时尚无机器之用也。华忒甫创蒸汽于英，当一千七百八十三年；创新器特许之定章，在一千七百九十五年；福尔敦创行轮舟于英之哈顺河，在彼八百一年，皆未通行。英创机器最先，亦在嘉庆时乃盛。法国至道光五年乃始仿用机器，则在拿破仑死后十馀年矣。故拿破仑生当今日，亦决不能席卷全欧。而华盛顿在今，亦不能自立，美国人之成败亦有时会哉。

合而论之，全欧南北自古无一统之者，且欧亚之间亦未尝有一统之大国。惟波斯当周世，全吞西亚。亚历山大兵及印度，略有成功。而波斯兴数十年，灭于马基顿；亚历山大混一八年，裂于诸将，皆不过以兵立国。其于一统之规模条理，非特不完不备，实无可鉴观以成法则焉。罗马久远矣，而内则乱争相继，外则统驭属地仅同羁縻，比于我国一统二千年之同化久安，相去远矣。盖前人行事皆为后人所感观，前人无之，则后人创之甚难。且以执笔作画，持刀剃发，其事至浅，而苟无所规法则画之，间架不成而头目被伤。况于取天下一统而治之，以致于久安长治？其精深奥妙，万不能以新学遽识，此不待言也。欧人中自恺撒、沙立曼、拿破仑皆盖世之雄，而凯撒不推行文治法则，于全欧所治，仅罗马及意大利。沙立曼裂地以分三子，拿破仑不坐镇巴黎，封命将帅以行征伐，皆由前人无良法以示之也。盖欧土之君主本出诸侯，我春秋时诸侯于大战皆自己统帅亲征，少自命将者。其罗马本出蛮狄，其民主皆推自军将，必以有事征伐乃可固位，积而成风，

天下一统久安长治不能以新学遽识

故拿破仑无可取法也。

我唐太宗亦起自布衣，始自晋阳，与宋金刚、薛举战，暨入长安，而征东都，与王世充、窦建德战，皆躬擐甲胄，亲御兵戎。及两都既定，坐镇长安，此后南征江南之萧铣、梁师都，东伐新罗、百济，北征高昌、薛延陀，则遣李靖、苏定方、刘仁轨、裴行俭帅师定之，不复亲征。惟征高丽，犹复技痒，则取辱矣。明太祖年手定江南，及其征元，则遣徐达，若汉高亲在白登，几成擒焉。夫以拿破仑之才武，令有唐太宗之略，则既得班、意而入奥，先以全力镇定安集之，坐于巴黎，而讲治法，以抚欧土，大练海军，以收强英。欧之东南既定，命将以定普、丹、荷、比，皆安集镇抚，人心咸归，全欧毕定。乃命将征俄，胜则统一大陆，不胜亦若宋之尚存辽、夏，于大局无碍。以全欧之大征俄，多方以误，屡扰以疲，彼俄其能敌拿之厚力英略乎？欧土全定，海军益精，然后以全力服英，英亦何能为。则欧土必归一统，而大业乃可成也。然拿破仑不生中国，必无此思想谋猷，但凭勇略而无远算，有若猛虎咆哮，力尽终擒耳。且自拿破仑用兵以来，欧人死者四百万，徒成竖子之名，而寡人之妻、孤人之子无算，酷毒甚矣，果何成哉！吾宿英伯爵仙挖住邸，有拿破仑像，仙公与拿子亲戚也。仙伯指其像曰："为一身而死我欧人无数，吾虽至亲，不取也。"可谓公评矣。

拿破仑但凭勇略而无远算

然幸而欧土不统一耳，假令拿破仑一统全欧，又挟新学新器之骤出，以馀力收全地，则以蕞尔之英取印度尚如拉朽，况挟欧洲混一之全力，推以及于东亚而乘于吾国。计欧人之吞并全球，已在我生前数十年矣，谁复能拒之乎？然则拿破仑之擒也，东亚保全之基，而黄人不奴、中国不绝之命脉也，所关亦大矣！今者鲑格纳所创之霸义既盛，则有霸资者必借大国乃行之。而地球国之至大，人民至多，能比欧土全洲者，惟有我国。而以莫大之国，又复同文、同教、同俗，结力至大且厚，然则天留我国以霸资者实自二千年之统一得之。吾国人幸生此伟大莫比之国，横视全球，无当我者。拿破仑其何有焉？是在吾国人之善用之耳。俯仰宇宙，感慨纵横久之。

拿破仑被擒东亚保全

窃谓当嘉庆时中国乂安，熙熙蒸蒸，自以天下一统至盛强也，岂知数万里绝海不通之蛮触相争，有关系己国人种之存亡，有若是之巨且大者乎？然则天下之忧患，真不可以区区之耳目心思而能虑之尽之也。我今球内鹬蚌相持，胜喜败忧，艳德、英、日、美之盛强，嗤非洲黑人之分灭，安知诸星相遇，适逢时期，大变忽来，即在凯旋极乐之际耶！地球之在诸天，眇尔甚小；国土之在诸天中，抑更微细不足算。成住坏空，天且不免；穷尽眇微，苍莽无尽。则俯视拿破仑、惠灵吞之二雄者，不过蚁穴联群相噬云尔。超然人天，情感遽释。嗟乎！人通惟现在相迫者为最难。高丽忽亡于日也，无可逃于天地之间，难极超蹈，岂可若印度之婆罗门僧，至今尚坐雪深山，曰凡亡非我亡耶？鄙人亦犹深山僧耳，不忍国难，谬起当之，遂至于兹，于是百感遥集矣。

天下忧患不能虑之尽之

过滑铁卢，视擒拿破仑处，有高塔及惠灵顿像

视擒拿破仑处有诗

丘阜浩纡迤，树影递天际。危塔何苍苍，石像揭伟丽。猛虎一误陷，竟为蝼蚁噬。百年古战场，旌旗蔽天曳。精甲连百万，士马压山势。联军六七国，龙虎发电掣。血殷川泽红，脂膏原野蔽。五万白骨堆，只为一夫计。拿帝自才雄，正与项羽例。但逞匹夫勇，黩武横一世。不知内抚民，自将遂自毙。埃及冒渡海，不擒已幸事。天幸岂多逢，胆大络绳绁。班葡功未定，鼐尔孙来制。入澳三擒纵，不灭太失计。娶后岂能亲，连围终相继。南顾忧方殆，北伐更何为。瞻前而顾后，跋胡宜狼狈。何不镇抚法，分遣十六卫。功成国一统，事败国不敝。乃知唐太宗，文武真冠世。尚惜高丽事，亲征为所秽。汉高定四海，白登几不济。楚人沐猴冠，竖子孰为替。吾过滑铁卢，大发广武喟。

游观戏园

戏园凡二。其一国家戏园，不大而颇严丽，有图；其一杂剧院，陈几桌而饮酒，外栽花树缤纷，置几悬电灯其间，甚楚楚有致。上层周以楼观，吾以一夕游观于是。有一出遍陈欧洲各国乐器，有一人能尽通之，并兼唱各国之歌，摹各国乐师奏乐之状，繁声急响，态备万方。遍游各国，不易览声音之全，并奏各乐之法，不意此夕尽领其胜，诚幸事也。欧洲观戏剧，皆关掌故，所增闻见学问甚多，不得以游乐论之。

神像华表

过自立神像华表。崇百尺，下有室户，中空作塔，有

级可上。欧美之塔多作华表形，实难强分也。盖比国离荷自立后，采法国之义而立此华表，旌国之自立，俾民观瞻而不忘也。

二祆词，有图。比之建筑最有名者之一，七百年矣。双塔侵云，棱骨瘦挺，其名山高隳，真有高山欲隳之势。石刻极精，其门之石鼓，上刻小儿，神采奕奕，皆有图。一在卖花场前，孤塔凌霄，下石棱亦复刻画瘦挺也。 祆祠

比人好食马、猫、狗肉，比京有肆专售之。吾游滑铁卢，车中人语我，吾问之警吏亦然，问之罗弼亦云然，且下等人尤好之笃。德国亦然，中国尚不至是。英、美人甚笑中国人嗜此，然则何不笑德、荷耶？

游股票卖买所也。白石筑，希腊式，楼阁壮丽，雕镂精工，瓦面尤甚。其内廷阁广袤，可容多人，阁中为崇坛，以为口呼竞价之地，四周楼槛以待观者。其体制之大，过于王宫，吾为叹息。吾所到纽约、芝加高之商易所，其闳丽尤甚。观于其股票交易所之伟大，则其国之商务可觇矣。以比之蕞尔，仅吾一府地，犹若此。盖货以流通为尚，故古名泉布，若滞则货不行。流通之速，重不如轻，繁不如简，大不如小。故古者以货易货，不如以谷帛；以谷帛，不如以钱；以铜钱为钱，不如以金银；以金银，不如以纸币；以纸币，不如以股票之尤大且速也。数银钱者，一人一日不能过十万；美纽约交易股票，晓起一二时可交易二十万万。故未创股票交易之时，纽约富过百万者仅百人；三十年来，有股票交易，富过百万者千人， 游股票卖买所

过千万者百人，过万万者十馀人。其法大被于欧，比之股票商务，亦可以此推之。

过名将安士迫石像、华表。此华表高近十丈，下作喷水池，诸口分流出。像作飞形，甚奇丽。安士迫之功尚待查。

卖花场

其卖花之地，择市闹处敞地售之，列帐出售，甚类中国，过此香气喷溢。欧洲之花率芍药、菊、葵、玫瑰、绣球，率皆华土之物，无有能出我外者，宜其羡我为花国也。欧人艰难移植，乃仅得此。我祖我宗择大地最佳处而贻我子孙，我子孙乃不知自爱惜，不知保守，而轻轻弃掷之，岂不痛哉！愈游外国，愈知吾华土之可贵，爱惜倍深也。卖花场之楼最妙丽，楼皆双尖柱，高三层，刻镂入骨。瓦顶又有五层高塔，皆医生、律士赁居者，亦可惊矣。卖花者皆佛兰嗱士人，比人自谓之为佛郎摩，盖别一种人，与荷兰略同，最为下等者，而人甚多，言语、文字皆别为一种。比人上等者用法语，馀皆用此种语言、文字，通行国中。

欧洲之花率皆华土之物

补比利时游记

此篇作于 1907 年，据上海博物馆藏手稿。

丙午十二月五日三时，自德之亚痕京入比利时境，吾乘电车仅一时许可至。冈原回亘，林木参差，道中少大城市。四时到比境，索税二千三百佛郎，行囊不足给，无如何，乃回车还亚痕，往银行再取款，则夜不及入关矣。宿亚痕，翼日破晓早行，至关尚早。晓日初升，野田草树，尽着薄霜，弥望如开白花。听关吏验索，吾自散步郊外，有长桥临溪，流水溪潺，回望霜树，甚似故国。欧土度数甚高，而凌冬小冻，亦异境也，乃口占诗： 自德亚痕入比利时境

关征阻我遂回车，破晓重来雾满沙。独倚溪桥听流水，野田霜树白成花。 验关口占诗

十一时半至嗹哩孙市，人口六万，然气象似甚闳大。惟道路甚不洁，终日所过比境之大城市皆然，法亦略近之；较之德国道路之整洁，真有仙凡之判。不解比邻相比较，而政治之差乃若是其远也。始以为比人多矿工，故污 抵嗹哩孙市

漫，及观法、班、意、葡之污莱，乃知政俗之殊，乃以占德国之兴有然也。单子入陈，道茀不治，单子叹其将亡。觇国者岂不要哉！一时半至厘噫士大市，人口十五万，然占地甚广。惟道路益污，屋亦不整。比、荷之屋皆太整而少变，虽多用红砖而屋外少廊，楼数层，皆贯以直柱，太无味。其人民服亦不甚洁，智识程度皆远在德国下。自德而来，相形之下，种种不如，令人易轻，乃知立国相比相竞之要也。

过厘噫士大市

行数百里，皆两山夹涧，林木峰峦相望，石桥尤多。人家仆缘于山麓，楼阁掩映于林间者，村屋不多，然处处不绝；以视他国之郊野数十里动无人烟者，诚相反。其景象颇似吾粤，但不如吾村居之多而人众耳。然在欧土中，方里人数以比为最多，诚有然也，但比之吾广则不如远矣。以乡落论吾广之人众，诚甲绝大地哉！

欧洲方里人数以比为多

到喱市

二时到喱市。人家夹来因河而居，沿数百里不断，极似德国来因河畔。屋亦新整，飞桥横山，气象丰润，为比之膏腴要壤矣。夹江之山皆铁矿穴，开矿熔铁，工厂无数，熔铁列灶数十，穴山筑石，尚多馀烟，亦有磡老山空弃如废壑者。若夹江之修岸茂林，时作危崖峭壁，风景颇佳，然在吾国湘漓江岸则皆然矣。

到那喉嘘大市

已而至那喉嘘大市，人口二十万，临江有大垒，以石桥通之，形势雄要，似德之佉论焉。三时到喃鎛，人口二万，然夹河楼阁最崇闳，可比德。比以所见比境，此最大矣。

过喃鎛

四时至沙罗大市，自此入法境仅四十启罗迈当耳。自晓至暮，可贯穿比国境。其北有咯慎伯公国，亦可假途入法。以稍迂道，故不往。 至沙罗大市

沙罗市人口二十馀万，在比惟京以外，此为第一。遍周其境，工厂甚多，最为富裕，屋宅多新，吾遍游之。议院、戏园、审院皆闳庄，汽车场小，河横长桥，敞地隔之，气象亦敞。然道污益甚，吾不欲观之，乃命回车。久游德国，他境真不堪至也。是市亦有织纱厂、纸花厂，少游焉。

夜宿于沙罗大客店，亦甚小，而画玻窗户亦如比京。翌辰入法境，以来复日，关吏请假不在关，不能验行。过关处小市，无大店可置，电车复返沙罗市则午后矣。关征之累人如此。吾遂弃电车不复用，别乘汽车入巴黎。 夜宿沙罗大客店

荷兰游记此篇作于1904年，据上海博物馆藏手稿。

光绪三十年八月十八日，自比利时往荷兰。荷、比旧本同国，自比京至荷京仅汽车五时许耳。自比利时往荷兰

先是，六月二十七日，自英伦往游丹墨、瑞典、那威、德国，泛汽舟道荷兰，曾经荷境，自其佛拉乘海口而入，其大陆道路整洁，田畴平直，嘉树夹道，树影递天，牛羊被野，楼阁新靓。有诗美之，叹荷之小而能治国也：

> 海舰朝穷荷兰国，汽车午入汉堡途。绿芜千里田园直，红瓦万家楼阁殊。林木夹堤露高塔，牛羊被野傍平芜。早闻汉堡称繁丽，会看飞花夹市衢。道经荷兰有诗

此诗中四语皆为荷兰田野治而发。是时汽车道距荷京喀喀乃荷语，今人袭日本译音曰海牙，则谬极，相去万里矣。盖日人读海为吃，而以牙为凑音，其实喀音简短，无助衬语，此大谬，不可不改。此与读南亚波国之为杜国均极谬，而必不可少有将就者也。不过四时耳，本欲先游，后以归还道比利时尤顺，故迟此两月乃至

荷也。

自比利苏至某市

夜七时，自比利苏开车，女同璧、罗昌、周国贤随行。十时半□□□□□□□境之大市也。海岛穿错，船火万亿，与楼台相映，境界甚新，行欧境以来所无也。

其屋极整齐，万家一律，红墙无廊，楼层四，阑三。瓦盖皆金字，玻窗明艳，前临水木，极净美，但甚卑小，不如英、德、法之宏大。吾游大地各国多矣，凡国土之褊小者，其国之宫室器物必卑小褊狭。昔游日本，见日本之屋室、园地、杯盘、花木无不尚小者，人民亦器量褊狭。及观于瑞士、比利时、荷兰、那威亦然，惟瑞典、丹墨少异耳，则丹、瑞故尝霸于欧北故也。及观英、德、法、美，则气象伟大，美尤开豁豪爽，真有泱泱之大风。即吾国今虽守旧衰弱，而人士之广大豪爽；屋舍虽卑污，亦自轩昂广大，与日本迥殊。信乎？国土之感人甚深，囿人甚迫，而生其地者不能出其风土之外也。

生其地者不能出其风土之外

至鹤士度市

十二时到鹤士度市，此市为荷兰临海第一大镇，如美之有纽约。道路广洁，百货骈辏，人民繁盛，楼宇峻整，丁口五十五万，游荷者皆止于是。即寓鹤士度大客店，甚崇丽，距荷京吃汽车一时。此市过于吃远甚，如纽约之过于华盛顿也。有桥三百馀，岛九十馀，花树菲菲繁盛，引溪开沟纵横百千，穿贯全市，而处处以桥通之。盖荷兰以治水利著名，如此境界全地球所无也。经其田野麦田之畦，长数十丈，无不长方者。处处皆开小沟，丈许，架以小桥，故地每数丈辄有一沟焉，种花果、树木、禾麦之地

荷兰以治水利著名

皆然。以水道四通，故田野极绿，草树弥望。其夹道必植树，树距丈许，树影相递，堤道极直，递百千里无际。其治地也，全以人力为之，无分毫之遗利，亦无尺寸之芜野，亦无一里之无沟溪。禹之尽力沟洫，孔子井田沟浍之法，于是见实行之。盖国小地狭，不得不尽其力以治地营生，又近海易通，故水利易启。是故荷人之治国，真若有洁癖者之治其斋榻精整无尘，有花癖者之治其花木盘屈中法，其纤悉不遗，精洁自喜。此真全欧所无，不惟中国，即美国，亦无田甫田，惟莠骄骄，荒而不治也。此非治国，真与上农之治其农圃无异。大地万国乎！惟荷兰耳。宜其蕞尔邦而盛强也，不能不叹观止矣。英、德、法尚愧之，他日大地大同，不能不取法于荷乎！吾日驱车其野，只有赞叹而已。

十九日，游制钻石厂。荷人收南洋为属地，产钻石，故特有此厂。凡五十六家，工人万馀。观拿破仑仿制各国王金冕大钻石三十四块，式式皆有。俄王冕钻石大寸许而圆平，英王冕镶印度日神、月神，波斯王冕类中国朝顶，馀各国王冕顶皆一钻。荷兰王冕之顶大碧色钻石，今归美国富人加来，值五十万。其六十钻石，则各国王后之冕顶也。其制钻也，以钻戒钻，以电机磨之，凡五十八次而为一棱，戒后如粗米无光。如是再磨，凡为二十四棱，消去其石璞如尘而钻成。 游钻石厂

游王庙。王加冕即于是庙，周存名人之像，其玻窗绘加冕礼之图，其对窗为鹤士度像。鹤士度者，当一千二百 游王庙

零四年首开此埠，故此埠即以鹌士度为名。以波海要地如此，而当我元时尚有开荒若此。然计吾沿海七省海疆，他日可开为大城市，而今一切皆为荒地，广芜漠漠者不可胜数也。一国之名士多葬于是，此则欧土之通例，犹吾国之昭忠、贤良、名宦诸祠，以旌功德留纪念也。有著名之海军元帅征收南洋地者歒率，士伯临亦葬于是，有卧像在焉，旌太常祀太蒸之义欤?

女王临是市

是日，荷兰女王威廉嘻路未纳临是市，三时自宫出。宫故议院，拿破仑驻于是，改为宫。宫门以临幸之故，有五色布缠之，军乐在焉。宫前有敞地数十丈，士女立观者如云，警吏清道屏车马。王将出，卫官骑三马先驱，又三马继之，既而警部长前驱。大马车凡三两，王车居中，女王与其夫驸马德小邦觅论卜公子并坐。驸马红绒武服，王白衣，手持伞，道旁万众欢呼免冠，王俯首扬手答礼，驸马免冠答礼。再转市街，再与王遇，士女之夹道欢呼同，王夫妇答礼不休，亦良苦矣。观其仪卫，虽礼服而甚简，士民虽夹道争视拥挤，而行礼时，王必答礼，亦可谓近于民者矣。夫礼无不答，非徒尚往来，亦以通情意也。故孔子之制，天（下）〔子〕见三公下阶，见卿离席，见大夫立席，见士抚席，拜者答之。《书》周公与成王皆稽首，《仪礼》君与大夫燕射，礼皆答拜。至汉时皇帝见丞相下阶，在途见丞相下舆。六朝、唐世大臣皆坐，宋范质、王溥畏艺祖之威，不敢坐，乃立。元世以蒙古入中国，以军容为国礼，乃有跪礼，而明世因之，甚乃至王大臣跪迎跪送而不一顾焉。官之呵殿出门，民起立者不少顾，此其骄泰皆远于欧制，而又大失中国古制也。蒙古之俗，又岂可行于文明之国哉？殆必宜改。

蒙古跪礼不可行文明之国

昔荷女王以丽名欧（士）〔土〕，今见之亦不过丰端耳，殆以王故而人艳称之欤？始荷女王之游于德也，德主威廉第二欲盗荷兰，强以次子嫁焉。女王不可，而爱其侍卫公爵，德主以其贱而嗤之。既而女王游而马车倾于道，侍卫适在车侧，女王身自车中投出，适入侍卫怀中而抱焉，遂定婚。然性好赌，输金甚多，女王不复济之，故反目。生一女，剖而出，不育，然女王从此不能产云。荷人甚忧荷后之并于德也，女王既无嗣，则其身后必迎立他国，而争端起焉，或女王夫据有之矣。

女王以丽名欧土

欧制，女王之夫皆号编士（Prince）。编士者，欧洲王亲之通称，今译为亲王者，似是而不同也。然其位在公上，故俾士麦成功后由公爵晋封编士，以礼异之。盖编士者，日耳曼有土之君之号，不必论公侯，如英太子之世为威尔士，编士是也，故位在虚爵之公上。然今编士亦为虚爵，则亦有类于中土之王号矣。但欧洲凡王之子弟亲者，尽得号编士，而我国皇子亦有封公者，且英王子皆封公爵而称为编士，则今之编士为王亲之专称，而与爵分驰者矣。以故女王之夫至尊亲矣，亦称编士也。以其本为有土之君之号，故以春秋、战国封号称君者译之最当。国朝贝勒、贝子在《金史》中皆女真之君号，而王、公、侯、伯、子、男在周世皆君号也，以王之至亲尊贵，故虽童幼

编士为欧洲王亲之通称

以君号奉之，此欧洲今日编士之义，而非关封爵也。日本译编士之义为亲王，故于公主为编射士者，译为内亲王。故日本凡皇族不论亲疏，皆封亲王，无等差，不如吾国皇族之封有亲王，郡王，贝勒，贝子，入八分镇国公、辅国公，不入八分镇国公、辅国公，镇国将军，辅国将军，奉国将军，奉恩将军，凡十二级，译之为难。惟镇国将军一品在宗人府，方堂上官，地位甚尊，然则自镇国将军以上皆可译为编士，而地位略相当者乎。而于外国编士来游者，引《春秋》之例，公子称子，王弟称弟，于其王子则译王子，王弟则译王弟，其馀称王亲，则不至皆误以至尊之亲王礼待之；而于其王子、王弟，著之自然，地位尊崇，可行优礼，不至昧昧以一体亲王礼行之也。今中国译者多不通内外官爵制度，凡外国微末或相似者，辄以中国大官之号译之，久则人视为合宜。于是外国微员末秩亦若中国大僚，而中国大僚译为彼国末秩，令彼族有见轻之心，令吾国大僚有失体之辱。加以国弱，益复凌夷，所关非细故也。如香港、星坡之长官，英音曰加份拿者，管理之义。英伦六十州，六十加份拿；法八十州，八十加份拿；日本以其县知事当之，其职位受其内部之管辖选充，岂可比吾督、抚？吾之督、抚皆尚书、侍郎或大学士为之。盖古之行台而分政府也，不受吏部尚书之辖，而且有秩过之者。以英国论之，若印度总督，庶几相类。然印度总督犹受印度部尚书之辖，不如吾国督、抚不受吏尚之辖也。今加拿大、澳洲之总长日加份拿毡那路，其与印度总

中国自镇国将军以上皆可译为编士

督管下有加份拿同，故日本台湾总督管下有知事，体制亦同。然则彼之印督称歪斯来，吾各督宜称歪斯来，吾各巡抚称加份拿毡那路，最为合宜。今称巡抚为加份拿，则大降矣。各国地方官皆二级，其加份那仅当我知府。即不然，则布政司为一省正官，以称布政司为加份拿。各道本为布政司参政、参议，则为烈辅天加份拿。知府照英属南洋制则厘色殿毡那路，照印度制则为喋□□。知县照英、荷、南洋制则为厘色殿，照印度制则为□□，亦略相当矣。以印度之加份拿皆受制于印督，而香港、星架波、胶州、威海加份拿则受制于其内部，此与吾布政使之受制于部院地位正同。惟其判官皆每县数人，此仅当吾国推官，岂可以按察司称之？至译其加份拿，则以吾古官太守、刺史译之，地位最当。若香港、星坡则以北漠之城守尉、总管称之，地位未屈，而不太尊崇，最为合宜也。

约其外部大臣见，则亦避暑未还。欧官人之闲暇如此。 约见外部大臣未果

游博物院。红砖二层，顶作五尖峰形，甚壮丽。院外地极敞，盖一千八百八十二年赛会所。荷兰旧为海霸，故其博物院物繁夥，与欧土大国争雄，迥非诸小国之比也。屋盖作四棱交互□形，其地皆以罗马“摩色”石铺之，院壁皆古画。荷兰、比利时画在欧土中另为一派，以黝黑为体，于黝中着光色取神以为胜。然黝然无味，神采去拉飞尔派远矣，然犹胜于西班牙派之以青绿方板嫩稚行也。盖欧土油画三派中，班最下，荷居中，而意派为上。除

游博物院

院壁古画

班、葡、荷、比外，皆意派也。今入中国之洋画自澳门先，则班派也，最下之下矣。惟其黝黑者作为夜景，则大佳。有非廉第一王传位图，其着绿如水粉画。此近德国新创派，与中国宋时院体画着色相近，吾甚爱之，以油画可远观不可近视，此远近皆佳也。有父在囚而孝女乳之者，极迫真，此画各国多有，益以教孝也。其佳画皆其十七纪为多，如哩姑拉士、玛士，如廉办材，如芬多嚣士，皆十七纪之画杰，其笔意甚生秀。玛士作童子摘桃者，奕奕有神，凡玛士之画光阴极佳。有威廉第一王坐僧龛像。有今女王与母出游护从图，甚庄严。有两厅悬画百数，皆方得曲赠出；一厅画数十，方得波赠出。二人像亦悬厅中，示不忘大惠也。此亦可法以劝捐赠公益者，我国他日募开博物院可仿行之。有一室遍悬荷兰古今名将之像，劝武功也，寓激厉之意矣。有滑铁卢威灵顿擒拿破仑图，荷王威廉第二在焉。草树楼塔，烟云蓊郁，兵马杂沓，惠灵顿像年甚少，马在先，八将骑马拥拿破仑在马上免冠。追思前日滑铁卢之游，如在心目，有此丹青绘出，益觉龙战玄黄，去人不远。呜呼！非有英得印度无大力以拒法，非有威灵顿名将不能擒拿破仑，此为欧土分合之由，而即黄种存亡所关，亦可惊矣哉！吾不能忘此事也。有比利时攻荷兰图，时荷兰灭于拿破仑，而荷王为拿破仑弟也。比利时因拿擒而攻其弟，后以自立，滑铁卢之地在比，而比自立国之根亦在此乎？其画荷之古妆，靴柄甚阔，有边，腰带后球甚大。惟院多平列人像无数，殊少趣味。又荷画皆用木画，不失太深则太浅，故不佳。惟英国罗论士画一少年像，神采极妙矣。有粉画，其作像可迫视，极妙肖。所作罗马像皆灰泥所为，非古物也。小国后起，难得古物若此。见其一千五百年之名臣李肥像。入人种像室，皆荷兰种人，男女各古装，甚诡异。其女钗在左右，额上垂卷铜丝十馀转如轮，下垂面上。又有额左右戴两方境者，有帽高八九寸者。但观德、荷两院古冠服，当时封建林立，衣装各异，已不可枚举，在印度所见亦然。以视今汽车大通，欧土制度几定于一，文野治乱之程度相去远矣。 游人种像室

入其二百年古宫室，马车陈设略同于今，但朴略甚矣。墙皆用净木，而必镶花纹，甚精。色多用淡黄，微黝，甚雅淡也。其三百年之床帐如柜，不通气，极朴笞矣。视其缩型之百年前戏台，则近于今，颇壮丽矣。有意大利七百年前木器，左右各二柱，中平，左右有牙，有中国刻牙盒及花篮，甚精。然荷七百年前之刻牙亦甚精也。其十六纪神庙壁及地皆以瓷为之，有石臼高三尺，庙僧为小儿洗头处，固可考旧制，又见其制作之新雅也。有明时画，以木作者，极妙美，亦其十六纪物，盖荷兰旧先通中国所得也。有银版刻人物，大尺馀，乃西班牙得荷兰时物。荷人故最善制人物楼台铜版，如屏或盘，皆数尺大，亦陈设之美观也，我国可仿制之。 游古宫室 中国刻牙盒及花篮等

所陈列亚齐物甚多，金剑、宝石冠及草织各器，昔在爪哇博物院已饱观之矣。其所得亚齐王钻石宝石，陆离多不可数。门有神将，大一丈三尺，手执戈，如佛庙金刚 亚齐王遗物

然，亦各国所少睹，意亦得于南洋者耶。

荷兰滨海而都，以船为生，故从班、葡之后，辟新地而取南洋最早。《明史》永乐时，南洋朝贡诸国最盛，当明中叶而忽焉没已者，皆荷兰之为之也。今星架坡、澳门一带及台湾，皆荷人开辟地。与日本交通亦荷人为先，故日人外学先有兰学焉。其力之滂薄四布，亦伟大矣，则皆船之为用也。故大彼得变服而就学焉，以强其国。方寰海之大通，无船犹鸟之无翼，鱼之无翅，人之无手足也。我国以大陆自足，享用不穷，无意营外，不注意船学，遂令世界主人之位坐让与人。此真昔者一孔之儒之大罪也！荷博物院最富于制船缩型，不让于英、法，而古则过之，可以取鉴矣。

制船缩型

始创海舰

荷于其十六纪始创海舰，当吾明末也，创人名地捞打。遂胜英而入其太吾士河，搴英之旗今犹存焉，荷人以为光荣。然观其一千五百九十六年所制之大船，甚蠢，炮在横舱，其后船式日益改良而加精，旧样数百悉在焉。凡船进化之必经过者，殆皆备矣。中国不可不取而制一缩型，以考进化之理，亦俾志士不必再弊精神于无用，吾可一造而跃至其极也。其剖船型甚精细，令人可一望而得其内容。其二十馀年之船四层。今荷船厂在此者三，造船凡十二，皆有缩型。其大厂在哈护忽士路，其荷之船坞型甚多，其挖泥型、搅水型附之。

睹荷兰博物院制船型长歌

睹荷兰博物院制船型长歌

沧茫浩潏大瀛海，全球土地供吐吞。吞为天地周四极，据地太半无有垠。吐为五洲各洲渚，齐烟九点眇山原。一洲割据无数国，有若池中石山蚁垤繁。有能通海任所往，五洲陆岛听盘桓。种类传散布大地，一听海王割据权。是在大舰能制造，破浪万里忘澜汗。中国海疆七千里，太平洋岸临紫澜。大地全势惟我有，楼舰可以笞百蛮。大陆丰饫自饱足，不思开辟徒闭关。惜哉海禁二千年，珠崖犹捐况大秦。腐儒不通时势变，泥古守经成弱孱。坐令大地主人位，甘让碧眼红髯高步于其间。迄今楼船二万吨，甲板三尺铁为藩。横绝大海吼龙战，吓取土地谈笑间。乃逢诸雄竞争日，庞然大国无海军。如鸟无翼鱼无翅，人无手足仅有身。身愈肥腯割愈易，其形类瓜最宜分。嗟尔谋国峨冠者，狂泉醉饮何酡醺。昔自科仑布寻地，班葡骤收大陆新。荷兰先觉逐其后，聚精制舰成殊勋。明末创自地捞打，船制钝拙无可云。然已遍收南洋岛，我朝贡百国亡纷纭。彼得雄心变服学，胡俄遂霸波海滨。英人旁窥得心法，专意制船肆斧斤。即收印度澳洲加拿大，遍夺南洋诸海门。舰队第一为海霸，能擒陆霸拿破仑。故知海力最无上，于今新世尤居尊。纵览荷兰剖船型，感喟彼得木垩勤。蕞尔荷兰强若此，况于中华万里云。嗟哉谁为海王图？铁舰乃是中国魂。何当忽见铁舰五百艘，黄龙旗荡四海春！呜呼！安得眼前突兀五百舰，横绝天地殖我民。

荷属地皆有缩型，各名将像皆存此，亦凌烟阁矣。君士但丁那仆型，突人衣冠甚似吾国，盖突厥本出匈奴，即今蒙古其种也，故与本朝冠服为近也。

游动物园

游动物院。院宇楼观点缀颇佳，花木亦繁，几与英等，但丽美逊之。虽不能比德、奥，亦过于法国以下矣。其水族院为山洞，贮水以玻藏之，与德、英同。别有玻作长方箱，贮水族，置石山海藻其间，甚有致。其水族干者，别为一院。鱼、虾、蟹、鳖、龟甚夥，僵石花叶无数，皆南洋物。此惟英伦与印度加拉吉打博物院可与比，非欧美各国所能得其一指也，盖荷久有南洋诸岛故也。

游湾度泊公囿

二十日游公囿，名湾度泊，昔诗人湾度居此，故以名。平原绿树，溪池四匝，中筑亭榭，有墀，如中国大殿式，售茶酒焉。布置清幽，独惜少丘埠耳。遇中国同船来之荷女［呢痕］呢（Ctuni），丰丽，殷勤邀还其宅，茶话酒食，母姊出见，情意挚厚。室甚雅洁，盖荷人最净洁，尚过于德、英也。

欧俗妇女最解应酬

欧俗妇女最解应酬，而于名士大夫尤殷殷邀致。记己亥在加拿大阿图和都，下议院长两女公子竟日陪奉看议院及游览；寓英伦公爵仙挖住邸，托一世爵女竟日陪游，彼盖以为支客。吾复还加拿大隔五年矣，一老妇犹能持吾名片作介求见，亦同舟者。其馀必一握手，或请书名，或取中国名柬，或一见赠像，或请影像，不可胜记。其好事、好名、好近贵介人，殆不可思议。

人民神气清秀

荷兰非徒宫室之新艳、田园之整齐，其人民亦神气清秀，过于他国，宜其制作之精，能以小致强也。其妇女尤秀美，与瑞典并冠欧土。李白谓越女天下白，镜湖五月黄。荷兰有焉！大约生长湖海者人皆秀，观杭湖可见，而瑞、荷足为证。生长大原者多丰，观德国可信；生长山石者多癯瘠，观吾粤山谷之民而信。英人多长，德人多肥，法、意人矮与中国同。美国人种杂色，近黄、白而不丹，不如欧土矣。欧人之白，一因地度之高寒，二因波罗的海、地中海之水气。非洲、印度人之黑，则日蒸使然。而白人聪敏而黑人愚劣，则颜色与智慧竟相关，而颜色视所生之地。吾于欧人乎，仍是吾旧诗："地中有海生人白，二者天骄我不如。"择非其地，子孙愚劣，种族夷灭，甚矣！择地不可不慎也。

彼得学船之屋。吾于大地古今豪雄圣哲，无论若何英绝，皆以为可学，惟俄大彼得真不可及也。万国今故，岂闻有帝王变服作工于异国，屈身与佣保伍者数年，以强其国者乎？惟一大彼得而已。方今吾中国所乏非他，全在物质。物质之乏固多，当海权之世尤在舰队，救急莫若是。吾国乃无人学之，士大夫能屈身学之乎？何论帝王。嗟乎！大彼得真古今英绝之人豪也，不可及矣。 彼德学船之屋

彼得屋在山泵，距鹤士度七英里。马车行三英里至摩路斤耽，乘汽舟行四英里，半时许至山泵彼得学船处。小径湾环，穿林而入巷道，有板屋，高七八尺，如中国渔屋，深二丈许，广丈许，分内外两室。扂门上有玻镶之，门侧小玻窗，一入门为灶，以红阶砖为之。其奥隅置一床如柜，床门垂坏纱二，盖帐也，今纱经尘污，黑甚。有木几三，木横桌一，东北隅置小柜，藏旗三。入室正面玻窗

彼德像 四板，壁悬彼得三像。一像作工，操斧斫木，一衣工装，置刀斧于地，一小舟，一锯，其从臣在侧作书，相貌神气英绝，虽作工而目营四海也。一帝、后夫妇像，盖一百八十年矣。屋将倾倒，前八年，今俄帝尼古拉第二以木架扶之，又覆以大圆玻屋，上又以红瓦盖红壁饰之，丹青甚盛，旁植花木八年矣。游人瞻眺相属，吾徘徊未能去也。

山泵有彼得学船之遗屋，去鹌士度十三里，木板敝陋。游之感叹，以帝王之尊，厕身学工以兴国，古今未有也。

观彼得学船屋诗

板屋滨河边，高广蔽风雨。云是大彼得，学制船于此。遗灶对卧榻，疏布遮床处。几桌凡四事，朴陋无能似。昂头户碍眉，伸手瓦触指。遗像犹在壁，执斧舟斜倚。身衣贱工服，目若横天地。眉宇天人姿，顾瞩有雄气。当时同业者，宁知帝王至。玉座何尊崇，纡身执劳肄。深宫何安乐，久习能捐弃。臣妾亦已众，只身走万里。日与工人伍，降辱成舟技。岂不惮孤苦，为成图霸志。迄今横三洲，雄图霸大地。乃知英雄主，举动自殊异。横览古帝王，神武无可拟。我仪主父偃，瑰伟差可比。变服学骑射，入关窥秦主。王者欲强国，苦身尤胥靡。况兹我庶士，贱辱更何齿。欧人所由强，物质擅作器。百年新发明，奇伟不可记。遂令全地球，皆为欧人制。吾国大物博，所乏制造帜。士夫习尊大，难贱身降志。何况帝者崇，玉食九重蔽。坐兹成孱弱，众强召吞噬。沉吟古今人，最敬彼得帝。昔者编其传，写黄进丹陛。皇上为感动，变法大猛厉。忡忡震予心，大业倾不世。岂知九万里，来视旧庐敝。木架与支持，游者踵相曳。大厦覆其外，丹碧耸瑰丽。遗像及像设，拓影杯盘细。大购数十种，将以赠国士。感叹既喟然，兴耸起强志。

彼得屋前小河，为众臭所聚，浑浊五色。小屋无数，临河居，臭秽甚。一英国人曰，难为荷人居之。

自彼得学船处二时马车至摩路斤耽，极目平野，无分寸冈陵，沟浍周匝，方平如罫，处处皆是绿草丰缛，牛羊蔽野。轮舟所过，皆十字轮楼，搅水制油之所；马车所过皆农家，大农自种为多，故农屋极整丽。屋广十丈，无楼，皆阶砖，窗垂帘幕，屋外地必画方形，环之以浍，广丈若是，数田皆种树，以一丈一树为度。其种菜，养牛、羊、鸡、豕皆别为阑地，亦方形。屋外无物，间有牛、豕屋，亦整洁。屋前必临水，必有桥，桥有门，绿色为多，屋须七八千几达也。其道傍作工小木屋，亦须二千基达。中人所居，必紫绿色，长桥横水，与杂色屋相望。夹道必树，长短广狭必称，景致极佳。惟积水无泄处而众秽归之，故道路臭秽，市中尤秽气腾蒸，而问带路之荷人，不知也。乃知开河太多，于卫生有损，观秦淮河及广州雨处可见，以无从洒扫也。荷人以其制施于爪哇，于道中开小河，望之美观实无益。吾行荷境，处处掩鼻，其致疾必易，而荷人无大碍，犹北京人之习于秽欤？

自彼得学船处至摩路斤耽

山的威岛风情

荷之长堤内包无垠，数十里，若小地中海。山的威岛外有护堤，内容小海，渔舟千里泊焉。口广数丈，堆堆子路觐岛在海边长堤口，三百年矣。人民一千三百，自为嫁娶，别为衣服，别为宫室，以渔为业。近与荷兰人间交通，仍不改，盖桃源也。其室，入门一房，炉在焉。正厅左右高处二龛为床，后一室置橱柜，偏悬古物碟碗。楼置三床，其女人二珰夹左右面，白帽背心而裙裾。数世同居，皆木室，狭小，皆饰黑，窗用绿，如中土。渔窗矮小亦同，多盖芦苇，近者多易瓦矣。妇女未有出埠者，男子则卖鱼至焉。海波渺渺，自为世界，其生计以鱼，女子则织，费用甚少，其男子四五时起而取鱼，每日三时归，整船修网而食矣。儿童以板轮下坡为乐。道路不修，极似中土，盖自十二纪至今五六百年矣。盖一人渔于此，故尽为一家而相亲焉。荷如此者约五十家，赊论之俗亦同，有二万人，为至大矣。此其小者，然屋堤新整，盖富则同富，故渔人亦收其利。其艇与中土同，值三千，广东值百；屋值八九百，广东值数十。惟家家挂瓷千数，皆古瓷，人人相尚，不肯售人，亦一异事也。瓷红蓝花，色色皆备。荷置巡捕一人。俗无富人，亦无贫者。其男女皆着尖仰木屐，男中腰前有两二寸大铜钹。女子以白纱缠头，两鬓分左右垂肩前，袖必红色，又有以白纱绕肩。又有首饰，额角左右戴十馀铜板或铜螺丝以为饰，衣服甚诡，至今犹然，观德国各国衣服院亦类是。盖欧洲分为各国，古装各殊，不可思议。今略近一统，而荷兰此岛犹多存古俗焉。

妇女以首戴物，与意大利、印度正同。《孟子》曰老者不负戴于道路。正与我中国三代时同。然则今之不戴物者，以重元首，亦可见进化之一道矣。其详见《荷兰异服图》。

荷京印象

荷京甚小，人户亦微。盖鹌士度当海口，握荷之要，富商士女皆集焉，如美之纽约矣。鹌士道如华盛顿，但为官人所居。荷街道甚狭，仅似吾粤双门底。而荷京道且不洁污恶，但有议院、博物院四、御园一、王宫二可观。博物院藏物亦少，远不能比鹌士度焉。旧狱尚有西班牙旧刑具，刻酷甚。

荷兰京，荷人曰嗌黑，德人曰黑，英人曰吃。道路虽不广而净洁甚，楼阁三四层，皆荷式。盖壁外无廊，以此减趣。京中亦时开河沟，亦时开敞地，长林萧萧，风趣自别。

王宫二层，白色，左右有齐廊抱出，前有第一王威林第一骑马像。宫前敞地数丈，狭小殊甚，尚不如吾国督、抚衙之闳敞也。博物院、银行皆甚小，无足观，盖其大者在鹌士淡矣。

万国弭兵会

公园十里，林木萧萧，后郭马道夹河，楼阁园林，幽胜妙丽。夏日游者如云，衣香人影相望也。万国弭兵会在公园中，故荷兰侯旧宫也，建于十二纪时而累修之。长林夹道，宫前作半环壁形，体势庄严。白石崇阶分两道十馀级，上多石像，正面云石柱，壁白，穹幕置花木石像，甚楚楚，有今王之先世与其群从兄弟姊妹画像焉。乃登正殿，圆穹六角，仿斐尼士式。自穹至壁，皆以金镶画，穹画十六，壁画上下甚多，华严妙丽极矣，皆十六纪一名家所作，其人竟以此精脱死，因并存其像焉。铜刻门乃其先侯十四纪之物，侯邦有此殿亦甚难矣。今王以为舞殿焉。殿后斜环数室，左右拱绕以长廊，遍悬其先王先公及先后像。其殿左一室即以为万国弭兵会集议处，椭圆长桌，环以几，几、毯皆兰。陈设有白石画像，甚精，有俄皇所赠之绿玉大瓶在焉。后两室为中国赠物，壁绣皆中国画，珐琅、鼎、瓷、漆、画几数十事，荷人甚称之。惟牙品则劣矣。故我以佳品置外国，人未尝不重之也。后为日本赠器，皆铜漆木器，然新异古雅终过于我，盖日本制器仿古近者本比我为精，而其熟悉欧人好尚，工于揣摩，以博名誉，尤中国人所未及也。盖中国人仍是闭关之时，未至交通竞争之时，既未尝竞美，亦未尝揣摩也。中国赠女王大瓶二，高数尺，大珐琅象鼎二，高数尺，荷人啧啧称之。若皆能择是，岂不胜哉，吾亦不能不以是称杨儒也。

中国赠物

弭兵之议肇始于俄帝

弭兵之议发于今俄帝，而择地于荷京，各国皆派大使赴，我亦预焉。杨儒实为使，以己亥年集会，庚子议成。然不数年，俄经营辽，韩与日本用兵矣。无其披心而欲欺万国，终亦败失耳，名实无益。然则是会也，亦何足称哉？然天下之大事必有其渐，其始基也发之甚难，行而赴之必多曲折，未有能一蹴而至者也。夫既已建其名矣，久之必有以见其实。虽今百年间国竞之时，必无弭兵之理，愈竞愈剧，兵祸愈烈，其能弭乎哉！然民权日昌，君权日替，民智日通，种界渐除，利害既渐均，则必须有以通同而合一者。凡好兵者，君欲张大其功，国欲自辟其地，种欲自益其族。他日君尽无权，则无功可张；小国尽并，大国均势，则无地可辟；黑种既臣属，而黄、白相敌相融，则无种可界。至是时也，联邦之大义日彰，人群之会力日大，则不能不讲弭兵以求全地之公益。始则立公会以主之，继则开公地以治之，行之以渐，成之以久，渐成公国，而人民争归之。诸大国始则同权合治，久之则类于美之联邦，渐成中央之集权。至于是时，兵庶少弭，则去大同之世不远矣。事势所趋，天时所赴，有必然者，但在数百年后，而不能遽望之今日耳。然大辂始于椎轮，江河始于滥觞，人道之始与猩猩等，此弭兵会也，实大同世之滥觞也。生民涂炭久矣，非大同不能安乐，故吾于弭兵会也，至敬之，至爱之。然则以大同之世托始于兹会也，亦何不可乎？ 大同之世托于弭兵会

欧俗王者不贵，荷尤小国。吾宿大客舍，翼日，荷女王率群臣来开舞会，国民有介绍者，咸得握手。其举此会不于王宫而于大客舍者，便民之来观听也。店陈花设灯，悬五色布，大臣诸使列侍甚闹。美俗哉！ 王者不贵

吾自德亚痕至荷京，道皆平野，屋亦卑小，数百里无可观者。然田沃土腴，堤树成行，沟浍无数，荷最以垦地闻者，然哉！ 荷兰以开垦土地闻名

康有为德意志等国游记

人名索引

四画

五画

六画

七画

八画

九画

十画

十一画

十二画

十三画

十四画

十五画

十六画

十七画

十八画

二十一画

康有为德意志等国游记

译名简释

三画

干士丹士
德国地名

士多贡
斯德哥尔摩

士笃吉
德国城市

山的威岛
荷兰岛屿名

马基顿
马其顿

四画

比苏士
布鲁塞尔

爪哇
印度尼西亚

丹墨
丹麦

乌弄
德国地名

巴威
德邦国

巴登
德邦国

五画

刊士但士

康斯坦茨

扒拉迦问

古希腊城邑

可布录士

德国地名

卡筛霜

德国城市

白登堡

德邦国

必珠卜

美国铁厂

司泼来河

荷兰河流

加份拿

Governor,官名、管理者

加份拿毡那路

Governor general,官名,相当于清巡抚

加鲁士雷

德巴登邦首府

幼发拉的河

幼发拉底河

六画

芝加高

芝加哥

迈当

法 mètre,米的旧译

师丹蔑士

法国地名

吕宋

菲律宾

吕境

德邦国

华特堡

德国地名

多饶河

多瑙河

米格尔湖

德国湖泊

安南

越南

七画

抛士歪

德公国

克鲁伯

德国铁厂

苏彝士河

苏伊士河

来乾阿岛

德国岛屿

佉论

科隆

伯雷

德国海港

免痕

德国地名

条顿

日耳曼人

亨罗浮

德邦国

庇能

槟城

沙自卜

德国城邑

沙罗

比利时城市

沙罗颠

国名

灵靳

国名

阿尔兰

爱尔兰

阿尔频山

阿尔卑斯山

阿话兰士歹

德国地名

纽可兰施

德国地名

八画

画奄士河

德国河流

坦格尔湖

德国湖泊

拉士贡

英国铁厂

罗曼疏

德国地名

底格里河

底格里斯河

波颠湖

博登湖

诗令

Shilling,先令,货币

迦普士拔

奥地利城市

九画

挖登伯

德邦国

标德卑士

布达佩斯

柯士佚
德邦国
柯利觐州
美属地
柯疏
科瑟
歪斯来
Viceroy,官名,相当于清总督
厘色殿
官名,相当于清知县
厘爹士顿
萨克森首府
厘噫士
比利时城邑
星坡
新加坡
星架坡
新加坡
哈拚忽士路
荷兰城市
拜认
德邦国
俄民斯
德国地名
俄登堡
德邦国
律士
律师
柔佛
马来西亚

十画

起水机
抽水机
哲孟雄
锡金
埃士拿
德属公国
哥本哈觐
哥本哈根
峨特式
哥特式(建筑)
喂士竭
威士忌
喂嘘
比利时城市
般
波恩
高卢
Gallia,古地名

十一画

域多利岛

维多利亚岛

堆堆子路觐岛

荷属地

基尔河

德国河流

萨逊

萨克森

梹屿

槟榔屿

梭罗

雅加达

猎色

萨克森邦地名

猫匿

慕尼黑

十二画

敧士遮那

奥斯陆

敧路

德国海港

喀喀

海牙

铺颠诗湖

德国湖泊

稍士巴顿岛

瑞典岛屿

滑敦壁

德邦国

编士

Prince,王族、亲王

十三画

瑟克生

萨克森

鹌士度

荷兰城市

喱哩孙

比利时城市

嗌黑

阿姆斯特丹

锡兰

斯里兰卡

腰架丹

墨西哥城市

十四画

赫生

日耳曼诸侯国

蔑士

德国城市

蔑艜

墨西哥城市

十五画

嘻顺
德公国
暹罗
泰国
墨颠卜
德国地名
摩路斤耽
荷兰地名
潘士歪
德邦国

十六画

激重机
起重机

十七画

懋理问
德国地名

二十一画

霸斐利话
巴伐利亚
霹雳
Perak,马来西亚一州

走向世界丛书一百种

初编三十五种以 * 标出

谢清高 **海录**
* 容　闳 **西学东渐记**
* 林　鍼 **西海纪游草**
* 罗　森 **日本日记**
* 斌　椿 **乘槎笔记**
* 张德彝 **航海述奇**
* 王　韬 **漫游随录**
* 志　刚 **初使泰西记**
* 张德彝 **再述奇**（欧美环游记）
* 张德彝 **三述奇**（随使法国记）

王　芝 **海客日谈**
* 祁兆熙 **游美洲日记**
* 李　圭 **环游地球新录**
* 郭嵩焘 **伦敦与巴黎日记**
* 张德彝 **四述奇**（随使英俄记）
* 黎庶昌 **西洋杂志**
* 刘锡鸿 **英轺私记**

李凤苞 **使德日记**

钱德培 **欧游随笔**
* 何如璋 **使东述略及杂咏**
* 张斯桂 **使东诗录**

黄遵宪 **日本国志**
* 黄遵宪 **日本杂事诗**〔广注〕

陈兰彬 **使美纪略**
* 曾纪泽 **出使英法俄国日记**
* 王　韬 **扶桑游记**
* 徐建寅 **欧游杂录**

谭乾初 **古巴杂记**

王之春 **谈瀛录**
* 李筱圃 **日本纪游**

池仲佑 **西行日记**

蔡　钧 **出洋琐记**

袁祖志 **瀛海采问纪实**

张祖翼 **伦敦竹枝词**

王以宣 **法京纪事诗**

潘飞声 **西海纪行卷**

潘飞声 **柏林竹枝词**

潘飞声 **天外归槎录**

张荫桓 **三洲日记**

邹代钧 **西征纪程**

王咏霓 **道西斋日记**

张元济 **环游谈荟**

余思诒 **楼船日记**

缪祐孙 **俄游汇编**

张德彝 **五述奇**
* 傅云龙 **游历日本图经馀记**

傅云龙 **游历美加等国图经馀记**

洪　勋 **游历闻见录**

崔国因 **出使美日秘国日记**
* 薛福成 **出使英法义比四国日记**
* 薛福成 **出使日记续刻**

陈道华 **日京竹枝词**

严　修 **东游日记**

姚鹏图 **扶桑百八吟**

凤　凌 **游馀仅志**

* 黄庆澄 **东游日记**

吴宗濂 **随轺笔记**

宋育仁 **泰西各国采风记**

王之春 **使俄草**

伍廷芳 **美国视察记**

* 蔡尔康等 **李鸿章历聘欧美记**

张德彝 **六述奇**

刘学询 **考察商务日记**

黄　璟 **考察农务日记**

罗振玉 **扶桑两月记**

罗振玉 **扶桑再游记**

丁鸿臣 **东瀛阅操日记**

沈翊清 **东游日记**

* 梁启超 **新大陆游记**

张德彝 **八述奇**

载　振 **英轺日记**

吴汝纶 **东游丛录**

双　寿 **东瀛小识**

缪荃孙 **日游汇编**

周学熙 **东游日记**

* 单士厘 **癸卯旅行记**

凌文渊 **籥盦东游日记**

张　謇 **癸卯东游日记**

蒋　煦 **西游日记**

王景禧 **日游笔记**

陈　琪 **环游日记**

* 康有为 **意大利游记**

康有为 **德意志等国游记**

康有为 **英国游记**

* 康有为 **法兰西游记**

韩国钧 **实业界之九十日**

李濬之 **东隅琐记**

盛宣怀 **愚斋东游日记**

* 戴鸿慈 **出使九国日记**

金　鼎 **随同考察政治笔记**

* 载　泽 **考察政治日记**

程　淯 **丙午日本游记**

康有为 **西班牙等国游记**

杨泰阶 **东游日记**

文　恺 **东游日记**

左湘钟 **东游日记**

吕珮芬 **东瀛参观学校记**

* 林汝耀 **苏格兰游学指南**

* 单士厘 **归潜记**

金绍城 **十八国游记**

附 艾儒略 **职方外纪**

附 南怀仁 **坤舆图说**

附 丁韪良 **西学考略**

附 艾约瑟 **西学启蒙**

图书在版编目(CIP)数据

德意志等国游记/康有为著. —长沙:岳麓书社,2016.9
(走向世界丛书/钟叔河主编)
ISBN 978-7-5538-0658-7

Ⅰ.①德... Ⅱ.①康... Ⅲ.①游记—欧洲 Ⅳ.①K950.9

中国版本图书馆CIP数据核字(2016)第139626号

DEYIZHI DENGGUO YOUJI

德意志等国游记

作　　者:康有为
校 点 者:刘无羡　蔡志斌
责任编辑:杨云辉
责任校对:舒　舍
封面设计:吴颖辉　贺红梅

岳麓书社出版发行
地址:湖南省长沙市爱民路47号
直销电话:0731—88804152　88885616
邮编:410006
岳麓书社网址:www.yueluhistory.com

2016年9月第1版第1次印刷
开本:890×1240　1/32
印张:10.75
字数:239千字
印数:1—3 000
ISBN 978-7-5538-0658-7
定价:50.00元

承印:长沙超峰印刷有限公司

如有印装质量问题,请与本社印务部联系
电话:0731—88884129